ARTS MANAGEMENT AND
CULTURAL ADMINISTRATION
UNDERSTANDING THE CULTURE
AND ARTS INDUSTRY

문화예술경영과 행정
문화예술산업의 이해

박남예 저

박영사

저자의 이야기, 그리고 독자에게

「문화예술경영과 행정」은 기존의 고정된 시각을 넘어, 예술과 경영을 조화롭게 이해하고자 하는 저의 의도를 담았습니다. 예술과 영리성, 즉 돈의 문제를 논할 때의 고루한 주장들을 깨려는 노력이 이 책의 핵심이며, 특히 디지털 기술이 새로운 창작활동을 불러일으키고 있는 예술계의 동향을 다루었습니다.

예술경영이 기업경영보다 간단해 보이지만 실은 복잡하며, 예술생태계 안에서 그 본질을 경험한 저로서는 예술의 경영과 행정에 대해 머리로 이해하고 논하는 것에 한계가 있다고 여겨집니다. 따라서 이 책에서는 예술을 감상하는 입장이 아닌 창작과 제작과정을 경험한 저자의 관점을 통해 기존의 예술경영을 바라보고자 합니다.

또한 예술경영에서 문화예술경영으로 주제를 확장한 이유는 이 책을 보는 예술가들이 더 큰 영역에서 활동하였으면 하는 바람 때문입니다. 예술은 이제 다양한 분야와 협업이 가능해져 깊이와 다양성을 더하고 있습니다. 예술은 우리가 눈을 뜨고 잠자리에 들 때까지 우리 곁에 함께하며, 저는 이 모든 경험들을 문화와 예술경영의 맥락에서 이야기해보려고 합니다.

책에서는 정량적 데이터와 논리적 근거 및 사례를 통해 감성적인 주장은 최대한 피하려 하며, 예술의 본질은 감성에 기반하지만 이를 논리적으로 전달하고자 노력하였습니다. 또한, 예술경영의 입문자들을 위한 안내서로 기능하도록 설명을 쉽게 풀어쓰고자 하였습니다. 이를 통해 경영인들은 조금 더 창작자의 시각에서 예술경영을 바라보고, 예술인들은 자신의 예술을 더 깊이 이해하고, 예술경영의 본질을 파악할 수 있도록 돕고자 합니다.

목 차

제1부 · 문화예술경영과 행정

제2부 · 문화예술기관과 문화정책

들어가는 말

급변하는 환경과 새로운 도약의 기회

최근 문화소비 경향이 뚜렷하게 변화하면서 예술과 문화에 대한 관심이 급증하고 있다. 이러한 현상을 살펴볼 때, 우리는 문화예술 분야가 새로운 변화와 도약의 기회를 맞이하고 있다는 사실을 알 수 있다. 예전에는 일부 특정 계층의 관심사로 여겨졌던 예술과 문화가 이제는 대중적인 인기와 사회적 영향력을 지니고 있는 것이 분명하다.

이러한 변화에 따라 문화예술의 관리, 운영, 매개 활동이 중요한 과제로 부각되고 있으며, 문화예술 산업화가 점차적으로 활성화되고 있다. 특히, 4차 산업혁명 시대에는 창의적 사고와 기술력뿐만 아니라 인문학적 감성과 예술적 감각이 더욱 중요한 요소로 인식되고 있다. 기술의 발전과 자동화의 도래로 인간의 역량과 창의성이 강조되는 시대에 있어서 예술과 문화는 우리에게 근원적인 영감과 인간성을 되살리는 역할을 맡고 있다.

문화예술은 다양한 형태의 예술 작품과 문화적 활동을 통해 우리의 감정, 인식, 사고를 풍부하게 만들어주며, 인간의 본질적인 욕망과 가치를 탐구하고 표현하는 플랫폼으로 작용한다. 따라서 본 도서는 문화예술이 사회적으로 어떻게 활용되는지 살펴보고, 이들이 사회에 미치는 영향에 대해 이야기하며, 더 나아가 생활 속 문화와의 상호작용을 진단하고자 한다.

9개 주제의 범위와 연구방법

이 책을 통해 문화예술의 다양한 양상을 조명하면서, 문화예술 분야의 체계를 잡아 이해하고, 현장에서 일어나는 다양한 사례와 실제 직무 경험을 탐색해보기 바란다. 독자는 이 분야에 대한 이해와 가공 능력을 함께 키워나갈 수 있을 것이다.

본 도서는 크게 9부의 이야기로 구성되어 있다. 1부는 문화예술경영과 행정, 2부는 문화예술기관과 문화정책, 3부는 도시재생과 축제경영, 4부는 문화예술산업과 대중문화, 5부는 디지털 예술과 창작, 그리고 플랫폼, 6부는 문화예술과 기술의 융합, 7부는 문화예술과 스타트업, 8부는 문화예술의 가치와 마케팅의 상호작용, 9부는 비즈니스와 문화예술이다.

독자들은 개별적인 각 주제를 통해 문화예술 분야의 현장에서 일어나는 다양한 사례와 직무 경험을 체험하고 이해함으로써, 자신의 경험과 지식을 바탕으로 더욱 창의적이고 유연한 사고를 발전시킬 수 있을 것이다. 또한 9개의 주제는 각각 4개의 소주제로 분류하여 자세히 살펴 보고자 하였다. 본 도서는 교육 프로그램이자 현장에서 적용 가능한 내용으로 구성하여 문화예술경영을 입문하는 사람에게 도움이 되고자 한다.

마지막으로, 이 책을 통해 문화예술이 사회적으로 어떤 역할을 해왔는지를 전체적으로 파악할 뿐만 아니라, 현재의 동향과 미래의 전망을 파악할 수 있게 될 것이다. 이 책이 독자 여러분들에게 풍요로운 문화예술 경험을 선사하며, 문화예술 분야의 발전과 성장을 위한 필수 도구가 되기를 바란다.

문화와 예술의 가치

예술은 말로 표현하기 어려운 감정과 아이디어를 형상화하여 시각적, 청각적, 감각적인 형태로 전달한다. 예술은 우리가 경험하고 있는 삶의 복잡성과 다양성을 담아내어 우리의 관점을 넓혀주고, 사고와 감정을 자극하여 깊이 있는 인간적인 경험을 제공한다.

문화예술은 또한 우리의 과거와 현재, 그리고 미래를 이어주는 연결고리이다. 예술은 역사와 전통을 기록하고 유시시키는 역할을 담당하며, 동시에 현대 사회의 변화와 진보를 대변하는 상징이기도 하다. 문화예술은 시대적, 지역적, 개인적인 차이와 경계를 넘어서며 인류의 공통적인 가치와 이해를 형성한다.

문화예술은 우리의 상상력과 창의력을 자유롭게 발휘할 수 있는 영역이다. 예술가는 새로운 아이디어와 형식을 창조하여 현실을 초월하는 세계를 만들어낸다. 이를 통해 우리는 새로운 관점과 가능성을 발견하고, 혁신과 진보를 이루는 데에 기여할 수 있다.

마지막으로, 문화예술은 단순한 시장 가치 이상의 귀중한 자산이다. 예술은 우리의 삶에 풍요로움과 의미를 부여하며, 아름다움과 영감을 제공한다. 문화예술은 우리를 깊이 생각하게 하고, 우리의 가치와 정체성을 탐구하게 한다. 예술은 우리가 어떤 세계를 원하는지 상상하고, 더 나은 세상을 구현하기 위한 우리의 열망과 에너지를 불어넣어준다. 문화예술은 우리의 삶에 아름다움과 의미를 부여하며, 미래를 모색하는 우리의 안내자이다.

나의 비즈니스 모델은 비틀즈다.

-스티브잡스1)-

---

1) 스티브 잡스는 비틀즈의 음악과 팀워크를 롤모델로 삼아 이를 경영 철학에 녹여냈다. 평소
음악을 통해 창의적 영감을 얻었던 그는 비틀즈와 같은 아티스트들이 애플의 창의적 문화
에 큰 영향을 주었다고 여러 인터뷰에서 밝혔다. 예술은 잡스에게 단순한 취미를 넘어, 그
의 창의적 사고를 이끄는 중요한 원천이었다.

제1부
문화예술경영과 행정

예술경영의 연구
예술행정의 개념과 분야
예술과 경영의 통합적 접근
문화예술경영의 현대적 가치

문화예술경영은 문화와 예술, 경영의 융합을 통해 새로운 학문 분야로 자리매김하고 있다. 이 분야는 예술적 특성과 경영의 보편적 원리를 조화롭게 결합하여 대중이 문화와 예술을 즐기도록 지원하고, 예술가들의 작품과 창작활동을 지원한다. 또한 경영학적인 조직과 리더십 요소를 통해 문화예술을 효과적으로 관리하고 발전시키는 데 주안점을 둔다.

문화예술행정 분야는 문화예술에 행정 원칙을 적용하여 이를 조직화하고 기관을 운영하며 문화정책을 효과적으로 수행하는 분야이다. 따라서 문화예술경영과 행정은 예술, 경영, 행정, 세 분야의 원리 및 관리 시스템을 융합하여 예술의 가치를 사회에 확산시키고 지속적인 발전을 촉진하는 학문 분야로서 의미가 있다.

제1장

예술경영의 연구

예술경영의 개념

　예술경영(Art Management)이란 예술활동을 합리적이고 창의적으로 이끌어내는 경영체의 활동을 의미한다. 이는 전통적인 경영과 유사하지만 경제적 목표보다는 예술의 본질적 가치를 확고히 하는 것을 우선으로 한다. 예술경영은 예술의 창조적인 측면과 경제적 가치 간의 균형을 유지하며, 자금 조달뿐만 아니라 자금의 효과적인 운용에 대해 전략적으로 접근한다. 예술경영은 예술과 비즈니스 간의 상호작용을 촉진하여 사회적으로 예술의 가치가 인정받을 수 있도록 돕고, 이를 통해 예술이 사회적으로 더욱 의미 있는 존재로 자리매김하도록 돕는다.

　'예술경영'이라는 개념은 20세기 중반 이후부터 등장하였는데, 주로 예술단체 및 문화예술시설의 운영에 있어 경영학의 도입을 통해 운영의 합리화와 효율성 확대를 목적으로 생겨나게 되었다. 국내에 소개된 예술경영학, 문화마케팅 이론은 거의 미국에서 도입된 이론이다. 자본주의의 발달로 경영의 중요성을 먼저 파악한 미국이, 사회적 영향력을 가진 예술단체의 경영 또한 기업의 경영만큼 중요하다고 인식하면서 생긴 개념이다.

예술경영에 대한 학문적인 연구는 1960년대 말부터 몇몇 대학의 MBA 과정에 예술경영 과정이 개설되면서 진행되어 왔다. 미국 MBA 과정은 재무회계, 원가관리회계, 경영통계학, 생산 관리, 마케팅 관리, 조직 관리, 재무 관리가 필수 과목으로 구성되어 있다. 문화 상품으로서의 마케팅 개념 또한 경영학에서 그대로 차용한 것이 대부분이다. 이 개념을 마케팅에 적용하면 '예술경영'이나 '문화마케팅'이라는 학문으로 발전하게 된다.

또한 미국 MBA 과정은 문화 콘텐츠와 예술교육을 지속적으로 강화하고 있다. 문화마케팅을 새로운 마케팅의 핵심으로 보고 있는 것이다. 그러나 예술경영에 대한 연구는 아직 학문적으로 체계화되지 않아 이로 인해 문화예술경영, 예술행정, 문화경영, 문화행정 등의 용어가 예술경영을 설명하는 데 혼용되는 면이 있다. 따라서 이러한 혼란을 해소하고 명확한 이해를 도모하기 위해서는 체계적인 연구와 표준화된 용어 정의가 필요하다.

예술경영에 대한 논의와 그 태동을 알린 저서는 1966년에 출판된 윌리엄 보몰(William Baumol)과 윌리엄 보웬(William G. Bowen)의 공동집필서 『공연예술─그 경제적 딜레마(Performing Arts─The Economic Dilemma)』다. 여기서 보몰과 보웬의 논리는 이후 예술의 경제적 측면에 대한 다양한 논의와 분석의 토대가 되기도 하였다.

예술경영의 연구와 발전

예술경영의 역사를 되짚어보면, 1950년대와 1960년대가 그 시작점으로 소비자 중심의 예술경영이 등장하고, 예술경영 분야의 윤곽이 본격화되었다. 이 기간에 예술경영의 개념이 실증주의적인 관점에서 정립되었으며, 마케팅의 거래 개념이 형성되었다.

1970년대와 1980년대는 예술경영이 학문 분야로 자리 잡았다. 이 기간에는 마케팅이 비영리 예술 분야로도 확대되어 적용되기 시작했으며, 작품의 보급과 전파를 통한 소득 창출이 생겨났다. 그러나 1970년대에는 경제성보다 예술성에 주안점을 두는 경향이 더 강했고, 점차 관객 교육과 개발의 중요성이 부각되었다. 서비스 분야에서 마케팅이 더욱 적극적으로 도입되었으며, 비영리 예술 조직에서도 마케팅 기법을 활용하기 시작하였다. 또한 기업의 사회 공헌과 투명 경영의 필요성이 제기되었다.

1990년대와 2000년대는 예술경영의 진정한 발전기로, 초반에는 마케팅 개념이 문화예술기관에 본격적으로 도입되기 시작하였다. 관객과 고객 간의 관계가 중요시되며, 마케팅 기법의 활용을 통해 문화예술경영의 효율성과 경쟁력이 향상되었다. 2000년대로 들어서며 예술경영은 더욱 성숙되기 시작해, 사회적으로 문화예술에 대한 관심이 증폭되었다. 경제적인 측면과 삶의 질 향상 측면에서 문화예술에 대한 경영학적인 마인드가 도입되며 예술경영은 새로운 단계로 나아가게 되었다.

예술경영의 연구와 발전은 다양한 시대를 거쳐 지속되어 왔다. 이론과 실무를 결합하여 발전해왔지만, 예술경영은 예술과 경영 두 가지 영역만을 고려해야 하는 것은 아니다. 예술은 고유한 언어와 문화를 지니고 있으며, 이는 앞으로 다양한 학문 분야에서 탐구되어야 한다. 예술경영의 연구와 이론을 발전시키기 위해서는 학제간 연구가 필수적이다. 예를 들어, 경제학은 예술 시장의 구조와 작용에 대한 이해를 제공하고, 사회학은 예술이 사회에 미치는 영향을 조사한다. 또한, 심리학은 예술 소비자의 행동을 이해하고, 철학은 예술의 의미와 가치를 탐구한다. 이러한 학제간 연구를 통해 예술경영의 핵심 영역인 전략, 구조화, 리더십 등을 더 잘 이해할 수 있다. 이렇게 다양한 분야의 연구가 예술경영 연구의 발전을 이끌어낼 것이며, 예술경영의 핵심 개념은 <그림 1.1>과 같다.[1]

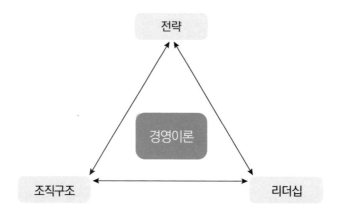

〈그림 1.1〉 예술경영의 핵심 이론

1) Giep Hagoort. Art Management: Entrepreneurial Style. Eburon Academic Publishers. 2003, 5-6.

예술경영 연구분야와 범위

예술경영은 예술가 단체, 공연장, 전시장, 예술가 조합, 관련 작품을 홍보하는 다양한 기업과 단체 등 광범위한 대상을 포괄한다. 여기에는 광고 회사, 출판사, 잡지 출판사, 미술 도서관, 미술 학교, 복지시설 및 공연 단체가 포함된다. 예술경영이 지원하는 단체는 매우 다양하며, 예술활동을 실행하는 공연 단체뿐만 아니라 예술활동이 이루어지는 문화시설, 예술활동을 지원하고 추진하기 위해 활동하는 지원 단체 등이 이에 해당된다.

앞으로 자세히 살펴보겠지만, 예술경영은 예술, 행정, 경영, 법률 등 여러 영역을 아우르는 다차원적 성격을 갖는 것이 특징이다. 또한 예술경영은 예술을 하나의 상품으로 취급하고 예술의 소비자와 생산자 사이를 중재하고 매개하는 데 중요한 역할을 한다. 동시에 비영리 문화와 예술에 대한 주도권을 확보하는 데도 중요한 역할을 하며, 대중에 대한 지속 가능성과 접근성을 보장한다.

예술경영의 주요 분야로는 현장 기획, 조직 관리, 인사 관리, 마케팅 및 관객 개발, 재정 관리, 공연장 관리, 자원 배분 등이 있다. 또한 예술적 노력의 성공적인 관리 및 홍보를 보장하기 위해 사회적 관계를 탐색하고, 인식을 조성하고, 법적 시스템을 준수하는 일도 포함된다.

예술기관에서 하는 모든 예술적, 경영적 행위는 크게 보아 세 가지로 나눌 수 있다. 첫째는 예술을 생산하여 무대에 올리는 행위로써 기본적으로 예술가들에게 속하는 일이다. 둘째는 생산된 예술을 효과적으로 판매하는 행위다. 즉, 유통과 소비 과정인 인적·물적 자원의 효과적인 배치이다. 셋째는 재원 조성이다. 이는 재물이나 자금이 나올 원천을 만들어 이루는 것이지만, 문화예술계에 예술 행위를 위해 조달되는 재원의 원천은 다양하다. 결론적으로 예술경영은 이 같은 세 가지 행위 및 그에 준하는 행위들을 연구의 대상으로 삼는 학문이다.

또한 '예술경영'과 '문화예술경영'은 비슷한 개념으로 사용되지만 약간의 차이가 있다. 예술경영(Arts Management)이라는 용어는 주로 음악, 미술, 연극, 무용 등과 같은 예술 분야를 포함하며, 예술 작품의 생산, 전시, 공연, 판매, 마케팅 등과 같은 예술활동에 중점을 둔다. 문화예술경영(Cultural Arts Management 또는 Cultural Management)은 더 광범위한 문화 활동을 다룬다. 이는 전통적인 미술이나 연극뿐만 아니라 영화, 문학, 역사, 문화유산 등 문화의 다양한 측면을 포함한다. 이 두 용어는 항상 엄격하게 구별되지는 않을 수 있으며, 사용되는 맥락과 상황에 따라 의미가 달라질 수 있다.

예술경영의 두 가지 관점

예술경영은 두 가지 주요 관점으로 다룰 수 있다. 첫 번째 관점은 '경영을 통한, 문화예술 자체의 재생'으로 예술가와 창작자의 관점이다. 두 번째는 '예술을 통한 경영'으로 경영자의 관점이다. 이 두 유형은 문화예술경영이 다양한 영역과 측면을 포함하기 때문에 절대적인 것은 아니다. 다만, 두 가지 관점으로 분류함으로써 더 정확하고 효과적인 예술경영 전략을 개발하고 구현할 수 있다.

각 관점으로 예술과 문화를 조직 또는 기업의 목표와 가치에 맞게 활용할 수 있다. 우선 첫 번째 관점은 경영을 통하여 문화예술 그 자체를 재생하는 관점이다. 이 관점에서 문화예술은 단순히 경영의 수단으로만 사용되는 것이 아니라, 독립적인 결과와 목적을 가진 영역으로 간주된다. 문화예술이 갖는 고유가치 자체를 경영의 대상으로 삼아 예술기관, 문화단체, 문화산업 등을 운영하고 예술을 발전시키는 데 초점을 둔다. 이 관점에서는 예술 창작과 공연, 전시, 출판물 등을 통해 문화예술의 가치를 극대화하고, 경제적인 지속 가능성을 확보하며, 광범위한 관객과 청중에게 다양한 문화예술 경험을 제공한다.

두 번째는 문화와 예술의 가치를 경영에 적용하여 조직 또는 기업의 성과와 창조성을 촉진하는 데 초점을 둔 접근법이다. 이 관점에서 문화예술은 이미지 가치와 소통 가치에 바탕을 둔 경영 수단이자 방법으로 간주된다. 이 관점은 문화와 문화예술을 경영에 접목시킴으로써 기업이나 조직의 브랜드 이미지를 강화하고 정체성을 형성할 수 있다. 즉, 문화예술을 기업의 마케팅 전략에 적용함으로써 소비자들에게 더 긍정적인 이미지를 전달하고 많은 관심을 받을 수 있다. 또한 사회적 문제에 대한 인식과 노력을 보여줌으로써 사회적 지지를 받을 수 있다.

이러한 두 가지 관점은 문화예술경영의 다양성과 복잡성을 반영하며, 경영적인 측면에서 문화와 예술에 접근하는 방식의 차이를 보여준다. 각 관점은 서로 보완적이고, 상호작용하며, 문화예술기관이나 문화산업을 발전시키는 데 중요한 역할을 한다.

그동안 예술경영은 경영 전략 관점의 도입으로 부가가치를 증진하는 데 중점을 둔 경향이 있다. 즉, 도구적 관점에서 예술에 접근하는 경우가 많았다. 그러나 뿌리가 되는 예술 자체보다 콘텐츠 활용에 경도된 경영 전략에 치우친다면 문화예술의 근본이 되는 예술의 지속적인 발전에는 도움이 되지 않을 것이라고 생각한다.

정리하면 예술가나 창작자들이 경영 관점을 도입하여 창작활동을 하는 데 도움을 받을 수 있는 예술경영 연구가 필요하므로, 이 책은

이 같은 관점에서 창작자의 관점 또한 도입하여 최대한 논의하려고 한다.

제 2 장

예술행정의 개념과 분야

예술경영과 행정의 본질적 차이

예술경영은 주로 시장과 고객의 욕구를 중심으로 제품과 서비스를 효율적으로 생산하는 데 중점을 둔다. 이에 반해 예술행정은 공공재를 제공하고 사회적 약자들을 지원하는 데 초점을 맞춘다. 예술행정 분야에서의 의사결정에는 효율성뿐만 아니라 형평성을 고려하는 복합적인 기준이 필요하며, 효율성을 고려하면서도 형평을 살필 수 있는 의사결정 기준을 가져야 한다. 이러한 특성은 예술경영과는 차별화된 어려움과 책임을 동반한다.

또한 예술경영 분야는 예술행정에 비해 마케팅과 연관성이 강하며, 그만큼 시장과 고객의 욕구를 잘 읽어내는 일이 필요하다. 그러나 행정 분야에서는 시민과 국민이 고객이므로, 시장 기업과의 경쟁을 목표로 삼지는 않는다. 하지만 예술행정가들 역시 시장을 잘 알아야 예술의 창작과 수요, 유통 과정에서의 예술가와 향유자들의 욕구를 읽어낼 수 있다. 이것은 결국 문화예술계의 순환 과정을 원활하게 도우므로, 경영과 행정의 분야가 맞닿아 있음을 의미한다. 이는 동시에 예술행정이 시장을 뒷받침해주어야 예술경영도 활성화 될 수 있음을 의미한다.

한편, 예술 분야에서 활동하는 많은 이들이 민간 기업에서 경력을 쌓은 뒤 국공립 예술기관이나 지역문화재단 등 공공 영역으로 일터를 전환하기도 한다. 그러나 이러한 전환에서 예술경영과 예술행정의 제도적 혹은 규정적 차이로 인해 어려움을 겪기 쉽다. 이러한 차이를 이해하고, 행정 분야에서는 전문 능력뿐만 아니라 행정적 역량이 필요하다는 점을 간과해서는 안 된다.

예술행정가는 예술 고유의 능력과 행정 능력을 모두 갖추어야 하며, 이러한 역량은 공공 부문의 독특한 문화와 규제적 환경을 잘 탐색할 때 빛을 발할 수 있다. 또한 예술가와 향유자의 욕구를 잘 파악할 때, 경영과 행정의 효과적인 연결이 가능하다. 예술경영과 예술행정은 예술이 사회 전반에서 순환되어 더 나은 곳으로 만들어가는 데 함께 기여하는 조력자로서, 두 분야 간의 본질적인 차이를 이해하고 상호보완적으로 협력하는 것이 필요하다.

예술행정의 개념

예술경영에 비해 예술행정이란 용어는 유럽에서 더 많이 쓰여왔다. 유럽에서는 예술경영에 대한 논의가 1980년대에 본격적으로 시작되었다. 이후 독일어권 국가에서 예술경영에 대한 담론이 보다 확장된 의미의 문화경영으로 발전되면서 문화를 가능하게 하는 제도, 예술·문화적 생산물을 도출하는 과정, 예술문화 생산물의 관객에 대한 매개의 영역들을 대상으로 하는 개념으로 자리 잡는다. 예술행정은 예술 생태계 구축을 위한 공공지원정책과도 상통한다. 여기에 문화를 기능하게 하는 총체적 제도로서의 문화정책의 중요성 또한 대두된다.[2]

본래 행정이란 정부가 하는 일 또는 활동을 의미한다. 전통적 행정은 주로 공공관리(Public Management)에 중점을 두어 정부가 협동적 집단활동을 더 효율적으로 수행하기 위한 관리활동에 초점을 맞추었다. 그러나 행정은 단순히 능률성만을 강조하는 것이 아니라, 정치적 결정과 자문, 기술적 결정 같은 다양한 측면을 내재하고 있다. 행정과 경영의 차이는 주로 공공재의 특성에서 나타난다.

〈표 1.1〉 공공재와 사적재의 구분

공공재(Public goods)	사적재(Private goods)
비경합성과 비배제성	경합성과 배제성
정부가 세금으로 제공	민간 기업이 생산하여 제공
대의제 민주주의	가격 시스템
정치적 결정	시장 메커니즘

사적재는 개인이 지불하고 소비할 수 있는 재화로, 가격 시스템과 시장 메커니즘이 통제를 한다. 반면, 공공재는 생산비를 부담하지 않은 경제 주체라 할지라도 소비에서 배제시킬 수 없는 특성을 가지고 있다. 예를 들어 국방 서비스나 가로등과 같은 공공재는 한 사람이 이

---

2) 조수진. "오스트리아 문화정책과 예술경영 현황-공공예술기관의 운영형태 및 재원조성을 중심으로." 한국독일어문학, 24(1), (2016): 261-282.

를 소비하더라도 다른 사람에게 영향을 주지 않고, 세금을 통해 제공된다. 이는 대의제 민주주의의 일환으로, 정치적 결정이 개입되어 있다.

사적재의 경합성(rivalry)은 자원이 한정되어 있어 자신의 소비가 타인의 소비를 감소시키는 것이다. 배제성(excludability)은 대가를 지불하지 않으면 소비를 할 수 없는 것을 뜻한다. 공공재의 비경합성은 여러 사람이 동시에 이용 가능하고 비배제성은 대가를 지불하지 않아도 이용 가능함을 나타낸다. 그러나 모두에게 혜택이 가지만, 어느 누구도 관리에 관심을 갖지 않아 황폐화되는 공유재의 비극(Tragedy of commons)이라는 특징을 갖는다.

행정의 정치성을 제외하면 조직 관리 측면에서 행정과 경영은 유사함을 지닌다. 예술행정과 경영의 차이는 추구하는 목표의 차이다. 이윤을 추구하느냐, 공공성을 추구하느냐이다. 또한 행정은 경영과 달리 정치성, 공익성, 법규의 구속, 많은 내부 통제 등을 특징으로 한다.

한편, 마이어스코프는 1988년에 출간된 『영국에서 예술의 경제적 중요성』에서 예술이 고용 창출, 관련 산업 진흥, 지역 개발 등에서 경제적 가치를 지니고 있다고 지적하며, 정부가 예술 지원을 소홀히 해서는 안 된다고 주장한 바도 있다.

정부와 민간의 협력

문화예술은 사적재와 공적재의 특성을 함께 지니며 문화예술경영 의사결정에 영향을 미친다. <표 1.2>에서도 볼 수 있듯이 사적재는 특정 공연, 전시물, 음악 작품 등을 구매나 티켓값을 치르지 않고는 소비할 수 없으며, 한 사람의 소비가 다른 이들에게 영향을 미치는 경합성이 있다. 반면 문화예술의 다른 부분은 공적재의 성격을 가지고 있어 도서관, 미술관, 문화센터에서의 활동은 무료로 제공될 수 있으며, 한 사람의 소비가 다른 이들의 소비에 영향을 미치지 않는 비경합성이 특징이다.

〈표 1.2〉 공공재와 사적재의 경영의사결정의 예시

특성		문화예술의 사례
경합성	정의	한 사람의 감상이 다른 이들에게 영향을 미침
	사례	콘서트 티켓, 미술 전시 티켓
배제성	정의	대가를 치르지 않으면 이용이 제한됨
	사례	유료 도서, 전시물에 대한 티켓 등
비경합성	정의	여러 사람이 동시에 무료로 이용 가능
	사례	무료 공연, 무료 전시물, 무료 음악 이벤트
비배제성	정의	대가를 지불하지 않아도 자유롭게 접근 가능
	사례	공공 미술관, 무료 문화 행사

이러한 특성들을 적절히 조화시키는 예술경영과 예술행정에서 민간과 정부 간의 협력은 필수적이다. 민간 기업만으로는 예술의 공급이 어려운 측면이 있기 때문이다. 특정 민간 기업이 특정 공연을 담당한다면 그 서비스를 누릴 수 있는 것은 그 비용을 부담한 사람뿐이며, 이는 비배제성과 경합성의 문제로 볼 수 있다. 따라서 정부는 문화예술을 지원하고 문화시설을 운영함으로써, 광범위한 대중에게 서비스를 제공할 수 있으며 이는 공공재의 특성을 활용한 예술 지원체계를 구축하는 방안 중 하나다.

한편, 문화예술의 사적재와 공적재 개념에 관해서는 예술가와 창작자의 관점에서도 깊은 생각이 필요하다. 예술인은 창작활동을 통해 사회에 메시지를 전달하고 사회적 문제 인식과 논의를 이끌어낼 수 있다. 따라서 예술인은 자신의 작품이 사회에 미치는 영향과 가치를 고려하며 창작에 임해야 한다. 또한 예술인은 정부나 문화기관의 문화예술정책에 영향을 미치는 주체자다. 예술인은 창작활동과 예술적 실험을 통해 문화정책의 새로운 방향성을 제시하고 정부의 문화지원 정책에 영향을 줄 수 있는 존재이므로 예술인과 정부의 상호작용은 공적재와 사적재를 형성하는 과정에 중요한 요소가 된다는 사실을 잊지 말아야 한다.

네트워크와 거버넌스

네트워크 참여와 거버넌스적 접근은 이처럼 다양한 특징을 갖는 예술경영에서 중요한 경영 요소로 간주되고 있다. 그동안 전통적인 정부 중심의 문제 해결 방식에 대해서는 여전히 불신이 남아 있는 편이다. 이에 거버넌스에 네트워크가 포함되는 변화의 흐름이 나타나고 있다. 과거에는 문화예술 분야에서도 정부나 중앙집권적인 기관들이 주도하는 전통적인 접근 방식이 일반적이었다. 그러나 현대사회에서는 이러한 중앙집권적인 방식만으로는 다양한 사회적 요구를 충족시키기 어려운 상황이 발생하고 있다. 이러한 변화 속에서 네트워크의 개념이 강조되며 중요성을 띠게 되었다.

특히 최근의 거버넌스는 '신거버넌스'라는 용어로, 기존의 중앙집권적 통제 구조를 넘어서 다양한 이해 관계자들 간의 네트워크 협력과 참여를 강조하는 접근 방식을 설명하기도 한다. 이는 관료적인 통제의 한계를 극복하고, 다양한 관점과 참여자들의 지식을 융합하여 정책과 의사결정을 효과적으로 진행하는 방식이다.

문화예술 분야에서도 새로운 거버넌스 개념은 공공성 강화의 필요
성과 함께 수면위로 떠오르고 있으며, 다양한 관점과 수용성이 요구된
다. 또한 기존의 중앙집권적 접근 방식은 다양성과 차별성을 고려하기
어려운 한계가 있어 새로운 형태의 거버넌스가 요구되고 있다.

따라서 문화예술경영이나 행정 분야에서 보다 현대화된 거버넌스
형태를 위해서는 다음과 같은 전략을 고려할 수 있다. 첫째, 네트워크
협력을 강화하여 다양한 이해 관계자들 간의 소통과 협업을 촉진해야
한다. 둘째, 거버넌스는 다양한 이해 관계자들의 참여를 중요시하는
개념이므로 정부, 기업, 시민사회 등 다양한 이해 관계자들의 참여를
유도해야 한다. 셋째, 자율적이고 민주적인 조직 구성을 강조하여 투
명성을 확보하고 효율적인 의사결정을 이끌어내야 한다. 넷째, 문화
예술정책과 프로그램을 개발하여 다양한 이해 관계자들과의 협업을
통해 문제점과 요구사항을 파악하고 그에 맞는 정책과 전략을 수립해
야 한다. 이러한 노력을 통해 문화예술 분야의 공공성을 높이고 사회
적 다양성을 존중하는 방향으로 나아갈 수 있을 것이다.

제 3 장

예술과 경영의 통합적 접근

예술과 경영의 기본 논리

문화예술경영은 기업과 경영의 혼합체적 성격으로 재원 조달과 사용 방법에 있어서 경영 개념을 갖는다. 일반적으로 경영이 상품을 효율적으로 소비자와 만나게 하는 것이라면, 예술경영은 창작활동이나 창작물이 사회와 만나게 하는 데 효율적인 역할을 한다. 예술가는 예술의 생산 주체이고 관객은 소비자다. 따라서 경영과 예술경영은 접점을 넓혀 가치를 확산시킨다는 점에서 동일한 활동으로도 볼 수 있다.

그러나 예술경영과 일반 기업경영의 근본적인 차이점은 기업경영이 경제적인 목표를 추구하는 것에 비해, 예술경영은 경제적 가치보다는 예술의 본질적 가치를 중요시한다는 것이다. 이러한 관점에서 예술경영은 예술과 관객(소비자)의 만남을 효과적으로 조율하는 방법론을 의미하며, 넓은 의미에서는 문화 촉매 활동의 일환으로서 예술이나 예술가와 관객을 연결하기 위한 실질적인 지식과 종합적인 활동을 가리킨다. 예술경영은 대중이 예술을 즐기고 예술가가 작품을 창작하는 데 목적을 둔다.

예술경영의 기본 논리는 <그림 1.2>에서 보이듯 다섯 가지 주요 활동 사이클을 반복함으로써 형성된다. 이 활동들은 예술인, 창작활동, 기획과 상품화, 유통과 서비스, 소비자의 활동으로 이루어져 있다. 각각의 활동은 서로 연결되어 예술적인 작품을 만들고 그것을 사람들과 공유하는 과정으로 나아간다.

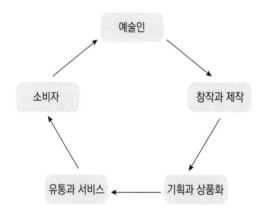

〈그림 1.2〉 예술경영의 기본 논리

예술경영의 첫 번째 사이클은 예술가들의 창작과 제작 단계이다. 예술가들은 창의력을 발휘하여 예술적인 아이디어와 작품을 만들어낸다. 이 단계에서는 예술가들이 자신의 예술적 비전과 능력을 표현하고, 작품에 메시지를 담아낸다.

창작된 예술 작품을 사회에 내보내 사람들과 만나게 하기 위해서는 기획과 상품화가 필요하다. 예술 작품의 전시, 공연, 출판 등을 위한 기획 활동은 중요한 단계다. 기획자들은 예술 작품이 어떻게 소비자와 만날지, 어떻게 상품으로서 효과적으로 전달될지를 계획하고 실행한다.

예술 작품이 기획되면, 유통과 서비스가 이루어진다. 이 단계에서는 예술 작품이 소비자들에게 진달되는 경로를 구축하고, 상품화하여 구매 가능한 형태로 만든다. 예를 들어 미술 작품을 갤러리를 통해 판매하거나, 음악 작품을 음반 혹은 온라인 음원으로 서비스를 제공하는 것이 이에 해당한다.

예술 작품이 소비자들에게 도달하면, 소비자들은 이를 소비하고 감상하며, 그에 대한 반응을 보인다. 또한 생산자인 예술인은 소비자들의 반응과 피드백을 분석하고 다음 작품의 개발에 반영한다. 이러한 과정이 반복되면서 예술가들은 자신의 작품을 발전시키고 다음 작품을 기획하는 단계로 이어진다. 이렇게 반복되는 사이클에서 예술 생태계가 만들어지고 예술가들은 계속해서 창작하고 기획하며, 예술 작품과 소비자들 간의 상호작용을 통해 자신의 예술적인 비전과 스타일을 성장시킨다.

예술과 경영의 경제적 논리

예술 산업도 다른 산업과 마찬가지로 수요와 공급의 상호작용에 의해 시장이 형성된다. 예술 작품이나 예술 서비스에 대한 수요가 존재하며, 이에 따라 예술가와 기관들이 공급을 조절하여 시장 균형을 유지하려고 한다. 경제학 원리에서 예술경영의 경제적 관점은 예술 산업의 특성과 시장 메커니즘에 초점을 맞춘 접근이다. 우선 예술경영은 몇 가지 기본적인 경제 원리에 바탕을 두고 진행된다.[3]

첫 번째는 수요와 공급이다. 수요는 상품이나 서비스에 대한 구매의사를 나타내며, 공급은 시장에서 제공되는 상품이나 서비스의 양을 나타낸다. 수요와 공급의 상호작용에 따라 가격과 수량이 결정된다. 두 번째는 가격 탄력성이다. 가격 탄력성은 소비자들이 가격 변동에 얼마나 민감하게 반응하는지를 측정하는 개념이다. 가격 탄력성이 높으면 가격 변동에 따라 수요가 크게 변동할 수 있다. 세 번째는 수익과 비용이다. 수익은 판매나 서비스 제공으로 발생하는 수입을 의미하고, 비용은 생산이나 운영 등의 비용을 나타낸다. 수익과 비용을 관리하여 이익을 창출하는 것이 중요하다. 네 번째는 경쟁과 차별화다. 시장에서 경쟁이 치열한 경우, 차별화된 제품이나 서비스를 제공하여 경쟁 우위를 확보하는 것이 중요하다. 그 외에도 외부성과 공익 문제, 정부의 개입 등을 들 수 있다. 경제활동은 종종 사회적 외부성과 공익을 가져올 수 있다. 또한 정부는 시장 실패를 개선하고 공공의 이익을 위해 예술 산업에 개입할 수 있다.

예술경영에서 경제적 관점을 고려하는 것은 예술기관, 예술가, 예술 작품 등이 시장에서 어떻게 작용하는지를 분석하는 것이다. 이를 통해 효율성과 수익성을 개선하는 방안을 모색하게 된다. 예술경영의 관점에서 경제적 측면을 고려할 때 그 내용은 다음과 같다. 첫 번째, 수요

---

3) 제임스 헤일브런, 이흥재 역. 「문화예술경제학」. 살림출판사, 2000, 17-46.

와 공급 측면이다. 예술 산업도 수요 측면에서 문화적 요구와 욕구에 대한 대응, 창작 등을 통한 공급으로 시장 균형을 유지하려고 한다.

두 번째, 가격 탄력성 측면이다. 여기에서 가격이란 작품이나 서비스의 구매 비용을 의미한다. 가격 탄력성은 수요나 공급 변화에 대한 구매자의 반응 정도를 측정하는 개념이므로, 예술의 가격 탄력성은 작품의 특성, 예술가의 명성, 경쟁 상황 등에 따라 다양하게 변할 수 있다. 예를 들어 유명한 작가의 작품이나 한정판 작품은 수요가 높아 가격 탄력성이 낮을 수 있으며, 반대로 유명하지 않은 작가의 작품이나 대중적인 작품은 가격 탄력성이 높을 수 있다.

세 번째, 수익 측면이다. 여기에서의 수익은 예술 작품 판매, 티켓 매출, 후원금 등으로 발생하는 수입을 의미하며, 지출은 예술 작품 제작비용, 운영 경비 등의 비용을 나타낸다. 이러한 수익과 지출을 효율적으로 관리하여 경제적인 지속 가능성을 확보하는 것이 중요하다.

네 번째, 예술 산업의 경쟁력이다. 예술 산업은 경쟁이 심한 분야다. 예술기관과 예술가들은 다양한 차별화 전략을 통해 자신들의 작품이나 서비스를 시장에서 돋보이게 만들어야 한다.

그러나 예술활동은 단순히 상업적인 측면뿐만 아니라 문화적 가치와 사회적 가치를 지니고 있어, 종종 시장 내에서 완전한 효율성을 보장하기 어려운 면이 있다. 이에 경제학 원리를 기반으로 예술의 특성을 이해하는 가운데, 예술가와 기관이 효과적으로 경제적 성과를 이끌어낼 수 있도록 예술을 보호하고 지원하는 정책 또한 마련되어야 할 것이다.

예술과 경영의 통합적 접근

　예술과 경영의 통합적 관계는 전통적인 기업의 예술을 통한 사회적 투자나 환원 개념에서 출발하여, 마케팅 목적의 간접적인 활동을 거치면서 현재에 이르렀다. 이는 결국 예술을 통한 경영의 현대적 패러다임으로 이어진다. 미래에는 예술과 경영이 더욱 통합적인 관계로 진화할 것으로 예측되며, 기업 내에서 어떤 식으로든 예술의 과정, 예술 작품 등을 경영에 도입함으로써 직접적인 활동으로 예술을 경험하고 표현하는 추세가 강화될 것이다.

　예술과 경영이 통합되면, 예술 생태계 또한 지속 가능성을 유지할 수 있다. 예술과 경영의 통합은 결국 순기능을 일으켜 예술 생태계를 지원하고, 문화예술의 발전을 촉진해 예술가, 관객, 문화기관, 경영자, 정책 결정자 등이 상생하는 생태계를 형성하게 할 것이다.

　예술과 경영의 통합적 접근은 새로운 사회 문제에 대한 해결책을 모색하고, 예술을 통해 사회 문제를 탐구하고, 경영 전략을 통해 사회적 변화를 이끌어내게 할 것이다. 이러한 통합적 접근으로 기존의 예술과 경영의 관습을 뒤엎고 새로운 시각과 패러다임을 제시할 것이다.

제 4 장

문화예술경영의 현대적 가치

문화 소비패턴의 변화

문화예술은 빠르게 변화하는 사회와 기술적 환경에 둘러싸여 있다. 여기에 디지털화와 문화의 세계화가 진행되면서 문화예술 콘텐츠의 생산과 유통 방식이 변화하고 있다. 무엇보다 문화예술을 찾는 관객, 즉 소비자들은 보다 의미 있는 경험과 소통을 기대하고 있으며, 이에 소비의 패턴과 요구사항 또한 다양해지고 있다.

현재 오프라인 연계가 강한 전통적인 산업군은 이러한 새로운 산업의 성장과 동시에 위기에 직면하고 있으며, 새로운 산업들은 더욱 부상하고 있다. 온라인상에서 개인이나 집단에 속한 이용자, 즉 수요자와 공급자 측면의 시장 참여자들이 서로 연결되어 상호작용 및 거래를 촉진하고 있고, 이들의 네트워크는 혁신적인 가치를 창출하게 돕는 인터넷 홈페이지, 모바일 응용프로그램 같은 IT와 맞물리며 문화예술 콘텐츠 비즈니스 또한 하나의 수익모델로 떠오르고 있다. 국내에서는 네이버, 카카오와 같은 새로운 IT 기업이 웹툰 같은 IP 산업을 통해 영향력을 키우고 있으며, 문화예술 콘텐츠 모객과 매출 극대화 전략을 펼치고 있다.

문화예술 생태계의 변화와 자생력 강화

최근, 기술의 발전은 예술가의 직업 의미와 작품 가치를 변화시키고 있으며, 예술가들은 경제적 어려움을 혼자 해결하는 대신 다른 분야와 협력하는 방법을 모색하고 있다. 예술 생태계에서 예술가가 경험하는 구조적 불평등은 일반적인 사회 불평등보다 광범위하게 나타나는데, 현재 정부의 지원 프로그램은 예술가의 발전에 필요한 기회를 제공하는 데 한계와 제약이 있어, 기술 발전에 따른 교육과 다양한 자금 지원 및 조달이 필요하다.[4]

이를 위해 예술 시장은 예술가가 직면한 다양한 어려움에 새로운 접근 방법으로 대처하고 있으며, 예술가와 예술단체들도 자생력을 강화하고, 새로운 플랫폼을 통한 협업을 모색하며, 구조적 불평등에 대한 대응책을 마련하고 있다. 많은 국가의 예술기관들도 새로운 비즈니스 모델을 도입하여 예술 생태계의 발전과 자생력 강화를 더욱 돕고 있다.

미국은 특히 예술단체의 자생력 강화에 큰 관심을 두고 있으며,

---

4) 구문모. "해외 주요국가의 예술 산업 이론·사례 분석과 한국 예술 산업 생태계 모형 제안." 정책연구용역보고서, (2017): 20.

NEA(National Endowment for the Arts) 미국연방예술기금은 여러 지원 프로그램을 통해 예술단체와 예술가를 지원하고 있다. 1977년부터 1982년까지 진행된 '챌린지 지원금' 프로그램은 예술단체와 예술가의 경영 능력 향상과 자생력 증진에 크게 기여하였다. 이 사업은 현재 'Challenge America'로 재구성되어 비영리 예술기관과 예술가에게 다양한 지원을 제공하고 있다.

영국의 경우 문화예술 분야 혼합형 재정 모델을 개발하여 민간 및 기업의 투자를 활성화하고 자생력을 강화하는 방안을 모색하고 있다. Arts Impact Fund[5]는 이러한 목적을 달성하기 위한 자금지원제도 중 하나로써 문화예술기관에 대한 대출을 낮은 이자율로 제공한바 있다.

도쿄도 공공부문인 아트 카운슬 도쿄(Arts Council Tokyo)[6]를 통해 예술과 산업을 적극 지원하고 있다. 최신 정보기술을 활용한 예술 표현 활동을 촉진하고, 민간 기업과의 협력을 통해 혁신적인 작품과 상품 개발을 촉구하고 있다. 예술가, 기술자, 기업 간의 다양한 협업을 촉구하여 창조적인 생태계를 구축하고 있다. 일본은 또한 신기술을 구사한 연극, 음악 등의 공연이나, 전 세계 사람들이 도쿄에서 발신하는 예술문화를 전 세계 어디서나 감상·체험할 수 있는 사업 등에서 정보기술의 혁신을 적극 이용하고 있다. 이러한 목적을 달성하기 위해 민간 기업들의 개발 과정에 대한 산업적 지원을 증대하고 있다.

뿐만 아니라, 조세 감면을 통한 산업 활성화 노력도 진행 중이다. 문화재 보호와 문화시설 설치에 중점을 두던 전통적인 문화정책에 민간의 세제 우대를 도입하여 활력을 불어넣고 있다. 특히 국공립 문화

---

5) Arts Impact Fund: 문화예술 분야의 세계 최초 임팩트 투자 펀드.
6) 아트 카운슬 도쿄는 예술문화단체 및 민간 단체, NPO 등과 협력하여 도쿄 예술문화 창조에 박차를 가하고 도쿄의 매력을 증진시키고자 하는 조직이다.
https://www.artscouncil-tokyo.jp/ko

시설 관련 특례 조치로 법인세와 소득세를 감면하고, 예능법인에 대한 세제 혜택을 확대하고 있다.

로마문화선언

　문화예술의 현대적 가치에 대한 논의와 함께 우리가 살펴볼 것은 2021년 7월에 로마에서 열렸던 G20[7] 주요 20개국 문화장관회의와 로마선언 발표 내용이다. G20 로마문화선언에서는 문화의 내재적 가치를 강조하면서 인간 발전에 필수적인 요소로서의 문화를 인식하고, 코로나 팬데믹의 타격을 받은 경제와 사회 회복·재생을 촉진하는 필수적 역할을 담당한다고 밝혔다. G20에서의 문화예술의 강조는 이러한 국가들이 문화의 중요성을 공식적으로 인정하고, 문화를 사회경제적 문제 해결의 핵심 요소로 인식하고 있다는 것을 의미한다.

　로마회의에서 제시한 기본 원칙은 다음과 같다. 우선 재생, 지속 가능, 균형 성장을 위한 원동력이 문화·창의 영역이라는 것이다. 이는 경제적인 영향력과 새로움을 향한 주춧돌로서 문화가 다른 영역에 긍정적인 영향을 미친다는 것을 뜻한다. 또한 미래 세대를 위한 문화유산 보호의 중요성을 강조하였다. 기후 변화 위협에 대응하기 위해 문화와 문화유산이 가진 잠재력으로 기후 변화를 해결할 것을 제시하였고, 문화예술이 학생들의 창의성과 문제 해결 능력을 키우는 데 어떤 역할을 하는지를 보여주며 교육·훈련을 통한 역량 강화를 강조하

---

7) G20: Group of 20의 약자. 세계 경제를 이끄는 G7에 12개의 신흥국·주요경제국 및 유럽 연합(EU)을 더한 20개의 국가 및 지역 모임. 국제 무역과 금융 시장에서 주도적인 역할을 수행하고 있으며, 세계적인 정치, 경제적 문제들에 영향력을 가지고 있어 세계적인 정책 결정과 국제 협력을 촉진하는 역할을 하고 있다.

였다. 뿐만 아니라 디지털 전환을 통한 문화예술 분야의 글로벌 시장 개발과 새로운 관객의 접근을 다양성과 포용성 증진이라는 항목과 함께 포함시켰다.

이러한 내용들은 G20 국가들이 문화예술의 사회경제적 가치를 강조하고, 문화적 측면을 통해 사회경제적 위기를 극복하고, 지속 가능한 경제 회복을 추진하고자 한다는 신호이다. G20 문화장관회의를 통해 문화예술이 정치와 경제의 중요한 요소로 인정받았으며, 이러한 인식은 더욱 많은 국가들이 문화예술을 발전시키고 지원하는 데 기여할 것으로 기대된다.

문화산업의 현황과 정책적 고려

오늘날 문화예술 관람객들의 니즈는 과거와 달라졌다. 기술 발전과 디지털 시대의 도래로 그들은 예술 경험에 대해 더 다양한 기대와 욕구를 갖게 되었다. 예술가들은 이러한 변화에 발맞추어 계속 새로운 관객들을 발굴하면서 그들과의 상호작용을 쌓아나가야 한다. 이에 대하여 예술가들의 지원 및 국민들이 변화된 환경에 빠르게 적응하고 문화적 역량을 발휘할 수 있도록 정책을 개발하는 나라가 늘고 있다.

영국은 오래전부터 문화예술이 발달한 나라였고, 셰익스피어, 데이비드 호크니, 비틀즈, J.K. 롤링까지 전 세계 사람들의 사랑을 받는 예술가들과 그들이 창작한 좋은 작품들이 많은 나라다. 영국의 자랑거리 중 하나가 문학과 현대미술, 공연, 영화일 정도로 영국의 수준 높은 예술 산업은 익히 알려져 있다.

영국은 예술 산업에 대해 명확한 정의를 내리고 법제화해감으로써 산업화를 이루어가고 있다. 영국은 '예술 산업'이라는 용어를 정의하는 데 있어 '창조 산업'과 '문화 영역'을 주요 범주로 사용한다. 디지털문화미디어스포츠부가 발간하는 보고서에서 이를 분석하고 있는데, '창조 산업'은 창의성, 기술, 재능을 기반으로 하며 지식재산권을 활용하여 부와 고용을 창출할 수 있는 산업으로, '문화 영역'은 문화 상품과 서비스가 중심인 산업 영역으로 정의한다.

영국은 창조 산업의 정책적 관점에 의해 기존의 영화, 출판, 음악과 같은 문화산업 범주를 조금 더 확대해 광고, 디자인, 소프트웨어 등을 포함시키고 있다. 또한 작가, 화가, 작곡가, 댄서 등에 의한 순수 창작 콘텐츠가 생산될 때, 창작활동의 저작권 보호와 함께 음악, TV, 출판, 게임, 영화와 같은 기존의 산업에 연계시켜 더욱 활발한 산업활동으로 경제적 가치와 고용을 창출하는 데 주력하고 있다.

영국의 문화예술 분야는 다양한 법률에서 다루어지고 있다. 문화예술 관련 주요 법으로는 저작권법, 문화유산 보존, 국민복권기금, 대중오락시설 면허 등이 있다. 최근에는 예술가의 재판매권, 디지털 전략, 브렉시트(Brexit)와의 관련 등이 주요 주제로 떠오르고 있다. 특히 디지털 예술 시장에서의 예술가 권리 보호와 브렉시트로 인한 영향에 대한 주목이 필요하다. 이러한 변화와 동향은 예술 시장의 미래에 영향을 미칠 것으로 예상된다.[8]

프랑스와 독일도 문화예술 분야에서 선도적인 위치를 차지하고 있으며, 정책적 접근 방식에서도 이에 대한 주도적인 특성을 보여준다. 프랑스는 그동안 중앙 정부의 직접 관여와 행정 명령에 따른 정책

---

8) 구문모. 앞의 연구, p.20.

을 시행해왔다. 전통적으로 예술 창작자 지원에서 공공의 역할이 매우 중요했으며, 도서관 설립을 통한 도서 산업 발전, 미술품의 공공 구매를 통한 지역 예술가 지원, 공연 예술 분야의 지원 등 다양한 방식으로 예술 창작을 장려해왔다. 국가 지원과 함께 2005년부터는 예술가 지원에 대한 민간의 역할이 대두되었고, 메세나 활성화를 위해 헌장을 발표했다.

독일은 연방주의 원칙에 따라 문화예술 정책을 수행한다. 문화예술 정책은 엘리트 문화의 소수계층 편향성에서 벗어나, 소외되었던 폭넓은 시민들을 대상으로 확대되었다. 독일은 문화 활동에 직접 참여하도록 문화적 권리를 보장하고, 공적 재정 지원에 의존하던 관습에서 벗어나 재정 자립도를 높이는 경제적 기능에 초점을 맞추고 있다. 특히 경제와 입지 요소로서 문화예술 정책이 강조되며, 생산 입지와 경쟁력에 적합하게 수립되어야 한다는 예술 경영 논의가 이루어지고, 운영의 독립성과 민간 분야와의 파트너십이 중시되고 있다.[9]

캐나다 정부는 2016년부터 위원회의 예산을 2배로 증액하여 예술 센터에 대한 지원을 강화하고 있다. 이 중 디지털 전략 펀드는 최근까지 예산을 더욱 과감히 투자하여 예술에 대한 소비자들의 참여와 인식을 넓히고, 일자리 창출과 수출 확대에 기여하고 있다. 특히 캐나다 예술위원회는 디지털 기술을 이용한 예술에 대한 공공의 접근성을 높이기 위해 노력한다. 대표적인 예로, 디지털 오리지널, 크리에이션 액셀러레이터 사업이 있다. 또한 디지털 환경에 적응하려는 예술 조직을 지원하기 위한 디지털 제너레이터 사업, 예술 센터의 디지털 지식, 기술 역량 강화를 위한 R&D 지원의 디지털 그린하우스 사업을 주요

---

9) 최보연. "주요국 문화예술정책 최근 동향과 행정체계 분석 연구." 한국문화관광연구원, (2016): 69, 108.

사업으로 추진하고 있다.

호주는 디지털 환경에서 소비자들의 역할과 위상이 중요해짐에 따라 예술 작품이 온라인 미디어를 통해 더 많은 소비자들에게 도달하여 쉽고 편리하게 향유될 수 있도록 다양한 실험과 시도를 유도한다. 예를 들면 전문 기업 및 기관과의 파트너십을 통한 전문성 확보를 중심으로, 글로벌 컨설팅 기업과 시드니 공과대학 등에서 외부 전문가와 파트너십을 체결하고 있다. 또한 협업을 기반으로 사업을 추진함으로써 예술계 내부에서 충족되기 어려운 디지털 역량 및 비즈니스 역량을 아웃소싱 방식으로 끌어낸다.

호주예술위원회는 디지털 문화 전략을 발표하여 디지털 문화예술 산업 발전을 위한 4개년 계획을 추진하고 있다. 디지털 환경 변화에 발맞추어 총 3단계에 걸친 디지털 문화 프로그램(Digital Culture Program)을 운영하며, 매년 평가를 거쳐 유동적으로 대응한다. 디지털 기술이 사람들의 문화예술 관람과 참여의 경험을 근본적으로 변화시키고 있다는 점을 파악한 것이다. 이들은 문화예술 조직을 대상으로 디지털 전환 및 비즈니스 모델 혁신을 위한 교육 및 컨설팅 프로그램을 활발하게 추진 중이다.10)

---

10) 이유선·성유진·손경호·손보람. "온라인미디어 예술활동 비즈니스 모델 탐색을 위한 기초연구." 한국문화예술위원회, (2021): 32-40.

제2부
문화예술기관과 문화정책

문화예술기관
공공예술기관의 역할과 기여
문화예술기관의 재정 동원과 배분
비영리 문화예술단체의 경영

문화예술을 장려하고 보급하는 기관이 지속적으로 변하고 있다. 이러한 변화는 사회적, 기술적, 문화적인 변화에 따른 것이다. 최근 공공예술기관은 문화예술의 보급과 교육, 창작활동을 촉진하여 예술을 보다 폭넓게 대중에게 전달하는 역할을 맡고 있다. 이들은 공공기관과도 밀접하게 관련되어 있으며, 재정 관리와 예산 편성에 있어, 중요한 역할을 수행한다. 또한, 비영리 문화예술단체들도 효과적인 경영을 통해 예술을 보급하고 발전시키는 역할을 한다. 이러한 단체들은 예술가들에게 다양한 기회를 제공하고, 지역사회와의 연결을 통해 예술을 보급하는 데 기여하고 있다.

제1장

문화예술기관

문화예술 조직의 유형

문화예술 조직은 다양한 형태와 목적으로 구성되어 있으며 크게 다음과 같은 유형으로 분류된다. 첫 번째 유형은 문화예술단체다. 이 단체는 음악, 무용, 연극, 미술 등 다양한 예술 분야에서 활동하는 전문 예술인들로 구성되어 있으며, 창작, 연주, 공연 등의 활동을 하고, 오케스트라, 극단, 무용단, 오페라단, 합창단 등이 이에 해당된다. 이들은 공연을 통해 아름다움과 감동을 전달한다.

두 번째 유형은 문화예술활동이 이루어지는 문화시설이다. 이러한 시설들은 미술관, 갤러리, 극장, 콘서트홀 등을 포함한다. 이곳들은 다양한 예술 작품과 공연을 관람할 수 있는 장소로, 예술을 즐기고 감상할 수 있는 문화적 공간을 제공한다.

세 번째 유형은 문화예술활동을 지원하고 추진하기 위해 활동하는 협력기관이다. 이 유형은 주로 추진지원단체의 성격을 띠는데 예를 들어 활동단체, 문화시설이나 협회, 재단 및 진흥재단, 그리고 문화행정 관련 정부기관이 이에 속한다. 이들은 문화예술활동을 후원하고 발전시키는 역할을 수행하여 예술가들의 창작활동을 지원하고, 문화예술의 활성화를 위해 다양한 프로그램과 정책을 제공한다.

〈표 2.1〉 문화예술 조직의 유형

구분	유형	역할
예술 단체	오케스트라, 극단, 무용단, 오페라단, 합창단	전문가들이 모여 예술 작품의 창작, 연주, 공연 등을 진행하는 단체로, 음악, 무용, 연극, 미술 등 다양한 예술 분야에서 활동하며 대중들에게 예술의 아름다움과 감동을 전달
문화 시설	미술관, 갤러리, 극장, 콘서트홀, 박물관	다양한 예술 작품과 공연을 관람할 수 있는 장소로, 예술을 즐기고 감상할 수 있는 문화적 공간을 제공
협력 기관	협회, 재단, 문화행정 관련 정부기관	문화예술활동을 후원하고 발전시키는 역할을 수행하여 예술가들의 창작활동을 지원하고, 문화예술의 활성화를 위해 다양한 프로그램과 정책을 제공

최근 몇 년간 예술경영 분야의 성장과 함께, 협력기관은 다양한 영역으로 확장되고 있다. 이러한 변화 속에서 협력기관이 단순히 기관의 운영에 그치지 않고, 관객과의 소통과 이미지 전달, 창의성과 변화에 대한 대응 능력 등을 갖추는 것이 점점 더 중요해지고 있다. 현대의 문화예술 조직은 예술적인 면모와 동시에 관객과의 유대감 형성, 창의적인 아이디어 제시, 빠르게 변화하는 문화환경에 대한 적응력을 갖추어야 한다. 이를 통해 문화예술 조직은 더욱 성공적으로 예술활동을 수행 및 지원하고 사회적 영향력을 발휘할 수 있을 것이다.

중앙정부의 문화예술기관

국내의 대표적인 문화예술기관은 다음과 같다. 문화체육관광부는 한국 정부의 문화예술 및 스포츠, 관광 분야를 담당하는 중앙행정기관이다. 문화예술 부문에서 예술 지원정책, 문화유산 보호 및 전파, 문화 콘텐츠 산업 지원 등을 담당한다.

문체부 소속기관에는 국립중앙박물관, 국립현대미술관, 국립민속박물관, 국립아시아문화전당, 국립극장, 해외문화홍보원, 대한민국예술원, 한국정책방송원, 한국예술종합학교, 국립국악고등학교, 국립국악중학교, 국립전통예술고등학교, 국립전통예술학교 등이 있다.

문체부 산하 공공기관은 한국문화예술위원회, 한국콘텐츠진흥원, 한국문화관광연구원, 예술경영지원센터, 한국문화정보원, 한국문화예술교육진흥원, 한국영상자료원, 한국공예디자인문화진흥원, 한국저작권보호원, 국립박물관문화재단, 한국예술인복지재단, 영화진흥위원회, 게임물관리위원회, 한국관광공사, 국악방송 등이 있다.

문체부 유관기관에는 한국국제문화교류진흥원, 한국장애인문화예술원, 지역문화진흥원, 한국문화재재단, 한국문화예술회관연합회, 한국방송작가협회, 국어문화원연합회, 한국문화원연합회, 유네스코한국위원회, 국립예술단체연합회, 서울예술단, 국립오페라단, 국립정동극장, 국립극단, 국립현대무용단, 코리아심포니오케스트라, 유네스코국제무예센터 등이 있다. 그 외 지자체 혹은 지역문화재단 산하 공립기관 도립미술관, 시립미술관 등이 있다.

대표적인 문화예술 공공기관인 한국문화예술위원회는 문화예술진흥기금을 관리하고 문화예술 진흥을 위한 사업과 활동을 지원하기 위해 설립된 문화체육관광부 산하 공공기관이다. 문학, 시각예술, 공연예술, 전통예술, 다원예술 등 문화예술계 안팎에서 협의하고 있는 기초예술 분야와 문화산업의 비영리적 실험영역을 대상으로 창조와 매개, 향유의 선순환 구조 확립과 인프라를 구축한다.

한국콘텐츠진흥원은 종전의 한국문화콘텐츠진흥원, 재단법인 한국게임산업진흥원과 재단법인 한국방송영상산업진흥원을 통합하여 설립한 문화체육관광부 산하 위탁집행형 준정부기관이다. 대한민국 콘텐츠 산업을 총괄하는 기관으로 방송, 게임, 음악, 패션, 애니메이션, 캐릭터, 만화, 실감 콘텐츠 등 장르별 콘텐츠의 제작 지원과 기획·창·제작, 유통·해외 진출, 기업 육성, 인재 양성, 문화기술 개발, 정책 금융 지원과 정책 연구를 수행한다.

한국문화관광연구원은 문화체육관광부 산하 공공기관으로, 문화예술, 관광, 여가와 한국관광 동향 및 문화관광에 대하여 정책연구, 통계 등을 제공한다. 한국문화정보원은 문화정보화 관련 정책 개발과 사업을 추진하는 문화체육관광부 산하 공공기관이다.

예술경영지원센터는 2006년 설립된 예술 유통 활성화를 지원하는 문화체육관광부 산하의 기타 공공기관으로 서울아트마켓 사무국과 한국문화관광정책연구원 산하의 전문예술법인단체평가센터를 통합해 재단법인 형태로 설립되었다. 예술기관 단체들의 경영 활성화 지원 시스템 구축과 국제 교류, 인력 양성, 정보 지원, 컨설팅 분야의 다양한 매개지원사업을 추진하고 있다.

한국문화예술교육진흥원은 문화예술교육 지원을 담당하는 문화체육관광부 산하의 기타 공공기관이며, 영문 명칭을 줄인 것은 케이시스(KACES)지만, 대외적으로는 문화예술교육 자체를 가리키는 말인 아르떼(ArtE: Art & culture Education)로 많이 불린다.

지역의 문화예술재단

　문화재단은 문체부 산하기관이 아니며, 재단별로 차이가 있으나 대부분 지자체 출자·출연기관으로 운영되고 있다. 그러나 업무 특성상 문체부 정책 기조의 영향을 많이 받으며, 직·간접적인 협력이 존재한다.

　광역문화재단에는 강원문화재단, 경기문화재단, 경남문화예술진흥원, 경북문화재단, 광주문화재단, 대구문화재단, 대전문화재단, 부산문화재단, 서울문화재단, 세종시문화재단, 울산문화재단, 인천문화재단, 전남문화관광재단, 전북문화관광재단, 제주문화예술재단, 충북문화재단, 충남문화재단 등이 있다. 기초문화재단은 전국 70여 개 기초지자체에 존재한다. 그 외에 기타로 한국광역문화재단연합회, 전국지역문화재단연합회가 있다.

　지역의 문화재단은 시민 및 예술가가 직접 상호작용의 중심 역할을 한다. 예술가나 집단에게는 문화 프로젝트를 제안할 수 있는 환경을 마련해주고, 시민에게는 문화예술에 접근하고 참여할 수 있는 플랫폼을 제공한다. 또한 문화재단은 예술가의 작품을 지원하고 문화행사를 주체함으로써 지역사회의 문화 생태계를 발전시키는 역할을 한다. 이러한 기능들은 문화재단을 중요한 조직으로 인식하게 만든다.

　한편, 문화재단의 조직과 구조는 기관의 목적과 역할, 규모, 지역적 특성 등에 따라 다르다. 그러나 일반적으로 다음과 같은 주요 조직과 구조로 구성된다. 우선 이사회 또는 이사장을 들 수 있다. 이사회는 문화재단의 정책과 방향성을 결정하는 핵심 의사결정 기구다. 이사회는 대개 이사들로 구성되며, 주요 이사인 이사장은 기관을 대표하고, 전략적인 방향을 결정하는 역할을 맡는다. 경영진은 기관의 일상적인 운영과 관리를 담당한다. 대개 이사회의 지시나 정책을 실행하고, 예산 및 자원 관리, 인력 관리, 프로그램 및 이벤트 계획, 기부금 모금 등을 책임진다.

그 하위 부서로 부서 및 부서징을 들 수 있다. 이는 주로 다양한 부서로 구성되어, 예술, 전시, 교육, 기획, 마케팅, 자금 조달 등의 업무를 수행한다. 각 부서는 특정 기능 또는 업무를 담당하며, 부서장은 해당 부서의 운영과 관리를 책임진다. 그다음으로는 직원 및 전문가를 들 수 있다. 문화재단에는 전문적인 지식과 기술을 필요로 하는 다양한 직무가 있다. 예를 들면 큐레이터, 예술감독, 교육자, 기획자, 전시 디자이너, 마케팅 담당자, 관리 직원 등이 있을 수 있다. 이들은 각자의 분야에서 전문적인 역할을 수행하며, 기관 운영과 프로그램의 질을 유지하는 데 중요한 역할을 한다.

그 밖에 자원 조달 및 후원 부서가 있다. 문화재단은 자금, 기부금, 재정 등의 자원을 확보해야 한다. 이를 위해 자원 조달 및 후원 부서가 설치되어 기업, 정부, 재단, 개인 등으로부터 자금을 조달하고 후원을 유치하는 업무를 수행한다. 또한, 문화재단은 내부 및 외부의 자원을 최대한 활용하여 다양한 프로젝트를 추진한다.

일반적인 문화재단의 조직과 구조는 이와 같으며, 이는 문화기관의 조직도와 유사하다. 문화재단과 같은 문화기관은 다양한 부서와 역할을 수행할 뿐만 아니라, 규모에 따라 조직 구조가 달라진다. 규모가 작은 문화기관은 일반적으로 단순한 조직 구조를 갖고 있으며, 규모가 큰 기관은 조직 구조가 더 복잡할 수 있다.

제 2 장
공공예술기관의 역할과 기여

공적 예술지원의 당위성

예술은 그 자체의 순수한 경쟁력만으로는 시장경제에서 살아남기 어렵기 때문에, 체제와 이념의 차이에도 불구하고 모든 국가에서 여러 경로를 통해 지원해왔다. 특히 순수예술 분야는 노동집약적인 부분임에도 불구하고 노동력 절감 혜택이나 생산성 향상 효과를 다른 분야만큼 얻을 수 없어 만성적인 적자에 허덕일 수밖에 없는 근본적 한계를 지니고 있고, 보몰과 보웰은 공연예술 분야를 연구하며 이런 현상을 비용 질병(Cost disease)이라는 용어로 규정하였다. 이들은 예술가와 예술단체에 대한 공공 지원의 이론적 근거를 제시하며, 실연 예술 이외에도 적자현상이 광범위하게 발생할 수 있음을 이론으로 설명하고 있다.[1]

---

1) 이 책의 p.4 참고.
William J. Baumol, William G. Bowen, Performing Arts, the Economic Dilemma. Twentieth Century Fund. 1966.

이들은 예술과 문화는 긍정적 외부성을 창출하며 준 공공재적 성격을 지니고 있으며, 또한, 공연예술의 주요 관객이 사회구성원의 상위 20%를 차지한다는 분석을 통해 예술 재화의 균등성에 입각한 재분배 등의 관점으로 공적지원이 이론적 기초를 제공하고 있다.

보몰과 보웬은 시장의 실패에 대응하기 위해 정부의 개입과 예술 취향 형성 방안을 제시했다. 예술에 대한 선호가 어린 시절의 경험을 통해 형성된다는 점을 고려할 때, 소외된 계층에게 문화활동 비용을 지원하고 문화적으로 소외된 지역에 예술 기반 시설을 확충하며, 공교육과 연계된 예술 교육의 강화가 필요하다는 주장을 뒷받침하였다.[2]

문화정책

공공예술기관은 정부 또는 지방자치단체 등 공공부문에서 설립되어 문화와 예술을 보호 및 발전시키고, 국민들에게 문화예술활동을 제공한다. 이와 관련해 문화정책이란 정부가 문화와 예술을 지원하고 보호하기 위해 채택하는 정책이나 규제를 말한다. 즉, '문화정책'이란 문화를 대상으로 하는 공공정책이라 말할 수 있다.

국가나 지방자치단체의 행정 작용에 의한 문화정책 수립에 있어서 국민과 주민의 문화권을 보장하고 향유할 수 있는 문화행정을 증진하는 것은 현대 행정의 중요한 과제 중 하나이다. 예술정책이 콘텐츠의 개발, 창작활동의 촉진을 위한 것이라면 문화정책은 더 나아가 그 집단과 지역, 사회가 갖는 고유성을 어떻게 변화, 발전시켜 그 집단과 지

---

2) 전병태. "예술지원의 원칙과 기준에 관한 연구." 한국문화관광정책연구원, (2005): 15-16.

역, 사회에 사는 사람들에게 문화예술을 환원할지 고민하는 것이다.

실재로서의 문화는 예술 영역에만 국한되지 않고 다양한 형태로 존재한다. 정책학, 행정학, 경제학, 경영학 등 다양한 학문 분야에서 문화를 이해하기 위해서는 상호 연관된 지식과 이해가 필요하다. 오늘날 많은 사람들이 융합을 이야기하지만 문화정책, 문화행정, 문화경제학, 문화경영은 학문의 융합을 기다리고 있는 또 하나의 중요한 분야이다.3) 그렇게 문화를 종합적으로 이해함으로써 사회의 다양한 측면을 파악해 대응할 수 있다.

한편, 현재의 문화정책은 급변하는 시대의 요구를 충분히 반영하지 못하는 면이 있다. 이러한 한계를 극복하기 위해서 기존의 경제만능 논리에서 벗어나야 할 것이며 현장과의 직접적인 소통과 교감을 통해 실효성을 높이는 정책 전환이 필요하다. 특히 콘텐츠 분야에서는 운영 중심으로의 전환이 요구되는데, 현장과 소통하고, 현장의 요구에 맞춘 새로운 접근방식을 도입함으로써 정책의 실효성을 높여야 할 것이다. 생산과 공급, 수출 중심에서 소비와 이용, 접속 중심으로 전환해야 할 것이며, 현장중심의 정책전환은 활기찬 문화환경을 조성할 수 있을 것이다.4)

사회 · 교육 · 경제적 기여

공공예술기관은 다양한 방식으로 사회에 기여하고 있지만, 대표

---

3) 김민주 · 윤성식. 「문화정책과 경영」, 박영사, 2016.
4) 심상민. "문화콘텐츠 정책평가와 개선방안에 관한 연구." 문화경제연구, 17(2), (2014): 128-129.

적으로 다음 세 가지 역할을 수행한다. 첫 번째로 예술 지원 및 장려다. 공공예술기관은 예술가와 예술단체에 대한 재정적 지원을 제공한다. 이를 통해 예술가들은 자유롭게 창작에 전념할 수 있으며, 예술단체들은 다양하고 풍부한 문화예술활동을 선보일 수 있다. 두 번째는 문화유산 보호와 보존이다. 전통적인 예술과 문화유산을 보호함으로써 지역의 정체성과 아이덴티티를 강화하고, 미래 세대에게 전승 가능한 기반을 마련한다. 세 번째, 문화정책 수립 및 추진에 참여함으로써 문화예술 분야의 지속적인 발전과 사회적인 영향력 확대에 일조힌다.

또한 공공기관은 국민에게 예술적 기술과 지식을 전달하여 창의력, 자기 표현력, 협업 능력을 키우는 데 주요한 교육 역할을 담당한다. 문화예술교육은 문화예술의 기법을 전달하는 지식교육에 머물지 않고 삶을 성찰하고, 표현하며, 함께 소통하는 삶의 미디어로서 그 가치를 발현하고 있다.[5] 문화예술교육은 학습자로 하여금 창의적이고 소통적인 삶을 영위할 수 있는 주체로 거듭나게 한다는 점에서 수동적인 문화 소비 활동과는 다르다. 이런 의미에서 문화예술교육 사업은 국민들의 주체적이고 창조적인 문화생활을 추구하는 문화 민주주의 이념과 밀접하게 연관되어 있다.

최근 공공기관의 문화예술교육은 정책적으로 큰 주목을 받고 있다. 특히 학교와 지역사회를 연계한 문화예술교육 사업이 그 대표적인 사례다. 이 프로그램은 정부가 민간 비영리 조직을 사업주관기관으로 지정하여 지역 학생들에게 문화예술교육 서비스를 제공하는 정책사업으로, 공공과 민간이 협력하여 추진하고 있다. 문화예술교육을

---

5) Gary E. McPherson, Graham F. Welch. Creativities, Technologies, and Media in Music Learning and Teaching. Oxford University Press. 2018, 7-20.

위해서는 강사, 교육 콘텐츠, 교육 시설과 장비, 정보와 지식, 시간, 그리고 교육 대상인 학생들이 필요하다. 이를 위해 창의적인 실행자들과의 협력을 통해 다양한 프로그램을 개발하고 운영할 수 있는 파트너십이 필수적이다. 문화예술교육 현장에서 활동하는 이들이라면 파트너십과 성과 관리를 강조하여 사업을 성공적으로 이끌어나갈 방법론을 연구하고 실천하는 노력이 중요하다.[6)

한편, 문화예술교육 관련 전문가는 문화예술교육사, 예술 강사가 대표적이며, 예술경영 및 문화교육 분야의 전문 역량을 개발하며, 교육 프로그램을 통해 교육자들의 능동적 참여를 이끌어낸다. 문화예술교육사 자격증을 취득하면 문화기관 전문교육강사, 에듀케이터, 예술 강사, 박물관미술관 에듀케이터, 도슨트, 문화예술해설사로 활동할 수 있다. 예술 강사는 한국문화예술진흥원에서 선발하는데, 최소 140시간으로 구성된 기본 연수 프로그램을 수료하게 된다.

사회·교육의 전반적인 측면을 넘어, 특히 공공예술기관은 지역과 결합된 문화와 문화적 이미지 형성에서 경제적 파급효과를 창출할 수 있다. 도시의 이미지 창출은 문화가 도시의 이미지를 높여주고 지역경제에 기여하는 효과를 가져온다. 이는 관광 산업 개발, 지역 내 투자 유도, 도시 경쟁력 강화, 고용 창출, 소득 증가 등의 다양한 긍정적인 결과를 가져온다. 문화를 지역 발전 자원으로 활용하는 경향은 세계적인 흐름으로, 세계의 도시들이 도시의 문화적 이미지, 상징, 경관, 산업 구조, 하부 구조를 고도화하여 침체된 도시경제를 재활성화하며 경쟁력을 확보하는 전략으로 활용하고 있다. 더불어 문화와 지역관광에 대한 주목도도 높아지고 있는데, 문화가 지역관광을 촉진하면 도

---

6) 임학순. 「문화예술교육과 파트너십」, 한나래, 2003, 82-83.

시는 수익을 얻을 뿐만 아니라 지역경제를 더욱 활성화시킬 수 있다.

예술가 지원

문화예술기관의 재정을 안정적으로 지원하고 예산을 효율적으로 편성하는 일은 문화예술 분야의 지속적인 성장과 발전을 위한 핵심 과제이다. 정부는 다양한 방식으로 문화와 예술을 지원하며, 그 효과적인 활용을 통해 국가 차원에서의 예술가와 예술 생태계를 지속 가능하게 유지하고 있다.

2000년대 중반까지는 보조금 사업 공모를 통한 지원이 공공지원의 주된 형태였지만, 예술경영지원센터의 설립 이후에는 기획, 유통, 펀드 레이징, 홍보, 리더십 등 다양한 측면을 지원하여 예술가와 문화예술단체가 자생력을 키우도록 돕고 있다.

예술가를 위한 지원 내용을 자세히 살펴보면 크게 직접지원과 간접지원으로 구분할 수 있다. 직접지원은 거의 예술활동에 대한 지원이며, 간접지원은 시설과 공간분야, 자료와 정보분야, 교육과 네트워크에 대한 분야로 구분할 수 있다. 구체적인 내용은 <표 2.2>와 같다.

<표 2.2> 정부의 문화예술계에 대한 지원 유형[7]

		구분	지원 내용	예시
직접 지원	예술 활동	단체	문화예술단체에 대한 지원	· 창작, 전시, 국제교류, 순화공연
		공연	기관 행사 및 공연 참여	· 기획, 공연 및 행사 참여
		축제	축제를 통한 수혜	· 축제 및 행사 참여
간접 지원	시설 · 공간	시설	중앙/지방정부의 시설 운영	· 국공립 문예회관 건립, 운영 · 국공립단체 설립, 운영 · 관련 인프라 건립, 복원
		공간	공간 제공	· 연습공간, 창작공간 조성 및 제공
	자료 · 정보	구매	도서 미술품 구매	· 도서/미술품 구입 사업
		자료 정보	문화예술 자료와 정보 제공	· 예술자료원 운영 · 문예연감, 문화예술사료집 등
		조사 통계	조사와 정보 제공	· 예술인 실태조사 · 국민 문화예술활동 조사 · 문화셈터(통계포털사이트)
	교육 · 인식	교육	학교 및 일반인 대상 예술교육	· 한국문화예술교육진흥원 사업
		네트 워크	문화예술단체 대상 교육 국내 외 네트워크 구축 관객 개발	· 예술경영아카데미(예술경영지 원센터)

		인식	문화예술에 대한 인식 제고	· 문화예술단체와 잠재 기부자
				  연결(한국문화예술위원회,
				  서울문화재단) 등
				· 문화예술기부 활성화
				  캠페인 ·영상 제작 및 배포

　　최근, 문화체육관광부와 예술경영지원센터가 공동으로 조성한, 예술 특화 지원 플랫폼인 아트코리아랩은 예술 작품의 창작부터 제작, 실험, 시연, 유통, 창업까지 예술활동의 전 단계를 종합적으로 지원한다. 아트코리아랩은 예술가와 예술 기업의 창작 실험과 시연을 위한

7) 김재중. "문화예술단체의 재원조성 연구- 공공지원과 민간기부의 관계를 중심으로." 박사학위 논문, 중앙대학교 대학원, (2020): 35. 연구를 재구성.

다양한 시설을 제공하며, 특히 아트테크 시설을 통해 창작과 기술의 융합을 촉진하고 있다. 특히 예술 기업의 창업과 성장을 지원하는 인큐베이팅 영역을 마련하고 있으며, 예술의 산업적 기반을 조성하는 다양한 지원사업을 진행하고 있디.

한국예술인복지재단은 예술인의 복지 향상을 위해 다양한 측면에서 지원을 제공하고 있다. 이에는 예술인 복지 실태조사와 정책 개발, 예술인 사회 보장 확대, 예술인 직업 안정화 프로그램, 예술인 공제 프로그램 개발과 운영, 예술인의 사회적 기여 활성화 지원, 예술인 복지 재원 조성 및 운용, 예술계 내부의 교류와 연대 지원이 포함되며, 이는 <그림 2.1>과 같다.

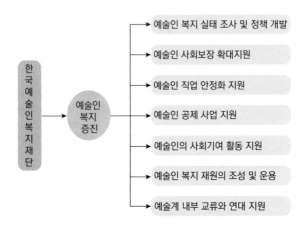

〈그림 2.1〉 한국예술인복지재단의 기능[8]

---

8) 문화체육관광부. "예술인 범위·기준 및 한국예술인복지재단 설립연구." (2012): 73.

이뿐만 아니라 한국문화예술위원회, 한국문화예술교육진흥원에서도 예술인을 매개로 그들의 창작활동을 지원하고, 문화예술교육 활동참여를 지원하고 있다. 1948년 제정된 대한민국 헌법에는 예술인의 권리 보호가 또한 명시되어 있다. 그러나 예술인은 아직도 불공정 계약, 임금 미지급등 권리의 사각지대에 놓여있는 경우가 많다. 2023년 1월, 문화체육관광부 소속으로 예술인권리보장위원회가 구성되고 센터가 개소되어, 예술인의 지위와 권리보장 등의 피해구제를 다루고 있다. 더 나은 예술인권리보장을 위해 법률 이해를 돕는 안내 자료 마련, 조사관 증원, 예술인 맞춤형 서면계약서 작성 교육, 매매보호(Escrow) 제도 도입, 미지급금 대지급제도 도입, 임금 대금채권의 단기 소멸 조항 개정 등이 필요하다.[9]

　　반면에 공공지원에 대한 반대논리도 존재한다. 이러한 주장은 보수적인 시각에서 철학자 어니스트 하그(Earnest Hagg)와 정치과학자 밴필(Edward Banfield)의 견해를 바탕으로 한다. 이들은 정부지원에 상응하는 외부편익의 부재와 예술 보조가 실질적으로 해를 끼칠 수 있다는 주장을 제시한다. 그러나 국가 정체성 측면에서 볼 때, 그리고 분권체제로 구성된 미국과는 달리 우리는 간접지출과 재원방식의 문제를 개선함으로서 추가 재원, 장르편중 대안도 함께 마련되어야 할 것으로 보인다. 또한 재정 및 보조제도를 개선하기 위해 기존단체와 지원단체를 확대하는 것뿐만 아니라 개인지원, 수평 네트워크의 구축 등을 자극 유발적 제도로 발전시키는 방안도 필요하다.

---

[9] 김시범. "예술인권리보장법의 역사 -더 나은 예술인권리보장을 꿈꾸며." 웹진 A SQUARE, VOL.10, (2024).

팔 길이 원칙

한 국가의 문화예술은 정치와 밀접하게 연결되어 있다. 국가의 제도적 바탕과 재정직 뒷받침이 탄탄해야 문화예술이 성장할 수 있는 이유다. 그러나 가장 이상적인 문화예술정책을 실현한다는 것은 생각처럼 쉬운 일이 아니다. 정치적인 입장과 사회 계층 간의 이해관계가 늘 서로 충돌하기 때문이다. 이러한 충돌은 언제나 복잡한 갈등 요인을 내포하고 있다.

이에 따라, 예술가를 지원은 하되 그들의 예술적 표현에 대한 간섭을 배제하는 것이 영국의 문화정책 핵심 중 하나로 간주된다. 1946년 설립된 영국예술위원회는 '팔 길이 원칙(Arm's length principle)'을 기반으로 예술계를 지원한 세계 최초의 기관으로 손꼽힌다. 팔 길이 원칙은 공공지원정책 시행 기준 중 하나이며, 정치적 이해관계나 행정 엘리트들의 지시로부터 공공시설 운영 주체를 분리해 가능한 많은 사람들이 예술을 향유하도록 돕는다. 예술 거버넌스에서 이 원칙은 특정 사회 계층이나 권력 역학에 의한 부당한 영향력이나 통제를 방지하여 예술적 표현의 자유와 다양성을 보장한다.[10]

1950년대 팔 길이 원칙을 적용해 독립예술기구로 캐나다예술위원회(The Canada Council for the Arts)의 창립을 발의했던 루이스 세인트 로댕 총리는 "정부는 국가의 문화예술 발전을 지원하되 통제하려고 해서는 안 된다. 또한, 어떤 형태로든 예술활동을 제한하거나 그들의 자유를 훼손하려 시도해서는 안 된다"고 역설했다. 프랑스의 문화부 장관을 지낸 앙드레 말로는 "예술에서 정부의 역할은 지원은 하

---

10) 김진각. 「문화예술지원론」, 박영사, 2021, 73-143.

되 영향력을 행사하지 않는 것"이라고도 했다. 팔 길이 원칙을 도입한 우리나라는 문화예술계 블랙리스트 사건이나 영화 '다이빙 벨' 부산국제영화제 상영금지 논란으로 팔길이 원칙의 중요성을 부각시킨바 있다.

무엇보다 팔 길이 원칙은 문화산업을 제대로 육성하기 위해 올바른 정책 마련이 필요하다는 근거로 많이 거론된다. 정부나 지자체는 공적 지원을 빌미로 이해관계에 맞게 예술을 통제하고 강요하는 관료적 간섭에서 벗어나야 할 것이며, 예술가는 독립성과 자율성이 존중되어야 한다는 신념으로 작품활동을 해야 할 것이다. 예술 현장의 독립성과 자율성이 존중되기 위해서는 집행의 합리성과 투명성이 전제되어야 한다.

박물관과 갤러리는 큐레이터의 결정과 프로그래밍의 자율성을 유지하기 위해 이 원칙을 준수하면 좋을 것이다. 그렇게 함으로써 정치적 또는 상업적 이해관계로부터 외부 압력을 받지 않고 다양한 관점의 예술 작품을 전시할 수 있을 것이다. 예술 대학 및 예술 학교는 학생과 교수진의 학문적 자유와 창의성을 촉진하기 위하여 예술적 실험과 비판적 탐구가 번창할 수 있는 프로그램을 시도할 수 있을 것이다.

제 3 장
문화예술기관의 재정 동원과 배분

경제적 지원 대상

한국의 공공지원 체계는 중앙정부, 지방정부, 그리고 정부 산하 공공기관으로 나뉘며, 공공기관의 재정적 지원은 정액 보조, 세액 공제, 입장료 보조금, 과세, 적자 보전 등으로 이뤄진다. 이 중, 민간 문화예술단체에 대한 공공지원은 주로 정액 보조금으로 제공되어 왔다.

한국문화예술진흥원 등의 설립 이후, 2017년까지 약 2조 8천억 원의 예산이 문화예술단체에 지원되었으나, 이는 주로 작품이나 프로젝트 중심의 지원으로, 단체의 안정적인 운영에는 한계가 있었다. 특히 기획이나 마케팅 인력에 비해, 공공지원이나 기부와 같은 단체의 안정적 경영을 위한 필수적인 다른 재원을 끌어오는 인력 양성이나 전문예술법인·단체 지원 등은 아직까지 가시적인 성과가 나타나지 않고 있는 편이다.

지방정부의 경우, 1990년대 중반까지는 직접적인 지원이 이루어지다가 1998년 경기문화재단의 설립을 시작으로 서울문화재단 및 다른 광역시들에서도 문화재단이 설립되었다. 그러나 현재까지도 공연예술 분야에서는 작품 제작 중심의 지원이 주를 이루고 있어, 단체의 자생력을 기르는 데 어려움이 있다. 또한, 국내는 미국이나 영국처럼 다양한 재원을 조성하는 정책이 부족한 편이어서 단체들은 여전히 공공지원에 의존하고 있다.

한편, 정부의 문화예술 분야 예산은 지원금 수혜자인 문화예술단체가 받고 있으며, 직접 재정 지원은 창작활동 지원이 대표적이다. 간접지원은 그 외의 지원사업으로 창작환경의 기반 마련, 정책 평가, 연구 등이 있다. 그 외에 축제 개최를 운영·지원하며 아트마켓, 페어, 비엔날레 개최 등을 할 수 있다. 단체기관 운영 지원으로는 국립단체 운영, 유물 보존 관리, 공연장과 전시장을 운영하는 시설 및 단체의 자체사업 지원이 있다. 시설 인프라 구축 지원사업으로는 박물관, 공연장, 문예회관 등을 건립하는 구축 및 복원 사업이 있다.[11] 이 내용들에 정부 예산의 상당 부분을 차지하는 소속·유관기관 및 시설의 운영, 관리가 포함되어 있다.

예산 편성과 재정 운영

예산 편성은 문화예술기관이 특정 기간(일반적으로 1년) 동안 어떻게 자원을 할당하고 지출할지를 계획하는 과정이다. 예산은 기관

---

11) 박신의(2008.4)의 연구와 김재중 앞의 연구를 바탕으로 재정리.

운영, 프로그램 개발, 인력 관리, 시설 유지 보수, 마케팅 등 다양한 용도로 사용된다. 예산 편성 과정에서는 문화예술기관의 목표와 우선순위를 고려하여 예산을 분배하고, 각각의 부서나 프로그램에 필요한 사원을 할당한다.

재정 운영은 문화예술기관이 할당받은 예산을 효율적으로 관리하고 사용하는 과정이다. 재정 운영은 재무 관리, 예산 설정, 회계 업무 등을 포함한다. 이를 통해 문화예술기관은 예산을 적절하게 사용하고, 수익과 지출을 모니터링하여 재정 건전성을 유지하게 된다. 재정 운영 시에는 재무 보고서 작성, 회계 시스템 구축, 수입과 지출의 투명성 확보가 중요하다.

최근에는 문화정책론에서 문화예술에 대한 지원이 보조적인 역할이 아닌 공공투자로 전환되어야 한다는 주장이 제기되고 있다. 이러한 관점은 엔터테인먼트와 융합으로 경제적 가치를 창출하며 복합적인 산업으로 성장해가는 문화예술의 부가가치를 강조하는 것이다. 이 변화로 정부가 문화예술활동을 지원하는데 정책 기조와 이념을 명확히 제시하고, 후원자의 지원을 보장하며, 긍정적인 정책 활동을 추진하는 정치경제적 환경을 조성하는 일이 필요하다.

이와 같은 문제 해결을 위한 구체적인 방안으로는 정책 모형 개발, 지원 시스템 조정, 성과 평가 시스템 구축, 저작권 관리 강화 등을 들 수 있다. 이 모든 과정은 문화예술기관의 지속적인 발전과 사회적 가치 창출을 위한 중요한 전략적 도구로 작용하며, 문화예술 발전을 촉진하는 데 결정적인 역할을 한다.

재정 조달과 기금 조성

자원 조달과 기금 조성은 문화예술기관이 운영에 필요한 자금과 자원을 확보하는 일이다. 이를 위해 다음과 같은 방법을 활용한다.

첫째, 정부 지원금이다. 정부는 문화예술 분야를 지원하기 위해 예술기관에 지원금을 제공한다. 이를 통해 문화예술기관은 운영비용 일부를 지원받을 수 있고, 예술 프로그램 개발과 운영에 필요한 자원을 마련할 수 있다. 정부 지원금을 받으려면 국가 및 지역의 문화예술 정책과 지원 프로그램에 대한 신청 절차를 따라야 한다.

둘째, 기업 스폰서십이다. 기업이 사회적 책임감을 가지고 문화예술 분야를 지원하는 경우가 많다. 문화예술기관은 기업과 제휴하여 스폰서십을 유치한다. 이를 위해 문화예술기관은 기업의 가치와 목표에 부합하는 프로젝트를 제안하고, 상호 협력 관계를 구축하는 과정을 거친다. 기업은 스폰서십을 통해 브랜드 이미지 향상과 사회적 가치 실현에 기여하며, 문화예술기관은 기업의 자금과 자원을 지원받아 운영 및 프로그램을 개발할 수 있다.

셋째, 기부금이다. 개인이나 단체가 문화예술 분야를 지원하기 위해 기부금을 제공하는 경우도 있다. 문화예술기관은 기부금 모금을 위한 캠페인이나 기부 프로그램을 개발하여 관심 있는 사람들이 기부에 참여하도록 한다.

넷째, 예술 관련 프로젝트를 위한 기금 조성이다. 문화예술기관은 예술 관련 프로젝트를 위한 기금을 조성하기도 한다. 이를 위해 예술 관련 단체, 재단, 재능 있는 개인들과 협력하며, 기금 조성을 위한 행사나 캠페인을 진행한다. 예술 관련 기금은 문화예술기관이 창작활동, 예술가 지원, 예술 연구 등을 지원하는 데 활용된다.

성과 평가

성과 평가는 문화예술기관이 설정한 목표와 계획의 성과를 평가하는 과정이다. 대부분의 공공부문 문화예술기관이 국민의 문화 향유를 목적으로 정부의 지원을 받는다는 점에서 성과 평가를 분리해서볼 수는 없다. 이는 다음 예산 배정 시 중요한 고려 요소로 작용하기때문이고, 이로 인하여 평가 시 예술성과 함께 경영 성과도 종합적으로 평가하는 경향이 있다. 따라서 성과 평가로 투입, 산출, 연구 결과등을 면밀하게 측정할 필요가 있다.

그러나 문화예술 분야의 무형적인 특성 때문에 성과 측정의 어려움 또한 존재한다. 사실 공공적 측면이 아니더라도, 문화예술의 자체적인 영역 안에서 성공을 정의하려는 담론은 이미 지속적으로 존재해왔다. 따라서 공공부문에서 문화예술기관의 성과를 평가하는 일은 정부 지원의 목적과 성과를 어떻게 측정할 것인가에 대한 문제에 직면할 수밖에 없는데, 정책 목표가 효과적으로 달성되었는지를 판단하기위해서는 단순히 프로젝트의 횟수나 관객 수를 정량화하는 것만으로는 충분하지 않을 수 있다. 결론적으로 종합적인 평가를 위해서는 정량적 지표와 함께 정성적 지표를 통합하는 것이 필수적이다.[12]

한편, 평가 기준에는 객관적인 성과 지표를 넘어 조직의 설립 목적이 제대로 달성되었는지 여부도 포함되어야 한다. 기관 평가의 중요 요소 중 하나가 문화예술 분야의 고유한 특성, 즉 공공기관으로서의 권한을 잘 지켰는지에 관한 것이기 때문이다. 그러나 이 역시 문화예술의 사회·경제적 영향을 측정하는 데 있어 여러 합의 내용을 도

---

12) 이정희. "문화예술기관 성과평가에 관한 연구: 국립중앙극장 신규 평가지표개발을 중심으로." 한국행정연구, 27(1), (2018): 212-216.

출하는 것이 전제되어야 하므로, 예술의 특수성만을 문제 삼지는 말아야 한다.

요약하면, 문화예술기관의 효율적인 거버넌스의 발전을 위해서는 재정 동원과 재정 관리 못지않게 성과 평가가 중요하다.[13] 예산 편성은 자원의 효율적인 배분과 우선순위 결정을 용이하게 하며, 재정 관리는 신중한 기금 활용과 재정 안정성을 보장한다. 성과 평가는 양적 지표와 질적 지표를 함께 사용하여 기관의 성과를 측정하고, 지속적인 발전을 도모하기 위한 개선방안을 제시해준다. 이러한 총체적 평가방식을 통해 문화예술기관은 운영의 효율성을 평가하고 제고할 수 있다.

---

13) 허은영. "공연예술단체 주요사업 성과지표 개발연구." 한국문화관광연구원, (2020): 137-138.

제 4 장
비영리 문화예술단체의 경영

문화예술과 비영리단체

문화예술단체의 법적 형태에는 임의단체, 법인으로 보는 단체, 개인사업자, 비영리법인, 사단법인, 재단법인, 영리법인, 협동조합 등 다양한 종류가 있다. 문화예술 혹은 예술에 있어서의 비영리단체는 일반적으로 예술적 목표와 공공의 이익 추구를 중시하며, 정부 보조금, 기업 후원, 기부금 등을 통해 자금을 조달하고 예술가, 관객, 예술활동 이해 관계자들에게 이익을 돌려준다.

반면, 영리단체는 경제적인 이익 추구를 주요 목적으로 하며, 상품/서비스 판매나 자본시장에서 자금을 조달하여 주주나 투자자에게 이익을 배분한다. 운영 방식과 주요 목표에서도 두 단체는 지향하는 바가 다르며 아래의 <표 2.3>은 영리단체와 비영리단체 간의 주요

차이점을 나타낸다.[14]

<표 2.3> 비영리단체와 영리단체의 차이점

	비영리단체	영리단체
이익 추구	예술적 목표 및 공공의 이익 추구	경제적인 이익 추구
자금 조달	정부 보조금, 기업 후원, 기부금 등	상품/서비스 판매, 자본시장 등
이이 배분	예술가, 관객, 예술활동 이해 관계자	주주나 투자자
운영 방식	예술적 목표와 공익 추구 중시	경영 및 운영 원칙 따름
주요 목표	예술적 목표 실현, 사회적 가치 실현	경제적인 이익 극대화

비영리단체의 경영 역할 기대

비영리단체는 통상적으로 정부나 기업이 아닌, 시민 또는 구성원의 자발적인 민간단체로서 공익 목적에 봉사하거나 경제활동을 통한 이윤을 추구하지 않는 조직을 의미한다. 운영 측면에서 살펴보면 대체로 개인이나 기업의 기부, 민간재단의 지원, 정부 지원이나 계약으로 인한 수입, 그리고 자체 수입과 회비, 혹은 기타 수입 등으로 활동에 소요되는 재원을 충당한다.

예를 들면, 미술관, 박물관, 극장, 공연기관, 음악단체, 오케스트라 등은 예술과 문화를 보존하고 홍보하기 위해 설립된 단체들이다. 이들 단체들은 수익 창출이 주된 목적이 아닌, 문화예술의 발전과 사회

---

14) Tobie S. Stein, Jessica Rae Bathurst, Renee Lasher. Performing Arts Management, A Handbook of Professional Practices, Allworth, 2nd ed. 2022.

에 예술을 제공하는 데 중점을 둔 경우가 많아 비영리단체로 보는 경우가 많다. 미술관과 박물관은 주로 예술 작품의 전시와 보존을 담당한다. 경영적인 측면에서는 전시 기획, 작품 수집, 전시공간의 운영과 관리, 교육 프로그램 개발 등을 담당하며, 이를 위해 컬렉션 관리, 전시 기획 및 조직, 전시공간 운영에 필요한 인력과 자원을 효과적으로 관리한다.

비영리단체의 경영이란 위 단체들의 자원 조달과 기금 조성에 대한 것이다. 극장과 공연기관은 연극, 음악, 무용, 오페라 등 다양한 공연을 제공하며, 공연 프로그램 기획과 조직, 배우와 예술가 계약 관리, 공연 장소의 운영과 관리, 관객 서비스, 마케팅 및 홍보가 주요 경영 업무이다. 수익 창출은 티켓 판매와 매출 및 예술 지원금 등을 통해 이루어지며, 이를 효과적으로 관리하기 위한 예산 조달과 운영이 필수이다.

음악단체와 오케스트라는 음악 공연을 위해 협업하고 연주하는 단체로, 예술적인 방향과 목표 설정, 음악 프로그램 기획과 조직, 연주자 및 지휘자 관리, 음반 발매, 공연 장소 및 일정 관리, 예산 편성과 재정 운영 등이 중요한 경영 업무이다. 자원 조달과 기금 조성을 통해 예술 활동을 지원하는 데 필요한 자금을 확보하는 것이 필요하다.

비영리단체의 재원

비영리단체와 문화예술단체는 문화예술이라는 매개 기반으로 공익에 기여하고 있음에도 불구하고, 활동에 지속적인 어려움을 겪고 실패할 가능성이 있다. 이는 주로 문화자원 획득이 어렵고 특정 수혜자에 초점을 둠으로써 서비스 격차가 발생할 수 있기 때문이다. 즉, 후원자에 의해 활동 방식이 결정되는 편이며, 전문성 부족으로 실패할 가능성이 늘 존재한다.

Salamon(1987)은 비영리단체의 이러한 특성으로 '의도적 실패(Voluntary Failure)'가 발생한다고 언급한다. 예를 들어 비영리단체가 미션에 따라 특정 사회 서비스를 제공하려고 하지만 자금 부족으로 서비스의 품질이나 범위를 충분히 확장하지 못하게 되는 것이다. 이러한 현상을 극복하기 위해 정부와의 협력을 통해 자원을 획득하는 방법이 더욱 필요하다.[15]

문화예술단체는 수익성이 낮아, 이로 인해 비영리로 운영되는 경향도 있다. Baumol & Bowen(1966)에 따르면, 복제가 힘든 예술의 특성상 낮은 노동 생산성이 비용 증가로 이어지고 적자 구조를 벗어나기 어려워지는 '비용질병(Cost disease)'에 빠진다. 따라서 수익성이 낮은 상태에서 외부 재원을 찾는 편이 일반적이며, 이를 위해 펀드 레이징이 활용되고 있다.

펀드레이징은 '재원 마련'을 의미하며, 예를 들어 극장이나 공연 제작에 필요한 재원을 마련하는 활동을 뜻한다. 특히 극장 운영과 공연 제작은 입장권 판매, 대관, 식음료, 캐릭터, 임대, 주차, 강좌 사업 등 다양한 수입원에도 불구하고 자체적으로 모든 운영 비용을 충당하기 어려운 면이 있다. 따라서 펀드레이징은 부족한 재원을 외부에서 유입하는 중요한 방법이며, 이 용어는 예술 조직이 운영에 필요한 재원을 마련하기 위해 기업, 재단, 개인으로부터 자발적인 금전적 기여를 모집하는 과정으로 이해되기도 한다.[16]

---

15) 김재중, 앞의 연구.
16) 이승엽, 「극장경영과 공연제작」, 도서출판 역사넷, 2001, 430-431.

공익을 위한 미션을 수립하고 이를 달성하기 위해 힘쓰는 비영리 단체는 불확실성에 대응하기 위해 자원의 적절한 조합을 찾아야 한다. 단일 재원에 의존하지 않고 다양한 재원을 조성하여 안정적인 재정 운용을 향해 노력하는 것이 필요하다. 정부의 지원에 지나치게 의존하는 비영리단체는 정부의 예산 축소 등 어려움이 발생하면 재정적 위기에 직면할 수 있다. 이를 방지하기 위해 다양한 재원을 조성하고, 수입 구조를 다양화하려는 노력이 지속적으로 필요하다.

예술인 지원사업

예술인 지원사업은 예술인들이 경제적인 이유로 창작활동을 중단하지 않도록, 예술활동 소득이 낮은 예술인들을 실질적으로 지원하는 사업이다. 예술인의 사회적 가치 확장을 위해 다양한 예술직무 영역을 개발하고 사회(기업·기관)적 협업에 기반한 직무를 제공함으로써 적극적 예술인 복지를 실현하고자 하는 한국예술인복지재단에서는 창작 준비금 지원사업 및 신진 예술인들을 지원하는 사업을 시행하고 있으며 창작 준비금 지원을 통한 신진 예술인의 자생력 확보와 전문 문화예술 생태계 진입을 촉진하고 있다.

지원 대상은 기초 예술 전문 분야로 공연예술, 연극, 무용, 음악, 다원, 전통 등이 있고 시각예술은 회화, 조각, 공예, 사진, 영상, 설치 등이며, 문학은 예술평론집 및 문학창작집 출간 등이다. 예술교육, 생활문화 동호회 프로그램도 지원 대상이다.

서울문화재단은 오랜 지원정책을 펼치면서 창작지원금, 창작활동비, 발간지원금 등을 통해 예술인의 창작활동을 지원함으로써 창작 역량을 강화하고 창작활동을 촉진하여 예술인의 성장을 도모하고 있다. 뿐만 아니라 청년예술 지원, 원로예술 지원, 공연장 상주단체 육성지원, 예술기반 지원, 장애 예술 창작 지원센터를 두고 예술인 상담 지원, 생활 기반 지원, 역량강화 사업 등을 폭넓게 펼치고 있다.

그 외에도 예술인 지원사업은 예술가들에게 자금, 공간, 장비 등의 리소스를 제공하고 자금, 교육, 멘토링 등 다양한 지원을 동시에 제공한다. 이들이 창작활동과 예술적 업적을 이루도록 도와 예술 생태계의 유지와 발전에 기여한다. 예술가 지원을 통해 예술적인 메시지와 가치를 사회에 전달하고, 사회 문제 해결, 문화 다양성 증진, 예술교육 등의 사회적 목표를 실현한다.

일반적인 지역 문화예술재단도 예술인 지원사업에 많은 관심을 보이고 있는데, 지원사업 추진 절차는 공모 접수 후 서류와 인터뷰를 통해 선정심의를 한 후 최종 결과를 발표하고, 지원금 교부 후 사업수행 평가 모니터링을 거쳐 정산한 후 결과보고서를 제출하는 식으로 진행된다. 지역 예술재단의 경우 중앙정부 재원을 가지고 공모하여 지원사업을 유지하는 경우가 많기 때문에 대부분의 절차는 비슷하며, 그 과정은 <그림 2.2>와 같다.

〈그림 2.2〉 지역 문화재단의 예술인 지원사업 사례

지역문화재단의 사례를 보면 지원대상은 지역에 거주하는 예술인 또는 소재하는 예술단체가 우선이다. 예술인 지원사업의 내용은 각각 다르지만 대개 신진 예술인, 유망 예술인, 원로 예술인 등 다양한 예술인을 지원하는 프로그램이 진행되고 있다.

예술가들은 뛰어난 실력과 경력을 지녔음에도 불구하고 무대에 설 기회를 찾지 못해 방황하는 경우가 많다. 이를 단적으로 보여주는 예가 수많은 오디션 프로그램에 도전하는 가수들이다. 2017년 국세청 자료에 따르면 상위 10%의 대중가수가 연간 3억 6,700만 원을 벌어들이는 반면, 나머지 90%의 연평균 수입은 약 700만 원에 불과하다. 순수공연예술가들의 사정은 더욱 열악하다. 국내에 등록된 공연장은 1,020－1300여 개인데 공연을 희망하는 예술인은 약 30만 명에 달한다는 분석도 있다. 이는 공연장과 예술인 사이의 큰 격차를 보여준다. 이러한 문제를 해결하기 위해 다양한 예술인 지원사업이 필요한 것이다. 예를 들어 기존의 공연장 외에도 일상적인 공간을 공연 무대로 변모시키는 방안을 고려하고[17] 현장의 소리를 반영하거나 다양한 지원책과 예술가들의 활동을 실질적으로 돕는 지원사업 연구가 필요하다. 그들의 활동을 지원함으로서 우리는 더 많은 꿈과 상상력을 경험하여, 예술의 힘을 통해 문화를 더욱 풍요롭게 만들 수 있기 때문이다.

---

17) 김선영. 「예술시장 스케치북」, 책책, 2023, 57.

제3부
도시재생과 축제경영

문화예술과 지역의 상생과 협력
국내외 문화도시 재생
도시와 축제
공공예술 프로젝트와 미디어 파사드

도시의 문화적 재생은 두 가지 관점으로 이루어진다. 문화를 통한 도시재생과 도시 자체의 문화재생이 그것이다. 문화는 도시재생의 수단이자 목적이 될 수 있으며, 지역에 상생과 협력을 가져온다. 또한, 도시재생이란 지역의 문화자산, 콘텐츠, 인력을 유지하고 연결망을 향상시킨다. 최근 도시는 공공예술 프로젝트, 미디어 파사드 같은 예술공간으로 거듭나고 있다. 효과적인 도시재생을 위해서는 해당 도시의 문화적 자산과 다양한 조건을 체계적으로 조사하고, 실행 가능한 계획을 수립하는 일이 필요하다.

제1장
문화예술과 지역의 상생과 협력

예술로서의 도시

　예술로서의 도시는 도시 자체가 문화적으로 풍부한 예술활동을 만들어내는 도시이다. 다양한 문화시설은 물론 예술가와 시민 모두의 예술활동을 돕는 창의적인 환경이 마련되어 있다. 예를 들어 프랑스 파리는 오랫동안 예술과 문화의 중심지로 유명했다. 루브르 박물관을 비롯하여 오르세 미술관, 퐁피두 센터 등 다양한 미술관과 박물관이 있으며, 몽마르트 언덕과 센 강의 아름다운 풍경은 예술가들에게 영감을 주는 장소로 익히 알려져 있다.

　독일의 베를린은 현대예술과 대안문화[1]의 중심지로 유명하다. 베를린 장벽은 예술가들의 그라피티와 스트리트 아트로 가득하며, 많은

---

1) 기존 문화에 대한 비판적인 시각을 바탕으로 하여 이를 대체할 만한 내용과 형식으로 새롭게 시도하여 형성하는 문화.

공연장과 다양한 문화시설도 유명하다. 미국의 뉴욕 역시 세계적으로 가장 유명한 예술도시 중 하나인데 메트로폴리탄 미술관, 현대 미술관, 브루클린 뮤지엄 등 수많은 예술 시설이 있다. 호주에서 멜버른은 예술과 문화의 중심지로, 플린더스 스트리트와 사우스 뱅크 등 예술가들과 예술기관들이 모여 있는 지역이 있으며, 세계적으로 유명한 멜버른 국제 예술 축제도 열린다.

우리나라의 서울도 전통과 현대적인 예술의 조화로 유명한 도시로, 남산과 한강 등 자연적인 아름다움도 있지만, 홍대 거리와 인사동 등 다양한 문화거리와 예술공간들이 있다. 이 외에도 많은 도시가 각자만의 독특한 분위기를 가지고 있는데, 예술활동이 번영하는 도시는 예술가들과 시민들에게 창의적인 영감과 문화적인 경험을 제공하여 더욱 풍요로운 도시생활을 만들어낸다. 이러한 도시들은 창조적인 영감과 문화적인 경험을 찾는 여행자들에게도 매력적인 명소가 된다.

그러나 고전적인 도시만 예술도시로 인정받는 것은 아니다. 시대의 변화에 부응하듯 첨단예술도시도 예술로서의 도시로 각광받고 있다. 도쿄는 고도의 기술력과 예술가의 유연한 창작력에 의해 첨단기술과 예술문화를 융합시키는 것을 문화산업의 과제로 삼고 있다. 이를 실현하기 위해 도립 문화시설과 현대미술관 등을 예술 작품을 제작하고 발표하는 장소로 활용하고 있다. 이 도시는 창작, 감상, 체험을 위한 시스템을 구축하고, 창조 산업을 활성화하기 위한 환경을 조성하고 있다.

문화예술과 도시재생사업은 경험의 경제에 따른다. 경험의 경제란 소비자들이 단순히 물건을 소비하는 것을 넘어, 특별한 경험과 감동을 찾고 중시하는 경향을 의미한다. 전통적인 산업 경제에서는 그저 물건을 생산하고 판매하는 일이 중요했지만, 이제는 그 물건으로

부터 얻는 경험과 감동에 더 큰 관심을 갖는다. 도시가 단순히 삶의 터전을 넘어 편안하고 아름다운 분위기, 곳곳의 좋은 환경을 '경험'으로 제공한다면 그곳을 향유하는 시민들의 만족도는 높아질 것이다.

문화적 상징성

문화예술과 지역상생은 도시를 단순히 건물과 도로의 집합체로 보는 것을 넘어, 예술의 시각으로 보는 것을 의미한다. 도시는 예술 작품처럼 다채롭고 유동적인 삶의 장이며, 거주자들의 창의성과 다양성이 어우러진 곳이다. 이런 관점에서 도시는 문화·예술적으로 풍요로운 공간이다.

1970년대 북미에서 추진된 도시재생은 도시의 문화적 상징성과 아이덴티티를 만들어가는 것을 목적으로 한다. 또는 노후화된 시설과 장소에 내재된 가치와 소통할 수 있는 문화를 만들어내는 것이 목표다. 새로운 가치 프로그램을 도입해 장소의 활용 가능성을 타진하며, 사회경제적 발전을 이루기 위해 다양한 노력을 진행하고 있다.

비슷한 시기에 유럽에서도 도시재생 전략에서 문화의 중요성이 더욱 부각되기 시작했는데, 유럽의 도시재생은 예술과 문화를 중심으로 한 종합적인 성격이 강하다. 도시의 잠재력을 최대한 발휘하고 지역사회와 협력하여 지속 가능한 변화를 이끌어내고자 했다.

우리나라의 도시재생은 2000년 이후 서울시를 중심으로 활발해졌다. 청계천 복원과 뉴타운 사업은 대표적인 도시재생사업이며, 물리적 환경 변화뿐만 아니라 정치적, 사회적 대책에도 관심을 가지며 다양한 영역을 다루어 왔다. 도시재생의 패러다임은 부분적인 고찰에서 전체적인 고찰로, 단기적인 시점에서 장기적인 시점으로, 획일적이고 일방적인 방법에서 다원적이고 상시적인 방법으로 변화해왔다.

한편, 도시재생은 법과 제도의 지원을 받는데, 이는 도시 개발과 문화예술 활성화를 위한 정책 지원의 의미와 상통한다. 도시재생법은 장기적이고 지속적인 계획을 수립하여 지역사회와의 상호작용을 만들어가고, 예술과 문화를 통해 도시의 새로운 잠재력을 개발한다.

국내에서는 국토교통부가 '도시재생특별법'에 따른 도시재생사업을 추진하고 있으며, 유사한 사업으로 '건축기본법'에 따른 국토환경디자인 시범사업, '경관법'에 따른 경관사업, 도시활력증진 개발사업을 진행하고 있다. 문화체육관광부는 '지역문화진흥법'에 따른 문화도시사업과 문화마을사업을 추진하고 있으며, '문화예술진흥법'에 따른 공공미술사업 외에도 마을미술 프로젝트와 문화로 행복한 공간을 만들기 위한 사업을 진행하고 있다.

도시재생사업 모델

도시재생사업을 추진하기 위해서는 주민의 적극적인 참여가 필수이지만, 아직 주민들의 자발적인 활동에는 제한적인 면이 있다. 이에 도시 내부에서 활동가를 육성하고 외부 전문가를 모집하는 방안을 다양하게 추진하고 있다. 한편 사업 주체 간의 갈등은 여전히 존재하지만, 중재 및 조정 체계가 부족하여 대립 상황이 발전할 수도 있으므로 이에 대한 근본적인 대안 마련이 필요하다.

현행 도시재생사업 모델은 <표 3.1>과 같다. 크게 경제적 사업과 근린생활형 사업으로 나뉘며, 각각 문화산업모델과 문화소비모델,

지역참여모델 등으로 구분된다.

<표 3.1> 현행 도시재생사업 모델[2]

구분		유형
경제형 사업	문화산업모델	문화산업 도시재생
	문화소비모델	문화시설 도시 재생
근린생활형 사업	지역참여모델	참여프로그램 커뮤니티 도시재생 (공공예술형, 마을만들기형, 예술창작형)

또한 지역참여모델 유형은 다음 <표 3.2>와 같다. 문화를 활용한 도시재생사업 모델은 공공예술형, 마을만들기형, 예술창작촌형으로 구분된다. 공공예술형은 공공부문이 주도하여 도시의 미관 개선을 목표로 예술 작품과 활동을 통해 주민 참여를 확대한다. 마을만들기형은 주민의 발의와 노력을 통해 예술을 마을만들기에 포함시키는 방식이다. 예술창작촌형은 예술가들이 저렴한 임대료와 다양한 활용공간을 갖춘 지역에서 자발적으로 창작촌을 형성하는 방식이다. 이 모델들은 각자의 장단점과 특징을 가지고 있다.

<표 3.2> 지역참여모델 유형[3]

구분	내용
공공예술형	예술작품 및 활동을 통해 도시의 미관을 개선
마을만들기형	주민의 발의와 자체적인 노력으로 예술을 통한 마을만들기 추진
예술창작촌형	예술가들이 밀집하여 거주와 창작공간 형성

---

2) 김연진. "도시재생사업에서의 문화예술 도입방안 연구." 한국문화관광연구원, (2015): 22.
3) 김연진, 위의 연구, 23.

우리나라는 현재, 예전의 경제적인 관점에서의 재개발보다 문화예술을 담아내는 공간으로서의 재생에 더 관심이 많다. 이제는 소득수준과 삶의 질이 높아져 우리 국민들도 문화예술이 넘쳐나는 삶의 공간으로서 도새재생을 반기고 있다.

예술인의 마을과 젠트리피케이션(Gentrification)

도시재생사업은 지역 키뮤니티의 발전과 도시환경 개선에 중요한 역할을 한다. 그러나 사업이 진행됨에 따라 발생하는 젠트리피케이션은 주변 지역 원주민이나 소득 수준이 낮은 주거자들에게 부정적인 영향을 미칠 수 있다.

젠트리피케이션은 도심의 노후 지역이 재개발되며 토지는 물론이고 주택 가격이 급격히 상승함에 따라 원래 해당 지역에 거주하던 저소득자가 나가고, 그 빈자리가 중류 계급으로 대체되는 현상을 가리킨다. 우리나라에서는 홍대가 대표적으로 젠트리피케이션이 진행된 지역이다. 과거 홍대는 어려운 상황 속에서도 의지 있는 예술인들이 모이기 시작하면서 독특한 문화를 형성했으며, 지금까지도 손꼽히는 핫플레이스 중 하나다.

그러나 이러한 분위기를 형성해온 기존의 상인들, 즉 원주민들이 도리어 쫓겨나는 상황이 발생하는 것은 하나의 문제점으로 작용한다. 많은 외지인들의 방문으로 지역 가치가 높아지며 임대료가 상승하고, 건물주가 본인의 수익을 극대화하는 상황이 발생한다. 이에 따라 젠트리피케이션이 가속화되면서 그 구역의 특색이 사라지면, 이는 장기적으로 건물주와 소비자들에게도 마이너스 요인이 된다. 따라서 그 지역의 가치를 꾸준히 인정받기 위해서라도 고유한 특색을 유지해줄 수 있는 기존 주민들의 지원이 필요하고, 또 예술가들이 오래 머무를 수 있도록 인상률에 제한을 두는 등 여러 방안이 마련되어야 한다.

이에 대해 뉴욕시를 중심으로 한 연구에 따르면, 예술가들이 활동할 수 있는 공간을 더 확대함으로써 예술 소비보다는 생산에 초점을 맞춘 도시 주도의 자생적 문화기구를 건설하는 방안을 발표한바 있다. 이 연구는 민간 비영리단체들의 설립이 함께 이루어져야 한다는 것과 도시의 현 환경에 적합한 임대규제법 개정이 필요하다는 인식을 제시한다. 또한, 비어 있는 토지나 건물을 사전에 확보하고 예술적으로 활용하기 위한 시스템을 체계적으로 구축해야 하며, 기존의 기금 정책을 재검토하여 명확한 기금 분배 절차를 수립할 것을 강조하고 있다.4)

도시와 사운드 스케이프

우리를 둘러싼 소리환경도 도시의 정체성을 살리는 데 한몫을 할 수 있다. 사운드 스케이프는 1969년 북아메리카에서 활발하게 전개된 생태학 운동을 배경으로 캐나다의 머레이 쉐이퍼가 제창한 'Sound'와 'Landscape'의 합성어이다. 이는 음악, 자동차 소리, 기계 소리 등 물리적인 인공음부터 자연의 소리, 인간의 목소리, 발걸음 소리 등 각양각색의 소리를 포함하는 소리환경에 관한 개념이다.5) 사운드 스케이

---

4) 이상은. "젠트리피케이션과 관련한 뉴욕시의 예술지원 정책에 대한 분석." 석사학위논문, 홍익대학교, (2018): 81-85.
5) Schafer, R. M. The Soundscape: Our Sonic Environment and the Tuning of the World, Simon and Schuster, 1993, 3-10.

프 이론은 현대의 생태학, 도시, 사회, 환경을 둘러싼 다양한 사상과 디자인에 영향을 미치고 있으며, 이를 바탕으로 건축과 환경이라는 측면에서도 다양한 연구와 시도가 이루어지고 있다.[6]

일본은 도시 브랜드 관리 차원에서 청각적인 관점의 중요성을 일찌감치 파악하여, 남기고 싶은 소리풍경사업을 시작으로 각 지역의 차별적인 청각적 경관을 구축해오고 있다.[7] 예를 들어 지하철의 사운드는 문화권의 개성을 담고 있다. 일본의 지하철은 매일 대량의 사람들이 이용하는 대중교통 수단이지만 ASMR과 음악 등으로 도시의 소음과 혼잡함에서 벗어나 조용하고 아늑한 분위기에서 여행하는 것과 같은 사운드 스케이프를 구성하고 있다.

뿐만 아니라 시부야 역은 오르막이 있는 노선을 따라 산을 오르는 듯한 사운드를, 우주 소년 아톰의 고향인 다카다노바바 역에서는 아톰 주제곡을 음악으로 들려준다. 오사카 역은 지역에서 사랑받는 전통가요의 멜로디가 열차 출발 신호음으로 울려 퍼진다. 비슷한 예로, 브라질도 지하철의 짧은 안내음에도 보사노바의 선율을 담아 도시의 특징을 표현한다.

이 외에도 도시 공공공간의 사운드 스케이프 디자인은 소음 차단, 안정감 제공, 유희적 기능, 동선 유도의 기능을 한다. 그동안 도시에서의 소리 대책에 대한 주요 개념은 불필요하고 불쾌한 소음의 정도를 줄이는 것이었다. 그러나 이와 같은 해결 방법 대신 공간에 이미지의 소리환경을 제공하여 해당 발생음을 마스킹하여 마음의 안정을 찾게 하고 능동적인 방안으로 소리환경을 개발하는 적극적인 시도가 이

---

6) 최유진. "사운드 스케이프를 적용한 도시의 소음 및 공간관리." 서울연구원 안전환경연구실, 세계와 도시 3호, (2011): 98-101.
7) 이은정·김주호. "도시경쟁력 제고를 위한 사운드 디자인 활용 방안: 서울과 인천의 지하철 사운드 스케이프 비교를 중심으로." 비즈니스융복합연구, (2023): 158.

어지고 있다.

일본의 나가사키 '좋은 소리풍경 프로젝트'는 전망대에서 들리는 바람소리, 작은 새의 울음소리가 스피커에서 흘러나오도록 디자인하여 자연을 만끽하도록 했다. 맥스뉴하우스(MaxNeuhaus)의 '타임스 스퀘어(Times Square)'는 뉴욕 맨해튼 타임스 스퀘어의 지하철 배기관 속에 몇 개의 음향 발생 박스를 배치한 소리 장치인데, 도시 소음 속에서 나타나는 인공적인 소리를 동기로 뉴욕이라는 도시의 실태에 대한 사람들의 의식을 일깨운다.

조경가인 조지 하그리브스는 샌프란시스코항 캔들스틱 포인트 공원에서 특유의 바람 안개를 이용한 사운드를 선보인바 있다. 이곳은 쓰레기를 매립한 해안 부근의 대지에, 바다로 향하는 경사를 갖는 잔디 언덕에 파도가 들어올 수 있는 수로를 계획한 것이다. 이것은 바람의 요소를 소리로 변형시키기 위한 좋은 사례이며, '바람의 문'에 설치된 파이프를 통과하는 바람이 미묘한 음을 연주하며 사람들의 흥미를 유발시키고, 공원으로 유도하는 역할을 하였다.[8]

우리나라의 서울은 매력적인 국제도시로 거듭나기 위해 시각적인 관점에서 도시환경 정비사업에 많은 시간과 노력을 쏟아왔지만, 비교적 적은 예산으로 큰 효과를 낼 수 있는 청각적 관점의 도시환경정비사업을 진행한 일본의 사례를 눈여겨볼 필요가 있다. 인류는 아주 오랫동안 음악, 언어, 소리를 통해 감정을 표현하고 소통해왔고, 귀가 지닌 감각은 시각적 감각과 비교할 수 없을 만큼 섬세하기 때문이다.[9]

---

8) 신혜경, "사운드 스케이프 개념을 도입한 공공공간 디자인에 관한 연구." 석사학위논문, 홍익대학교대학원, (2010): 224-227.
9) Sonnenschein, David. Sound Design: The Expressive Power of Music, Voice, and Sound Effects in Cinema. Michael Wiese Productions, 2001, xix.

제 2 장
국내외 문화도시 재생

국내 문화도시 재생 사례

부산 감천문화마을은 가파른 비탈길 속에 파스텔 톤의 집들이 옹기종기 모인 풍경으로 유명하다. 그러나 이곳은 원래 한국전쟁 당시 피난민의 삶과 부산의 역사가 담겨 있는 달동네에 지나지 않았다. 지형적으로 좁은 길과 산, 가파른 경사 등으로 사람들이 모여살기 적합지 않은 이 어두운 달동네를 새롭게 개발한 것도 바로 도시재생이었다.

2009년에 문화체육관광부의 공공미술 프로젝트가 진행되면서 이 삭막했던 삶의 터전에 각종 예술 작품들이 설치되었다. 2010년에는 '미로미로 골목길 프로젝트'라 하여 미로와 같았던 마을의 골목길들을 정비하고 담장에 벽화를 그렸다. 이어서 부산시는 '산복 도로 르네상스 프로젝트'라 불리는 사업을 진행하며 산속 도로와 마을을 대상으로 하는 프로젝트를 진행했다. 결과적으로 감천문화마을만이 가지는 지역경관이 파괴되지 않으면서 거주민들의 삶의 질은 향상되는 건강한 도시재생이 이루어졌다.

천안시는 최근 문체부 문화도시 지정 공모사업에 선정되고 충남 지방재정의 투자를 받으며 법정 문화도시로 거듭나고 있다. 천안 문화도시사업은 많은 금액을 투입해 시민의 문화자주권이 실현되는 문화독립도시 천안을 목표로 한다. 문화적 도시재생과 글로벌 브랜드 구축, 사회적 경제기업 육성 등이 추진되어 고품격 문화도시로 시민의 문화자주권이 실현되고 있다.

서울의 대표적인 도시재생 공간으로는 청계천을 들 수 있다. 청계천은 복개된 하천을 다시 하천의 형태로 복원하여 수변 중심의 도시재생을 이룬 사업이다. 사업 초기에는 이를 두고 찬반이 있었으나, 청계천은 현재 더위를 피할 수 있는 공간, 멋진 야경을 즐기는 데이트 공간, 공공예술이 있고, 축제가 열리는 공간으로 많은 시민이 찾는 명소가 되었다.

또한 서울의 한옥마을도 역사적 가치가 훼손되지 않는 선에서 리모델링 사업을 진행하여 훌륭한 관광자원이 되었다. 한옥 밀집지를 대상으로 '건축 자산 진흥 구역'으로 지정한 뒤 재생하는 과정을 거쳤다. 많은 사람들이 찾는 명소가 된 덕분에 한옥마을에 살거나 그곳에서 경제활동을 하는 사람들에게는 경제적 보상을 주었고, 마을을 찾는 관광객에게는 공공 미술로서 여유와 휴식의 장소를 안겨주며 삶의 질 향상에 기여했다.

아티스트 레지던스와 아티스트 하우징

정부와 지원기관은 문화유산과 전통문화 보존 및 발전, 예술 창작의 진흥을 위한 중요한 프로젝트로서 아티스트 레지던스를 지원하고 있다. 아티스트 레지던스 지원정책은 예술가들에게 일정 기간 동안 작업실과 거주공간을 제공하여 창작에 집중할 수 있도록 하는 프로그램이다. 이는 창작 아이디어와 상상력을 발전시키며, 예술가들 간의 정서적 교류와 대중과의 소통, 작품 판매 기회를 제공한다. 예술가들에게 창작에 집중할 수 있는 환경을 제공하고, 지역 주민들에게는 새로운 문화예술을 접하는 기회를 제공함으로써 양측에 이로운 상황을 조성한다.

이에 대한 유럽의 사례를 살펴보면, 사회적 기업 주도형과 지역 공동체 주도형이 있다. 전자의 예로는 영국의 민와일 스페이스와 SFSA(Second Floor studio&Artx), 프랑스의 라 프리쉬 라벨드메가 있다. 후자로는 독일의 우파 파브릭과 네덜란드의 베스터가스파브릭이 있다.

영국의 SFSA는 폐공장을 예술가 작업실로 개조하여 지역 공동체 참여를 유도하고 60%의 저렴한 공간을 제공하는 등 지역사회에 긍정적인 영향을 끼쳤다. 민와일 스페이스는 범죄 및 이민자 지역이었던 런던 북서부 웸블리 지역의 공간을 빌려 공동체를 위한 공간으로 활용한 사례다. 그중에서도 자동차 전시장이었던 코트렐 하우스는 성공적인 케이스로 꼽히며, 커뮤니티 워크숍 등을 통해 지역 개선 보고서를 발표하고 있다.

〈그림 3.1〉 민와일 스페이스[10]

프랑스의 라 프리쉬 라벨드메는 1866년 프랑스 담배공사의 대규모 농장이 쇠퇴하며 만들어졌다. 마르세유 시가 담배 제조공장 부지를 매입하여 예술가들의 창작활동 공간으로 변모시켰으며, 예술가, 문화단체, 기업 공공기관이 거버넌스 형태로 협력체제를 구축하고 있고, 블록 운영의 중심에는 공익협동조합이 있다. 이 지역을 도심으로 연결시켜 서민 구역 투자를 확대하고자 했다. 이곳에서는 매년 500회 이상의 문화행사와 워크숍, 국제 교류 프로젝트가 열린다.

지역 공동체의 좋은 사례인 독일의 우파 파브릭은 원래 영화 촬영

---

10) 출처: https://www.meanwhilespace.com

장소였고, 폐허로 방치된 곳이었다. 징집을 피해 온 예술가들이 재창조하며 공동체자립센터, 국제문화센터, 자유학교, 게스트하우스 등 7개 사업 등을 시행했다. 이곳은 수익 발생 사업과 가치 중심의 사업을 구분하며 시너지를 내고 있다.

네덜란드의 베스터가스 파브릭은 베스터 가스공장을 21세기형 예술정원으로 꾸민 사례다. 가스공장을 국제회의, 전시회 공간으로 산업화하였다. 정부와 민간 거버넌스가 합심하여 문화상업 도심형 공원으로 만들었다. 내부에는 갤러리, 공연장, 예술교육센터, 카페, 영화관, 그래픽 디자인 업체, 게임회사, 유치원 등이 있다.

문화도시 브랜드의 다양한 유형

도시 브랜드화의 유형에는 폐기된 산업시설물을 활용한 도시재생 프로그램, 전략적인 도시계획 속에서의 문화예술시설 건립, 예술가 창작촌을 통한 지역 브랜드화, 축제와 공공예술을 통한 도시 이미지 형성 등이 있다.

2004년부터 유네스코는 영화, 음악, 공예와 미술, 디자인 등에서 문화적 정체성을 강하게 갖춘 도시를 선정해왔다. 디자인도시로는 베를린과 부에노스아이레스, 몬트리올이, 공예와 미술도시로는 이집트의 에스원과 미국의 산타페 등이 선정되었다. 2008년에는 에든버러가 문학도시로, 글래스고가 볼로냐, 세빌리아와 함께 음악도시로, 프랑스 리옹이 미디어아트 도시로 지정된바 있다.

이 도시들은 관련 분야의 국제회의 워크숍 등의 프로그램, 해당 도시의 문화산업, 공공섹터, 시민단체의 민간섹터 모두가 연계하여 도시를 바라보는 관점을 해석하여 문화 다양성과 인류 문화 발전을 이어갔다. 여기에서 중요한 것은 중앙정부나 지방정부가 이를 주도하거나 단순한 산업적 가치만을 따지지 않았다는 것이다.

전략적 도시계획 속에서의 문화예술시설 건립도 주목할 만한데, 재래시장 터에 자리 잡아, 주변 일대의 환경을 바꾼 퐁피두 센터, 우범지대를 문화적 환경으로 조성한 라빌레트, 박물관 밀집 지역을 클러스터로 만든 프랑크푸르트 박물관 클러스터, 미디어아트와 문화 콘텐츠 산업을 연결해낸 칼스루헤의 미디어아트센터 등은 모두 도시 경쟁력을 갖추기 위해 구성된 것이다.[11]

우리나라에서도 문화시설에 대한 정책 결정자가 문화예술시설의 사회적 효과를 구체적으로 보는 혜안을 가져야 할 것이고, 장소 마케팅과 경제적 수요에 대한 고민이 필요하다. 예를 들면, 단기적으로 성과가 드러나는 인프라 건립이나 단순 관객 수를 겨냥한 접근이 아니라 도시에 거주하는 많은 인적 네트워크를 활용하고, 이들과의 링크, 예술가 네트워킹을 형성해가는 환경을 제공하는 방향을 목표로 하는 것이 중요하다. 그러므로 단순히 이에 대한 효과나 결과를 산출하는 것이 아니라 다양한 효과에 대한 산출 근거를 마련하여 문제대상을 바라보아야 할 것이다.

마지막으로 문화도시 브랜딩 맥락에서 지역대학은 지역 내 다양한 기관과의 지역사회 참여와 협력을 촉진하는 데 중요한 역할을 한다. 대학은 지역조직 및 기관과 파트너십을 구축하여 지역사회 네트워크를 활성화하고 소득 창출 기회를 탐색하는 데 기여한다. 캡스톤 프로젝트[12]와 같은 프로그램은 지역사회의 요구와 도전을 직접적으

---

11) 박신의, 「문화예술경영」, 이음스토리, 2014, 260-268.
12) 캡스톤은 교육 분야에서 마지막에 거두는 성취물을 의미한다. 캡스톤 프로젝트는 실제 문

로 해결하는 실질적인 기술을 개발하고 인재를 양성하는 초석이 된다. 이러한 권리를 통해 교수는 학생들을 실제 환경에서 멘토링할 수 있으며 주요 문제를 파악하고 지역을 위한 의미 있는 해결책을 만드는 데 기여할 수 있다.[13]

제 해결에 가기까지 필요한 기획, 설계, 제작을 통해 그 결과를 발표하는 활동을 말한다.

13) 김규현 · 김소연 · 변지혜. "대학과 지역문화 연계 방향 연구." 한국문화관광연구원, (2022): 76-79.

제 3 장
도시와 축제

일상에서 벗어나다

축제는 일상과는 다른 특별한 경험을 준다. 특히 유럽인들의 축제와 일상은 긴밀한 관계를 맺고 있는데, 유럽인들에게 축제는 역사, 종교, 다양한 문화들이 연결되어 있어, 축제를 통해 문화적 욕구와 함께 일상에서 잊고 살았던 자신의 모습을 되찾는 기회를 갖는다.[14]

최근에는 도시마다 지역축제를 개발하는 경우가 많은데, 세계적으로 성공한 축제들은 지역의 특산물, 자연환경, 전통, 문화재 등을 활용하여 관광객의 호기심을 자극하고 차별화된 프로그램으로 관심을 유도하고 있다.

우리나라의 성공적인 축제로는 안동 국제 탈춤 페스티벌, 함평 나

---

14) 류정아, "축제와 인문학적 제논의분석." 한국문화관광연구원, (2021): 12.

비 축제, 보령 머드 축제, 태백산 눈 축제, 남원 춘향제 등이 있으며, 가평 자라섬 재즈 페스티벌, 강릉 커피 축제, 대구 치맥 페스티벌도 특별한 문화 콘텐츠를 활용해 성공적으로 평가되고 있다.

축제에 참여하는 지역인들은 소속감뿐 아니라 정체성을 얻게 된다. 또 축제는 지역의 대외 이미지를 고양시키며 현지 상업활동을 촉진한다. 축제 기간 동안 숙박시설, 음식문화, 상점 등 지역 사업체들의 매출이 증가하는데, 이로 인해 전체 지역경제가 활성화된다.

문화체육관광부는 콘텐츠 산업과 관광을 결합한 새로운 축제모델을 제시하며, 각 지역의 특별한 요소를 활용해 성장 가능하고 경쟁력 있는 축제를 육성하는 방향으로 나아가려고 노력하고 있다.[15] 그러나 몇몇 축제의 경우, 차별화된 전략 없이 기존의 획일적인 행사가 유지되고 있어 차별화된 콘텐츠와 기획이 절실한 상황이다.

축제 기획과 운영

축제는 지역의 역량이 총집결되어 펼쳐지는 장(場)으로, 축제 개최 시에는 주최자와 참여자, 관람자, 축제환경 등의 내용이 종합적으로 고려되어야 한다. 그러나 축제 개최 의도 등에 치중되어 진행되는 경우가 많다 보니 아직 실제적인 계획 수립이나 평가체계, 매뉴얼 등은 뚜렷하지 않은 편이다. 축제의 주체가 누구이든 축제는 해당 축제가 가진 특성을 유지하며 지역의 장점을 알리고 매개한다는 일관된 방향으로 추진될 수 있어야 할 것이다.

---

15) 손신욱·김성윤·박창환. "문화관광축제의 산업화 촉진을 위한 정책지원방안." 한국문화관광연구원. (2023): 199-201.

또한 축제의 필요성을 알리는 일과 주체는 지역민이 되어야 한다. 그러나 실제로는 지방자치단체, 행정공공기관의 협력으로 계획이 구체화되며 지역산업체, 문화예술단체가 기폭제 역할을 담당하게 된다. 그러므로 축제의 성공적인 개최를 위해서는 현황 파악, 여가시장, 축제배후시장, 관광수요 공급환경에 대한 지역 내 여건조사가 필요하며, 이를 위해 지역 내 다양한 주체들 간의 축제의 필요성에 대한 인식 수렴이 필요하다.

다음은 축제를 만드는 조직의 일반적인 구성이다. 먼저 운영위원회는 실행을 담당하는 공무원들이 활동하는 조직으로, 장은 도지사, 시장, 군수 등 지자체의 장을 대표로 위임한다. 운영위원회는 축제의 실행과 관련된 업무를 총괄하며 조직의 운영과 집행을 책임진다. 이들은 축제의 운영과 관련된 공무를 담당한다.

추진위원회는 축제의 자문 역할을 담당할 민간 전문가들로 구성된다. 축제의 방향성을 제시하고, 전반적인 계획과 전략을 수립한다. 실행위원회와도 비슷한데 학계, 문화관광단체, 사회단체, 관련 산업분야, 공연계, 방송, 법률, 시민단체 등의 전문가로 구성된다. 이들은 각자의 전문적인 지식과 경험을 바탕으로 축제의 추진과 실행을 담당한다. 필요한 경우, 축제사무국에서 상설적으로 조직원을 구성할 수도 있다.

이사회는 축제의 자문 및 지원을 담당한다. 축제의 방향과 전략에 관한 의사결정을 수행하며, 다양한 분야의 전문가들로 구성된다. 축제의 비전과 목표를 수립하고 이를 실현하기 위한 각종 지원을 한다.

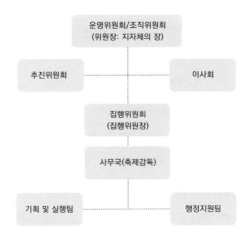

<그림 3.2> 일반적인 축제의 조직[16]

집행위원회는 실질적인 국제 행사 전반을 관리하며, 축제의 방향과 운영에 대한 최종 책임을 진다. 즉, 축제의 핵심적인 활동을 추진하고 관리하는 역할을 맡는다.

사무국은 실질적인 축제의 프로그램 및 행사 진행을 담당한다. 사무국은 축제 감독을 포함한 외부 전문가들과 공무원들로 구성되며, 축제의 기획과 실행을 총괄한다. 사무국은 축제의 모든 측면을 조정하고 관리하며, 특히 프로그램의 기획과 실행에 대한 책임을 맡는다.

행정지원팀은 회계, 사무 지원 등을 담당한다. 축제의 재정 및 예산 관리, 사무 업무 지원 등을 담당하여 축제 조직의 원활한 운영을 도와준다. 뿐만 아니라 행정적인 측면을 담당하며, 축제의 자금 운용과 필요한 문서 작업 등을 수행한다.

16) 문화관광부. "지역축제의 효율적 조직과 운영을 위한 매뉴얼." (2006): 22.

이렇게 축제 조직원이 구성되면 공무원과 민간 전문가가 협력하여 축제의 다양한 측면을 효과적으로 관리하여 축제를 추진하게 된다. 축제 조직에 공무원뿐만 아니라 민간인 전문가의 참여가 필수인 이유는, 축제가 다양한 측면에서 전문적으로 관리될 필요가 있기 때문이다. 이때 공무원은 축제의 법적인 측면, 지원정책 등에 대한 전문성을 발휘하며, 민간 전문가들은 각자의 분야에서 전문지식과 경험을 바탕으로 축제의 기획과 실행을 지원한다.

문화 콘텐츠를 활용한 축제의 필요성

그러나 2013년부터 2020년까지 경상남도에서 실시된 축제에 관한 조사에 따르면 축제 방문객들은 행사 수준 미달, 부대행사 부족, 특색 있는 문화행사의 부재 등 콘텐츠 관련 문제를 불만으로 지적하고 있다. 이 조사를 축제와 문화적 콘텐츠를 접목하거나 예를 들어 특별한 음악 콘텐츠를 축제와 연계한다면, 관광객의 만족도가 높아지면서 지역관광의 성공 가능성이 커진다는 의미로 해석할 수도 있을 것이다.[17]

이에 문화체육관광부는 콘텐츠 산업과 관광을 결합한 새로운 축제모델을 제시한바 있으며, 특별한 지역 요소를 활용해 성장 가능하고 경쟁력 있는 축제를 육성하는 방향으로 행사를 기획하고 있다. 무엇보다 문화예술축제는 다른 목적의 축제와는 달리 예산이 많이 필요하며, 정교한 기획이 필수이다.

---

17) 박태환·장민호, "음악과 스토리텔링을 활용한 지역 축제 활성화 및 문화산업 활성화 연구: 한국, 러시아의 축제 운영사례를 중심으로." 문화산업연구, 22(1), (2022): 21-34.

우선 문화 콘텐츠를 활용한 축제는 콘텐츠의 독창성과 희소성으로 축제를 차별화하고, 대중들이 관심을 가질 수 있는 스토리텔링이 중요하다. 공연예술 콘텐츠로 관광 스토리텔링에 성공한 대표적인 예로는, '축제도시'라는 도시 브랜드가 붙은 에든버러를 꼽을 수 있다.[18] 에든버러 축제는 클래식, 오페라, 대중음악, 연극, 무용 등을 통해 한여름 밤의 꿈처럼 도시 전체가 공연장으로 탈바꿈된다. 이 축제는 공연장 안에서 관광객과 시민이 함께 참여해 즐거움을 만들어가는 것으로 유명하다.

프랑스의 아비뇽 축제도 연극을 중심으로 무용, 마임, 서커스 등 다양한 예술 형태를 한데 모아 전 세계 아티스트들과 관객들을 모으는 데 성공했다. 아비뇽 축제는 지나친 상업 논리나 단순한 오락거리로 관객들을 끌어들이지 않는다. 색다른 형식으로 관객을 자극하고 다양한 의견과 찬반 토론을 이끌어내는 문화행사다. 이 축제는 도전과 기회의 장이며, 새로운 작품을 소개하는 실험의 장이며, 토론의 장이자, 교육의 장이다. 이러한 이유로 중소 지방도시인 아비뇽은 매년 여름축제의 공연예술을 통해 특별한 성지로 거듭나고 있다.[19]

미국의 텍사스주 오스틴에서 열리는 사우스 바이 사우스웨스트(SXSW, South by Southwest) 축제 또한 영화, 인터랙티브 미디어, 음악 등 다양한 분야의 예술과 기술을 결합한 대규모 축제다. 이 축제는 문화산업뿐만 아니라 기술 산업의 융합을 촉진하는 역할을 하고 있으며, 오스틴의 지역경제와 기술 발전에 기여하고 있다.

---

18) 박태환. "스토리텔링을 활용한 지역 음악축제 활성화 연구: 한국과 러시아의 축제 운영사례를 중심으로." 박사학위논문, 상명대학교 대학원, (2023): 20, 35.
19) 예술경영지원센터, "아비뇽 페스티벌 오프 A to Z." 문화체육관광부, (2011): 7.

음악축제의 위상

음악은 사람들의 감정과 기억에 강한 영향을 끼치며 많은 사람들이 즐기고 공감할 수 있는 공통의 언어다. 음악은 다른 장르보다 축제의 관람객들에게 더 깊은 공동체 형성 기회를 주는 즐기기 쉬운 콘텐츠이며, 사람들과 감정적으로 연결될 수 있는 강력한 매개체이다. 특히 대중음악축제는 다양한 공연예술 중에서도 가장 선호되는 장르로, 프로 뮤지션의 음악을 라이브로 감상하고 가까이에서 만나는 것은 축제 참여의 중요한 요소가 된다.

축제 참가자들은 유명 아티스트뿐만 아니라 국내외 인디밴드 및 비인기 장르의 음악을 즐길 수 있어 다양한 장르적 욕구를 충족하며, 일탈적 경험을 통해 스트레스 해소 혜택을 누릴 수 있다. 국내 대표적인 대중음악축제로는 <표 3.3>에서와 같이 재즈, 락, 월드뮤직 등이 있으며, 성공 사례로 자라섬 뮤직 페스티벌, 인천 펜타포트 락 페스티벌 등이 있다.

〈표 3.3〉 국내 음악축제 현황[20]

대중음악 축제		클래식 음악 축제	
축제 이름	시작년도	축제 이름	시작년도
쌈지 싸운드 페스티벌	1999년	진해 군악 페스티벌	1963년
동두천 락페스티벌	1999년	영동 난계 국악제	1965년
부산 국제 락페스티벌	2000년	대한민국 국제 음악제	1976년
ETP FEST	2001년	제주 국제 관악제	1995년
광주 인디음악 페스티벌	2003년	국악로 문화 축제	1995년
자라섬 재즈 페스티벌	2004년	서편제 보성 소리 축제	1998년
대한민국 음악 축제	2004년	통영 국제 음악제	1999년
광명 음악 축제	2005년	지영희 예술제	1999년
인디뮤직(라이브 뮤직) 페스티벌	2005년	제주 국제 합창제	2001년
제천 국제 영화음악제	2005년	전주 세계 소리 축제	2001년
펜타포트 락페스티벌	2006년	의정부 국제 음악극 축제	2002년
그랜드 민트페스티벌	2007년	임방울 국악제	2003년
지산밸리 락페스티벌	2007년	대구 오페라 축제	2003년
렛츠스프리스 락페스티벌	2007년	대관령 국제 음악제	2004년
서울 월드 DJ 페스티벌	2007년	부산 국제 합창제	2005년
울산 월드뮤직 페스티벌	2007년	광주 정율성 국제 음악제	2005년
대구 국제 재즈 페스티벌	2008년	내장산 국제 음악제	2005년
마로니에 재즈 페스티벌	2009년	사천 세계 타악 축제	2006년
구로 인디락 페스티벌	2009년	서울 스프링 실내악 축제	2006년
레인보우 뮤직 캠핑 페스티벌	2011년	인천 세계 오페라 축제	2007년
K-POP 월드 페스티벌	2011년	대한민국 관악 페스티벌	2008년
대전 재즈 페스티벌	2013년	이상근 국제 음악제	2008년

그동안 문화예술 관광에서는 오페라극장·음악회·갤러리·미술
관·박물관처럼 단순 방문 형태가 차지하는 비중이 많았다. 하지만 최
근 이처럼 축제와 이벤트성 방문 비중이 점차 늘어나는 것은, 관광객
들도 단순한 관람보다 직접적인 참여와 공감을 선호하기 때문인 것으
로 보인다. 따라서 이 점을 살려 문화예술 콘텐츠 개발을 위한 장기적

---

20) 박태환, 앞의 논문, 54.

이고 지속적인 전략과 효율적인 투자가 이루어져야 할 것이다.21)

또한 문화예술축제는 다른 목적의 축제보다 많은 예산이 소요되는 대형축제인 경우가 많으므로 이에 대한 고려도 필요하다. 국내외 아티스트의 교류 활성화에 따른 경제적 가치는 충분하나, 신생 음악 축제가 많아 경쟁이 심화된 면이 있고, 수익 구조가 악화되는 등 문제가 발생하고 있어 여기에 대한 주의도 필요하다.22)

특히 현재와 같이 외지 연예인을 초빙하여 잔치를 벌이는 인위적 성격의 축제로는 일시적으로 관광객을 유치할 수 있을지는 모르나 장기적인 관점에서 지속적인 효과를 기대하기는 어렵다. 따라서 지역마다 고유한 문화예술을 발굴 또는 개발한 후, 이를 예술적으로 스토리화·유형화하고, 오늘날의 취향에 맞게 현대적으로 각색하거나 재편성하는 관광자원화 작업이 필요하다.

---

21) 한현숙, "대중음악축제의 참여제약, 협상전략 및 참여의도간 영향연구." 관광경영연구, 20(6), (2016): 601-622, 602-603.
22) 채지영·유지연·김지나·이장원. "대중음악페스티벌의 전략적 육성방안." 한국문화관광연구원, (2008): 71-72.

제 4 장
공공예술 프로젝트와 미디어 파사드

공공예술 프로젝트

공공예술(Public Art)이란 용어는 영국의 행정가인 존 윌렛(John Willett)이 자신의 저서 『Art in a City』에서 처음 사용하며 알려졌다. 소수만이 즐기는 미술에서 벗어나고자 이 필요성과 개념을 제시하였으며, 사전적으로는 '대중들을 위한 미술'을, 일반적으로는 도시공원에 있는 조각들을 떠올리게 된다.[23]

1960–70년대에 현대미술의 거장인 요셉 보이스(Joseph Beuys) 또한 "예술은 삶이고 삶은 예술이다"라는 말을 통해 공공예술의 개념을 정의하였다. 오늘날 공공예술은 미술관, 갤러리와 같은 특정 소유

---

23) 김주연·이미림·권양숙. "도시 공간에서의 인간과 공공미술의 유기적 관계 연구-시카고 공공미술 작품 사례 중심으로-." 한국공간디자인학회논문집. (2010): 100.

적인 공간을 벗어나 대중과 자유롭게 소통하는 문화 민주주의의 개념을 담은 예술을 지칭한다.

그러나 공공예술은 단순히 예술 작품의 설치만을 의미하지 않는다. 1930년대 세계 대공황 시대의 일자리 창출은 2020년의 문화 뉴딜 사업으로 이어졌고, 1950−60년대에 시작된 법은 현재 건축물, 미술 작품 제도로 이어졌으며, 1970−80년대의 도시계획과 함께한 공공미술은 프로젝트성 공공미술로 진화하였다. 1990−2000년대의 공공미술은 거버넌스 활동과 연결되어 다양한 흐름으로 발전했다.

2000년대 이후, 프로젝트성 공공미술은 도시예술의 패러다임을 확장시키며 시민들의 참여를 중심으로 한 작업을 선보이며 발전해오고 있다. 도시와 사회의 다양한 요소와 상호작용하며, 주민들과 함께 창조적인 공간을 만들어내는 것이다. 공공예술은 대중적이며 누구나 접근 가능한 예술로 오픈되어 있으며, 도시의 모습을 변화시키고 사람들의 경험과 감정을 바꾸는 역할을 한다.

서울시는 '서울비전 2030'에 이러한 흐름을 반영하였다. 공공미술 명소 조성과 미래감성 도시의 구현을 목표로 한 이 프로젝트는, 전문 기획과 심의 강화, 우수한 작품 선정과 다양한 작품 유형을 고려하고 있다. 이렇듯 프로젝트성 공공미술은 과정 중심의 유연한 예술정책의 또 다른 모습이며, 이는 도시의 주요 개발정책과 결합하여 인상적인 예술 경관을 창출하고, 도시의 퇴보한 자원에 새로운 생명을 불어넣는 재생의 역할도 할 수 있다.

그러나 공공미술의 진화는 도시 시스템 안에서 작동할 수 있어야 한다. 미학적 개념에만 의존한 나머지 공공미술 정책에 대한 이해가 부족한 상태에서 출발하면 좋은 결과를 기대할 수 없다. 정책 입안자들이 공공미술의 특성을 이해하고 건조한 도시에 다양한 예술적 감동을 전달해야만, 누구나 살고 싶은 도시로 만들 수 있다.

도시환경에서의 공공미술 사례

도시는 단순한 물리적인 공간이 아니라 커뮤니티의 중심지다. 도시에서 펼쳐지는 미술 형태는, 초기에는 공공조각을 통한 도시 미관 개선에 초점을 맞춘 형태였지만, 현재는 지역 커뮤니티와의 상호작용을 통해 공공예술 공간으로 확장되는 형태로 발전하고 있다.

안양시는 2000년대 초반부터 문화정책의 핵심 사업으로 공공예술을 추진해왔다. 특히 안양공공예술 프로젝트(APAP)는 3년마다 열리는 대규모 공공예술행사로, 안양시의 도시 문화 브랜딩에 큰 역할을 하고 있다. 최근, 사회적인 변화와 함께 공공예술에 대한 인식이 변화하며, 이에 APAP 또한 변화가 필요하다는 목소리가 나왔다. 이에 APAP는 2009년부터 '새 장르 공공예술'이라는 개념을 도입하여 시민과 지역 주민들과 함께하는 참여자 중심의 커뮤니티 프로젝트에 더욱 집중하고 있다.

서울의 한강예술공원 조성사업은 2016년부터 2018년까지 진행된 사업으로, 정부와 서울시가 함께 추진하였다. 이 사업은 한강의 자연성 회복과 관광자원 개발을 목표로 한 예술화 사업이다. 2016년 예술감독을 선임하여 2017년에는 여의도 한강공원에서 시범사업을 진행하였으며, 2017년부터 2018년까지는 여의도 한강공원과 이촌 한강공원에서 총 37개 작품을 전시했다. 한강예술공원 조성사업은 한강의 역사적인 의미, 환경적 자원, 기능적 활용을 강화하여 시민과 방문자들이 예술적인 문화공간을 즐길 수 있도록 조성하는 새로운 문화예술 명소조성 사업이었다.

미디어아트와 미디어 파사드

미디어 파사드란 건축물 자체, 즉 건물 외벽에 LED 조명을 설치하거나 빔 프로젝터를 활용하여 이미지나 영상을 구현하고 정보를 전달하는 기법이다. 사물마다 정면 또는 얼굴이 있듯이 건축물에서 가장 주요한 입면을 '파사드(Facade)'라고 하며, 이 명칭은 여기에서 출발한다. 2000년대 들어 줄곧 우리 곁에 스며들어 있었으나 아직 익숙지 않은 용어이기도 하다. 하지만 그 뒤에는 무한한 예술성이 숨어 있다.

예술과 광고 마케팅 분야에서 두루 활용되는 미디어 파사드는 조명과 영상 및 정보기술이 결합된 첨단 기법을 사용한다. 여기서 더 나아가 예술 콘텐츠를 새로운 디지털 기술로 변환시켜 공공예술의 기능도 한다. 호주 오페라 하우스의 미디어 파사드(2016)는 아름다운 공공예술의 좋은 사례이다.

미디어 파사드는 미디어아트와 공공예술 분야는 물론 광고, PR, 마케팅, 이벤트, 공연 같은 여러 분야로 그 쓰임새가 확장되고 있다. 프랑스의 리옹(Lyon)시에서는 1989년에 '빛 축제'를 개최해 쇠락한 도시를 살려냈다. 이때, 미디어 파사드가 도시의 부활에 결정적인 영향을 미쳤으며, 매년 12월 초에 열리는 이 축제에 참여하기 위해 전 세계에서 400여만 명의 관광객이 몰려든다.

국내에서는 2020년 여름, 서울 강남 코엑스에서 디지털 디자인 컴퍼니 디스트릭트(d'strict)가 미디어아트 작품 '웨이브(Wave)'를 선보였다. 이 생생한 현실감으로 2021년 대한민국 공공디자인대상 비공모

부문 후보에 올라 우수상을 수상했다. 미국의 뉴욕 타임스 스퀘어에서 100m에 달하는 전광판을 거대한 폭포로 탈바꿈시킨 미디어아트 '워터폴(Waterfall)'도 비슷한 맥락의 공공미술인데, 웨이브와 워터폴은 영상 속 퍼블릭 미디어아트라는 문구처럼 기존의 LED 전광판을 채우던 광고를 공공의 영역으로 확장시켰다.

시간을 거슬러 가면, 국내에서는 2004년 서울 압구정동 갤러리아 백화점 명품관 벽의 미디어 파사드 디스플레이가 첫 시작이었다. 갤러리아백화점은 LED 조명이 부착된 지름 83cm의 유리 디스크 4,330장을 써서 그림이 벽면에서 움직이는 장면을 연출한바 있다. 파격적인 디자인 감각이 돋보이는 이 예술 작품은 딱딱한 도시 건축물을 탈바꿈시킨 공공미술의 걸작이라는 찬사를 받았다. 그 후 시청역 삼성화재빌딩, 역삼동 GS타워, 신문로 금호아시아나 사옥 같은 여러 곳에 미디어 파사드가 빠르게 도입돼 이목을 끌었다. 세계 최대 규모인 서울스퀘어 미디어 파사드는 리모델링 이후 지금까지 꾸준하게, 다양한 주제의 미디어 파사드를 노출하고 있다.

삼성전자는 아랍에미리트 두바이에 있는 829m의 부르즈 칼리파 외벽에 초대형 갤럭시 S9과 갤럭시 S9＋의 미디어 파사드를 진행한 바 있다. 중동 소비자들에게 갤럭시 제품을 소개하면서 "불가능을 가능케 하라(Do What You Can't)"라는 삼성전자의 브랜드 철학도 함께 담았다. 미디어 파사드는 옥외광고의 일종이지만 미학과 예술성을 추구한다. 이런 점에서 광고와 예술의 경계선에 놓인 표현장르라 볼 수 있다.

서울로 7017 인근 우리은행 중림동 지점의 벽면에 설치한 '서울로 미디어 캔버스'는 상호작용 기술에 의한 미디어 파사드다. '서울로 미디어 캔버스'는 시민이 향유하고 공감할 수 있는 미디어아트와 영상 콘텐츠 같은 전자적 빛으로 구성된 예술 작품을 지속적으로 전시해 공공미술의 영역을 확장하고 있다. 기존의 일방향적 미디어 파사드와 달리, 스마트폰 앱으로 신청한 사람에게 영상, 사진, 문구를 보낼 기회를 제공하는 '로맨틱 캔버스'와 서울로 7017에서 찍은 사진을 앱으로 전송하면 대형 화면에 직접 표출되는 서비스를 선보인 바 있다. 미국 시카고의 크라운 분수의 미디어 파사드처럼, 서울시에서는 상호작용 미디어 파사드 광고를 활용해 서울의 관광 마케팅 활동을 전개하기도 한다. 상호작용 기술에 의한 미디어 파사드는 앞으로 광고의 영역을 확장시킬 것이다.

제4부
문화예술산업과 대중문화

현대 문화산업과 대중예술의 교차점
엔터테인먼트 산업
K-콘텐츠와 글로벌 엔터테인먼트 산업
유료 콘텐츠 시장과 구독경제

문화예술산업과 대중문화는 대중이 여가를 즐겁고 유익하게 보내는 데 큰 역할을 한다. 현대사회에서는 사람들이 음악, 영화, 드라마, 예술 전시 등 다양한 문화활동을 통해 여러 감정과 경험을 즐기며 휴식을 취한다. 이러한 문화예술은 현대사회의 휴식처이자 사회적인 소통과 유대감 형성을 촉진하는 매개체로 작용한다.

　　한편, 대중문화예술산업은 문화적 가치를 제공하는 동시에 경제적으로도 중요한 역할을 한다. 엔터테인먼트 산업은 상당한 경제적 가치를 지니며, 글로벌 엔터테인먼트 시장은 지속적인 성장세를 보이고 있다. 이는 산업의 발전과 더불어 일자리 창출에도 긍정적인 영향을 미친다. 이에 따라 문화예술행정과 경영의 연구에서 이러한 산업에 대한 지원과 이해가 더욱 필수적으로 요구된다.

제1장
현대 문화산업과 대중예술의 교차점

예술, 산업화의 길을 걷다

예술이 산업화의 길을 걷게 된 성장 배경에는 다양한 요인이 맞물려 있다. 18세기의 산업혁명으로 기술과 생산 방식이 변화하며 산업화가 시작되었으며, 예술가들은 상업적인 시장에서 생계를 유지하기 위해 자신의 작품을 판매하거나 음반을 발매하는 방법으로 수익을 창출하게 되었다.

19세기 후반부터 20세기 초까지 상업 예술 시장이 발전하며 예술가들은 더 많은 경제적 기회를 얻었다. 라디오, 영화, 텔레비전 등 대중매체에 등장하며 엔터테인먼트 산업이 시작되었으며, 이러한 매체들은 예술과 문화를 쉽게 접하게 하면서 예술은 더욱 산업화, 대중화되기 시작하였다. 여기에 경제 발전과 더불어, 사회 내 개인과 집단의 소득 상승은 사람들에게 풍요로움을 가져다주었고, 소비문화에 변화가 발생하면서 문화예술에 대한 관심과 수요는 더욱 증가하였다.

20세기 후반부터 최근에 이르러 예술은 글로벌 시장에서 고부가 가치 산업으로 인정받으며, 예술인들은 국제 예술축제, 국제 전시회, 해외 음반 발매 등을 통해 국제활동의 기회를 얻게 되었다. 여기에 기술의 발전으로 예술 산업에 IT 기술력이 접목되면서 발전에 더욱 박차가 가해졌다. 현대의 예술가들은 인터넷을 통해 작품을 온라인에 판매하고 공유하며, 이제는 가상현실까지 활용하는 새로운 창작활동으로 그 폭을 넓히고 있다. 예술이 이렇게 부단한 산업화의 길을 걷는 동안 현재의 예술 시장이 형성되었고, 일부 상업성 짙은 예술 작품의 경우 그 가치가 시장에서의 수요와 광고에 따라 결정되었다. 이는 작품의 예술적 가치보다는 상업적 성공이 더 중요한 요소로 작용함을 보여준다.

문화예술산업과 대중예술

그러나 아도르노와 같은 철학자는 20세기 초기의 문화산업과 관련된 개념에 대하여 비판적인 접근을 취했다. 그는 문화산업이 대중문화의 상품화와 표준화를 촉진하며 개인의 창의성과 자율성을 억압한다고 주장하였다. 예술이 상업적 가치에 따라 생산되면 문화가 대량생산되고 대량소비되는 과정에서 문화적 질이 하락하고, 예술의 깊이감과는 멀어지게 됨을 지적하며 예술과 문화의 본질적 가치를 지키고 보존해야 한다고 주장했다.

그럼에도 불구하고 대중문화가 발전을 거듭하는 이유는 대중의 욕구와 그에 따른 변화 때문이다. 대중들은 시대 변화와 사회적 흐름에 따라 다양한 예술적 요구를 표출한다. 거기에 기술의 발전과 디지털 미디어의 등장으로 많은 대중이 예술을 쉽고 편안한 환경에서 접하게 되었다. 즉, 예술을 창작하고 소비하는 데 더 많은 기회가 열렸으며, 이로 인해 대중예술이 글로벌화된 세계에서 다양한 문화와 상호작용하며 더 새로운 예술 형태와 스타일로 빠르게 발전하게 된 것이다.

한편, 현대사회의 많은 사람은 바쁜 일상으로 인한 스트레스에 지쳐 있다. 이러한 환경에서 대중예술은 문화적 쉼터와 여유를 제공하고 감성을 어루만져 치유하는 역할을 한다. 많은 현대인들이 음악, 영화, 드라마, 예술, 전시 등 다양한 문화활동을 통해 감정 경험을 누리며 지친 일상에 잠시나마 여유를 찾는다. 한마디로 문화예술은 현대 생활의 휴식지이자 사회적 유대감과 소통을 촉진하는 매개체이다.

이렇듯 대중예술이 사회에 영향력을 가지고 그 역할을 확대하는 가운데, 문화예술산업도 대중예술과 긴밀한 유대관계를 가지며 성장해가고 있다. 그러나 대중문화와 문화산업에 대한 명확한 정의와 개념은 확립되어 있지 않아 혼란을 초래하는 면이 있다. 이는 여기에 대한 범위와 적용 분야에 따라 다양한 해석이 나오기 때문이며 기술의 발전과 함께 문화산업의 범위와 개념도 지속적으로 변하므로 이에 따른 연구와 논의가 더욱 활발하게 이루어져야 할 것이다.

대중문화예술산업발전법에 따르면 대중문화예술산업에 대한 법률적 정의는, 대중문화예술인이 제공하는 대중문화예술용역을 이용하여 방송영상물, 영화·비디오물, 공연물, 음반, 음악파일, 음악영상물, 음악영상파일 등(이하 "대중문화예술제작물"이라 한다)을 제작하거나 대중문화예술제작물의 제작을 위하여 대중문화예술인의 대중문화예술 용역 제공을 알선, 기획, 관리 등을 하는 산업으로서 대통령령으로 정하는 산업을 말한다.

　또한 대중문화예술제작물의 범위는 공연법에 따른 공연물, 방송법에 따른 방송을 위해 제작된 영상물, 영화 및 비디오물의 진흥에 관한 법률에 따른 영화 및 비디오물, 음악산업진흥에 관한 법률에 따른 음반, 음악파일, 음악영상물 및 음악영상파일, 이미지를 활용한 제작물이며, 그 내용은 <그림 4.1>과 같다.

대중문화예술제작물의 범위

① 공연법에 따른 공연물(무용, 연극, 국악 형태의 순수 공연물 제외)
② 방송법에 따른 방송을 위해 제작된 영상물(보도, 교양, 다큐 분야 영상물 제외)
③ 영화 및 비디오물의 진흥에 관한 법률에 따른 영화 및 비디오물
④ 음악산업진흥에 관한 법률에 따른 음반, 음악파일, 음악영상물 및 음악영상파일
⑤ 이미지를 활용한 제작물

〈그림 4.1〉 대중문화예술제작물의 범위[1]

　대중문화예술산업 용역의 분류는 <표 4.1>과 같다. 대중문화예술산업법 제2조 2항에 의해 연기, 무용, 연주, 가창, 낭독, 그 밖의 예능으로 구분하고 있다. 순수 예술 분야는 제외되며, 작사/작곡가는 창작자에 해당되므로 제외된다.

---

1) 이은숙. "대중문화예술산업 실태조사." 한국콘텐츠진흥원, 한국기업데이터(주), (2021): 21.

〈표 4.1〉 대중문화예술산업 용역의 분류[2]

NO.	대분류	중분류	설명
1	연기	연기자 (탤런트, 영화)	영화나 TV 드라마, 무대에 등장하는 인물의 배역을 맡아 연기하는 사람 * 단, 현장 재연을 전문으로 하는 재연배우 및 영화나 드라마 등에서 무술연기를 하는 무술연기자는 포함하되, 보조연기자(extra)는 제외함
		코미디언	희극배우(喜劇俳優)라고 하기도 하며, TV 또는 무대 등에서 웃음을 통해 사람들을 즐겁게 해주는 일을 직업으로 삼는 사람
		뮤지컬 배우	무대 위에서 장면별로 여러 배우들과 연기, 노래, 춤 등을 표현하여 관객에서 전달하는 사람
		성우	목소리 연기자
2	무용	댄서	안무가가 개발한 춤을 지도받고 연습하여 무대·영화·방송 등에서 춤을 추는 사람(한국무용, 현대무용, 발레 제외)
3	연주	연주자	다른 음악가들과 라이브 공연이나 녹음 세션을 도와주는 목소리(코러스) 악기(세션) 연주자 * 클래식 음악은 제외함
4	가창	가수	노래 부르는 일을 직업으로 하는 사람 * 클래식 음악은 제외함
5	그 밖의 예능	모델	의상패션쇼나 상품을 광고하기 위한 활동에 참여하는 사람 * 단, 전문모델이 아닌 연예인이 광고활동에 참여하는 경우는 제외함
		공연 예술가	기타 대중문화예술 공연*을 실연하는 자 * 넌버벌 퍼포먼스 분야나 퓨전 국악 등이 해당됨
		기타 방송인	특정한 분야 구분 없이, 다양한 장르의 방송 프로그램에 출연하는 자

한국의 대중예술인은 음악, 연기, 모델링, 패션 등 다양한 분야에서 활발한 활동을 펼치고 있다. 이들은 영화, 드라마, 예능 프로그램 등의 여러 분야에서 뛰어난 연기력과 매력으로 인기를 얻고 있다. 그들의 예술적 역량과 성공은 한국의 엔터테인먼트 산업의 성장과 발전에 크게 기여하고 있으며, 글로벌 시장에서의 인지도와 성공은 한국

---

2) 이은숙. 앞의 연구, 23.

의 예술가, 크리에이터, 또는 예술 산업 전문가들에게 많은 영감을 주고 있다.

대중문화예술 매출 규모의 증가

대중문화예술산업은 안정적으로 꾸준히 성장하고 있다. 다음 <그림 4.2>는 대중문화예술산업의 매출 규모와 그 성장 추이를 보여주는 통계이다. 2020년 기준으로, 대중문화예술산업의 전체 매출 규모는 7조 8,594억 원으로, 2014년 이후 지속적으로 성장하여 연평균 매출액 증가율은 12.6%로 나타난다. 기획업은 4조 4,756억 원으로 2018년 대비 29.4% 증가하였으며, 2014년 이후 연평균 매출액 증가율은 19.9%이다. 또한, 제작업은 3조 3,838억 원으로 2018년 대비 14.2% 증가하였으며, 2014년 이후 연평균 매출액 증가율은 6.3%다.

〈그림 4.2〉 대중문화예술산업 사업체 매출 규모[3]

---

3) 이은숙. 앞의 연구. 4.

다만 2021 대중문화예술산업 실태조사 결과보고서에 따르면 국내의 대중문화예술산업은 한류 열풍의 근원으로 대한민국 콘텐츠 산업의 핵심으로 자리 잡고 있으나 영세한 사업 구조, 불공정한 관행 등의 문제점을 내포하고 있다. 따라서 대중문화의 지속적인 성장을 위해서는 지속적인 분석과 조사가 필요하며, 특히 기획업 분야의 성과가 크다는 점을 고려하여 해당 분야의 지원 및 육성에 더욱 신경써야 할 것이다. 국가와 관련 기관들은 산업의 건전한 성장을 촉진하고 불공정한 관행을 방지하기 위한 법규와 규제를 강화해야 한다. 특히 투명성을 높이고 공정한 경쟁을 촉진하는 정책들이 필요하다.

제 2 장
엔터테인먼트 산업

엔터 산업의 경제적 측면

엔터테인먼트 산업은 창작된 콘텐츠를 통해 예술과 엔터테인먼트를 대중에게 전달하는 산업이다. 게임, 음악, 웹툰, 영화, 드라마, 음악 등 다양한 분야가 이에 속하는데, 소비자들이 이 콘텐츠를 소비할 때는 무엇보다 가격이 중요한 역할을 한다. 소비자들은 가격에 따라 반응을 달리하기 때문에 가격이 얼마나 유연하느냐에 따라 수요 또한 변할 수 있다. 따라서 기업들은 가격 결정에 신중해야 하며, 콘텐츠의 경쟁력을 고려할 때는 소비자들의 반응 또한 고려해야 한다.

이렇듯 엔터테인먼트 산업은 경제학적인 관점에서 소비자 수요와 수익, 가격 탄력성, 수익과 비용, 광고와 스폰서십, 다양한 부가가치, 디지털화와 새로운 비즈니스 모델 등의 경제적 원리를 바탕으로 한다. 치열한 시장 경쟁이 이루어지는 분야이므로 기업으로서는 제작과 마케팅, 유통에 있어 철저히 기획하고 실행하는 전략이 필요하다.

이 산업은 창작물의 제작과 소비뿐만 아니라 지식재산권(IP)을 통한 다양한 파생사업 및 융복합 콘텐츠 개발을 통해 창의성과 경제적 가치를 동시에 추구하는 것이 특징이다. 최근에는 새로운 기술 도입과 디지털 플랫폼 활용을 통해 팬덤을 확장하고 수익 다각화에 주력하고 있으므로, 엔터테인먼트 산업은 예술의 창조와 상업적 가치 창출 간의 균형을 모색하는 복합적인 영역으로 이해해야 한다.

엔터테인먼트 산업에는 다양한 수익원을 통해 수익을 창출한다는 특이점이 있다. 예를 들어 영화의 경우 극장 매출뿐 아니라 스트리밍 수익 등이 추가되며, 여기에 부가적으로 광고와 스폰서십 등이 더 추가된다. 인기 있는 프로그램이나 아티스트와 협업할 경우, 기업들은 브랜드와 제품을 홍보하고 시장에서의 경쟁 우위를 확보할 많은 방법을 얻는다. 따라서 이러한 수익모델을 통해 산업의 지속성을 이끌어 내야 한다.

마지막으로 엔터테인먼트 산업은 관광 산업과도 긴밀한 연결성을 갖는다. 인기 있는 영화 촬영지, 콘서트, 뮤지컬 공연 등은 수많은 관광객을 유치하여 지역경제를 활성화시키고 수익을 창출하는 데 도움이 된다. 최근 뮤지컬 연구에서는 공연물의 해외 진출 지원 방안을 통해 글로벌 시장에서의 성공을 도모하고 있다.[4] 또한 2020년부터는 코로나 팬데믹으로 비대면 경제의 보편화가 가속되면서 메타버스, NFT(Non−Fungible Token) 등 새로운 기술과 함께 기존 사업을 개선하거나 신사업을 기획해 수익 창출 채널을 다각화하고 있다.

---

4) 허은영. "공연물 해외진출 지원 방안 연구: 뮤지컬을 중심으로." 한국문화관광연구원.
   (2013): 127-128.

게임, 음악, 웹툰

디지털 시대의 엔터테인먼트 산업은 콘텐츠의 디지털화로 인해 진화를 거듭하고 있다. 이러한 변화는 주로 게임, 음악, 웹툰과 같은 대표적인 디지털 콘텐츠를 중심으로 일어나고 있다. 또한 온라인 스트리밍 플랫폼, 음악 스트리밍 서비스, 온라인 게임 등은 예전과 다른 형태의 콘텐츠와 수익 창출 방식을 제시하며 소비자들에게 다양한 경험을 제공하고 있다.

우선 게임 산업은 다양한 기술 요소와 결합되어 있다. 영상, 캐릭터, 사운드와 함께 VR(Virtual Reality), AR(Augmented Reality), 클라우드 컴퓨팅, 인공지능 등 다양한 기술들이 게임 내에 통합되어 있다. 이러한 게임 산업의 융복합적인 성격은 산업의 발전과 혁신을 촉진하며 새로운 경험과 수많은 가능성을 창출한다. 국내 게임 산업은 대표적인 수출 효자 산업으로, 수출액이 한류의 주역인 음악 및 방송을 합친 액수보다도 월등히 높다.

게임 산업은 게임물 또는 게임 상품의 기획, 제작, 유통 및 이에 관한 서비스와 관련된 모든 산업을 의미한다. 문화체육관광부 기준, 게임 산업은 게임의 기획·제작·유통 형태에 따라 크게 세 가지로 분류할 수 있다. 첫째는 게임을 기획하고 개발하고 제작된 게임을 퍼블리싱하는 게임 제작 및 배급업, 둘째로는 PC방, VR 체험방, 전자게임장과 같은 시설을 운영하는 게임 유통업, 셋째로는 게임 하드웨어 기기 혹은 소프트웨어를 판매하거나, 임대하는 게임 도소매 및 임대업이다.[5] 우리가 다루는 모든 내용은 게임 기획과 개발과 관련되어

---

5) 김기범·최연경·이효정(삼정KPMG 경제 연구원), "게임산업을 둘러싼 10대 변화 트렌드." 제89호, (2018): 3-4.

있다.

한편 음악 산업 역시 지식기반형 산업으로서 어떤 문화산업보다 높은 부가가치를 지니고 있다. 음악 콘텐츠는 다른 산업보다 먼저 해외로 진출한 면이 있다. 음악은 누구에게나 접근성이 뛰어나고, 다른 용품들과 결합하기 쉽기 때문에 파급효과가 상당히 크다. 음악 분야는 2018년 5.6억 달러, 2019년 7.6억 달러로 수출 규모 2위의 위상을 지니고 있다.

여기에 음악 산업에는 앨범의 제작 과정이 중요하게 작용하는데, 이는 음원 발행이 음악 기획사의 수익 창출 시작점이자 가장 기본적인 활동이기 때문이다. 일반적으로 앨범 제작 과정은 기획, 작곡 및 편곡, 녹음, 믹싱, 마스터링뿐만 아니라, 디자이너와 안무가 섭외, 뮤직 비디오 촬영, 앨범 자료를 유통사에 전달하는 등의 단계로 이루어진다.[6] 앨범 홍보 활동, 음악 방송 출연, 행사 참여, 해외 공연, 팬미팅 등의 활동도 음원 홍보에 중요한 부분을 차지한다.

웹툰 산업은 디지털 중심의 콘텐츠 소비패턴에 잘 부합하는 사업으로, 새로운 디지털 콘텐츠나 스낵컬처(Snack Culture)로 앞으로도 대중의 많은 관심과 호응을 얻을 것으로 보인다. 웹툰은 특히 IP로서의 비즈니스 가치가 높으며 영상화나 게임화 등 다양한 방식으로 활용이 가능하다.[7] 웹툰 산업에서는 웹소설 원작과 웹툰 콘텐츠의 활성화, 이와 관련된 제작 스튜디오화가 진행되고 있으며, 해외 웹툰 시장의 현지 작가 발굴로도 산업이 확대되고 있다. 국내 웹툰 산업은 다양한 비즈니스 경험을 통해 축적된 노하우를 보유하고 있으며, 다양한

---

6) Donald S. Passman, All You Need to Know About the Music Business, Simon & Schuster, 2019, 2-3.
7) Mayes, Troy Kristoffer Aaron, A New Storytelling Era: Digital Work and Professional Identity in the North American Comic Book Industry, University of Adelaide, School of Humanities, 2016, 288-299.

유료모델을 시도하고 있다.

이러한 흐름 속에서, 국내의 웹툰융합센터는 만화·애니메이션산업의 중심지인 부천시에 조성된 시설이다. 웹툰 산업의 활성화를 목표로 설립된 이 센터는 창작 교육과 인재 육성, 웹툰 작가 및 콘텐츠 기업을 위한 입주 공간 제공 등을 통해 산업 발전을 촉진하고 있다. 또한, 청년 예술인 주택과 연계하여 비즈니스 네트워킹을 강화하고, 웹툰 기반 드라마와 영화 제작을 지원함으로써 K−콘텐츠의 글로벌 경쟁력을 높이며, 문화 콘텐츠 산업의 융합 허브로서 중요한 역할을 수행할 것으로 기대된다.

〈그림 4.3〉 웹툰융합센터와 아티스트빌리지

영화 · 드라마 산업의 성장과 도약

인류는 오랫동안 서로의 이야기를 듣고 전달하기를 즐겼다. 그만큼 이야기는 우리의 경험을 공유하고 감정을 나누며 가치관을 형성하는 데 중요한 역할을 해왔다. 영화와 드라마는 이러한 이야기에 이미지와 사운드를 결합하여 만들어진 매체로서, 우리의 감정과 상상력을 자극하고, 정서에 깊은 인상을 남길 뿐 아니라 사회에 도전적인 질문을 제기하는 역할을 하기도 한다.

또한, 예술적으로 뛰어난 영화는 그 자체로 문화적 명성을 쌓게 되고, 이는 상징자본으로 이어진다. 예를 들어, 칸 영화제는 세계 최고의 영화제로서 예술적 성취를 높이 평가하며, 이러한 성취를 통해 새로운 영화를 주목받게 한다. 영화 제작자들은 이 영화제를 마케팅의 중요한 기반으로 삼아 문화적 명성을 만들어 가고, 이 명성은 상업적 성공으로 연결되어 경제 자본으로 전환되기도 한다. 이러한 과정은 영화 산업의 예술성과 상업성을 동시에 증진시키며, 성장과 도약으로 이끈다.[8]

한국 영화와 드라마는 특유의 탄탄한 스토리 라인과 탁월한 사운드와 시각 등의 편집적 요소로 성장하고 도약하는 중이다. 2019년 상반기 영화를 포함한 콘텐츠 산업 실태조사를 참고해보면 영화 산업은 전년 동기 대비 매출이 7.3% 증가하였다.[9] 최근 국내 영화·드라마 산업은 최근 3년간 높은 성장세에 올라 있고, 게임과 음악에 이은 수출 효자상품이다. 특히 2020년에는 봉준호 감독의 영화 <기생충>이 한국 최초로 아카데미상 4관왕에 올랐고, 그의 다른 작품도 연달아 주목을 받았다.

2021년에도 한국 영화의 흥행은 계속되었다. 영화 <미나리>에 출연한 배우 윤여정이 한국 최초로 아카데미상 여우조연상을 수상했다. 넷플릭스 오리지널 시리즈인 <오징어 게임>은 세계적으로 히트하며 작품의 심볼, 삽입곡은 물론 극에 등장하는 놀이까지 크게 유행하였다. 작품에 등장한 배우들도 동시에 인기를 얻었다.

---

8) 김은영. 「영화 비즈니스 입문」. 커뮤니케이션북스, 2014, 25.
9) 한국콘텐츠진흥원. "2019년 상반기 콘텐츠 산업 동향분석 보고서." (2019): 15-16.

동명의 웹툰을 원작으로 한 오리지널 시리즈 <지옥>도 전 세계 시청 순위 1위를 <오징어 게임>에 이어 차례로 기록하며 넷플릭스 내에서 K-콘텐츠의 지위를 더욱 견고히 만들었다. 이러한 한국 영화와 드라마의 성공으로 인하여 한국의 아티스트와 창작자들도 문화산업의 주요 인물로서 입지를 다지고 자리매김할 수 있었다.

드라마 역시 엔터테인먼트 산업의 한 분야로서 광범위한 관객층에게 영향을 미치고 있다. 이 시초는 2004년으로, 드라마 <겨울연가>가 일본에서 열풍을 일으키며 남자 주인공 역의 배우 배용준을 단숨에 한류스타 반열에 올린 것을 예로 들 수 있다. 그 이듬해인 2005년에도 드라마 <대장금>이 대만, 중국, 이란 등의 국가에서 크게 인기를 끌며, 주연 배우 이영애의 인기가 높아졌다.

이처럼 최근 국내 영화·드라마는 새로운 시도와 자유롭고 다양한 소재로 획일화된 영화 제작 경향을 극복하고 차별화된 콘텐츠를 생산해내고 있다. 영화·드라마는 단순히 보는 오락물 이상의, 복합적인 영상 산업의 산물이므로, 미장센이나 음향효과 제작에서도 한국의 정서를 잘 드러내는 일이 필요하다. 특히 영화 제작에서 그동안 시각적 측면이 우선시되어 왔으나 콘텐츠에 몰입할 수 있는 영화적 경험을 만드는 데 소리의 중요성을 간과하지 않는 것이 중요하다. 무엇보다 제작에서 OST 비중을 확대하기 위해서는 세심한 경영 마인드가 필요하다. 나아가 배급을 위해 영화를 수출할 때 사운드의 법적 문제를 피하고 창작자의 지식재산권을 보호하기 위해 신경을 써야 할 것이고, 이에 사운드 디자이너는 작품을 처음 제작할 때부터 해외 수출을 염두에 두고 가사 및 저작권 등을 면밀히 체크하는 것이 영화 산업에 기여하는 길이다.[10]

---

10) 이원덕·박남예·김수진. "해외수출 활성화를 위한 방송영상프로그램 재제작 매뉴얼." 한국방송영상산업진흥원, (2007): 11-15.

제 3 장
K-콘텐츠와 글로벌 엔터테인먼트 산업

K-콘텐츠의 글로벌 영향력

　K-콘텐츠, K-컬처라는 말 이전에 '한류(韓流)'라는 용어가 있었다. 1990년대 말에 동아시아를 중심으로 한국의 대중문화가 유행하기 시작했고, '한류'는 경제, 사회, 문화적으로 화두를 제시하며 지속적으로 자기진화를 거듭해온 한국의 음악, 드라마, 영화 선호 현상을 일컫는 용어였다. 최근 더 많은 다양한 문화 콘텐츠를 포괄하는 개념으로 'K-콘텐츠'로 용어가 확장되며 동아시아 지역뿐만 아니라 미국, 유럽, 남미 등 전 세계에서 붐을 일으키며 확산되고 있다.

　K-콘텐츠의 폭발적인 인기로 한국에 대한 인식도 긍정적으로 변하고 있다. 이러한 인식 변화는 한국의 문화뿐 아니라 산업 전반에도 긍정적인 영향을 미치고 있다. K-콘텐츠 경험 후 한국에 대한 인식 변화는 <그림 4.4>에서 보이듯이 58.5%가 긍정적으로 바뀌었으며,

한국 연상 이미지는 2020년 기준, 1위가 K-Pop, 2위가 한식, 3위가 IT 산업, 4위가 한류스타, 5위가 드라마로 집계되었다.

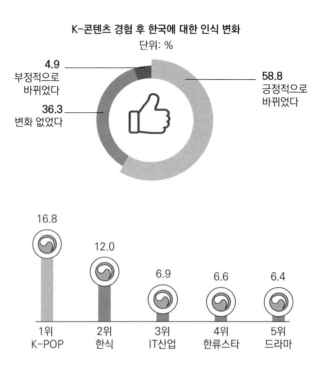

<그림 4.4> 한국 연상 이미지 / 2020년 10월 기준, 단위: %
<한국에 대한 인식을 바꾼 'K-콘텐츠'>11)

여기에 한국의 OTT를 통한 K-컬처가 한국에 대한 이미지를 더욱 견고히 만들어주고 있으며, 한국의 콘텐츠 산업이 글로벌 시장에서 주목받고 있음을 한국수출입은행 해외경제연구소의 보고서 또한 이를 확인시켜주고 있다.

---

11) 문화체육관광부. "숫자로 돌아보는 2021 인포그래픽 문화체육관광." 문화체육관광부/한국문화관광연구원, (2022): 77.

이러한 한국 시장에 대한 바뀐 인식과 K-콘텐츠의 성장에 따라 주요 OTT 플랫폼들은 한국에 많은 투자를 하고 있다. 예를 들어 넷플릭스의 K-콘텐츠 투자 금액은 2018년 920억 달러에 그쳤으나 2019년 2,480억 원으로 1년 만에 2배를 뛰어넘었다. 이에 멈추지 않고 2020년에는 4,150억, 2021년에는 5,500억 원으로 불과 3년 사이에 약 6배가량의 투자 금액 유치에 성공했다.

해외문화홍보원과 한국국제문화교류진흥원에서 2021-2022년 조사한 국가이미지조사 및 해외한류실태조사를 살펴보면 한국을 접하는 가장 비중이 큰 분야는 대중문화가 포함된 K-콘텐츠 문화였으며, 그 비율은 경제나 문화유산, 안보, 정치/외교, 경제 등을 훨씬 뛰어 넘는다. 앞으로도 우리 문화가 국가브랜딩 핵심 자원으로 효율적으로 기능하기 위해서는 자국문화 에 대한 현실적 평가가 이루어져야 하며, 문화의 자생력에 대한 고려가 필요하다.[12]

게임 산업과 한국의 수출 규모

게임 산업은 애니메이션, 만화, 영화 산업을 능가하는 선두주자로서, K-콘텐츠의 수출에 큰 기여를 하고 있다. 글로벌 게임 시장 규모는 국내 게임 시장 규모가 앞으로도 증가할 것으로 전망되는 가운데, 2020년 기준 'K-콘텐츠 분야별 수출 규모'에서 보이듯이 게임 산업의 수출 규모는 1위였으며, 그 내용은 <그림 4.5>와 같다.

---

12) 채지영·양지훈·오하영·홍무궁·윤유경·정가영, "대중문화콘텐츠가 국가브랜드 증진에 미친 영향 연구." 한국문화관광연구원. 2022.

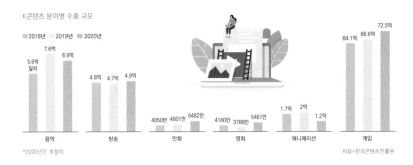

K콘텐츠 분야별 수출 규모

■2018년 ■2019년 ■2020년

음악: 5.6억 달러, 7.6억, 6.9억
방송: 4.8억, 4.7억, 4.9억
만화: 4050만, 4601만, 6482만
영화: 4160만, 3788만, 5461만
애니메이션: 1.7억, 2억, 1.2억
게임: 64.1억, 66.6억, 72.5억

*2020년은 추정치

자료=한국콘텐츠진흥원

〈그림 4.5〉 K-콘텐츠 분야별 수출 규모13)

　　게임 시장은 최근 몇 년간 꾸준한 성장세를 보이고 있는데, 2018
년에는 64.1억 달러, 2019년에는 66.6억 달러로 기록되었으며, 2020
년에는 72.5억 달러로 상승했다. 문화체육관광부와 한국콘텐츠진흥원
의 『2022 대한민국 게임백서』에 따르면, 2021년에는 국내 게임 산업
의 매출액이 전년 대비 11.2% 증가하여 20조 9,913억 원에 이르렀다.
이로써 한국 게임 산업 시장 규모가 역사상 처음으로 20조 원을 넘어
선 결과를 보였다. 2021년에는 모바일 게임이 전체 매출액의 57.9%를
차지하는 12조 1,483억 원으로 선두를 지키고 있으며, PC 게임은 5조
6,373억 원, 콘솔 게임은 1조 520억 원, 아케이드 게임은 2,733억 원
으로 집계되었다.

　　이렇듯 한국은 세계 게임 시장에서 높은 성장률을 보이고 있으며,
한국 게임 시장 증가율은 세계 시장 성장률을 상회하고 있다. 한국 게
임 산업의 세계 시장 점유율은 7.6%로 현재 미국(22.0%), 중국
(20.4%), 일본(10.3%)에 이어 4위를 유지하고 있다.

　　국내 게임 기업들은 글로벌 시장에서의 경쟁력을 강화하기 위해

---

13) 자료: 한국콘텐츠진흥원.

노력을 기울이고 있다. 멀티 플랫폼을 지원하는 엔진의 보급과 다양한 비즈니스 모델 개발로 글로벌 시장에서 성과를 내고 있다. 이러한 경향은 개발자들 간의 경험 공유와 협력을 통해 신작 게임 개발에 반영되고 있다. 현재 게임 시장은 비용 부담 완화와 AAA급 콘솔 게임 출시 등을 통해 변화하는 중이며, 국내 게임 기업들은 글로벌 시장에서의 경쟁력을 강화하며 새로운 성장 동력을 모색하고 있다.

게임 산업의 활발한 M&A

M&A(Mergers and Acquisitions)는 기업 간의 합병이나 인수를 통해 전략적 목표를 달성하는 활동을 의미한다. 게임사는 M&A를 통해 유망 게임사를 수직계열화하여 자사 플랫폼의 경쟁력을 강화하고 있다. 특히 현재 글로벌 게임 산업에서 중국 기업 텐센트를 중심으로 M&A 활동이 활발히 이루어지고 있다. 최근 10년 동안 텐센트는 상위 20개의 M&A 중 절반 이상을 주도했으며, 큰 규모의 합병과 인수를 진행했다.

텐센트는 영국의 게임 개발사 'Sup5o Group'을 비롯하여 2021년 상반기에만 47건의 M&A를 진행하는 등 공격적인 수직계열화 전략을 추진하고 있다. 국내 게임 시장에서도 크래프톤, 카카오게임즈, 넷마블 등의 대형 게임사가 지분 투자를 통해 주요 주주로 등극하며 텐센트의 공격적인 투자에 참여하고 있다. 국내 게임사들은 텐센트와의 협력을 통해 중국 진출 판로를 확보하거나 기업 운영 자금을 조달하는 등 긍정적인 영향을 얻고 있다.

또한, 주요 게임 회사의 영업 이익 추이에서는 크래프톤, 엔씨소프트, 더블유게임즈 등이 우세를 나타내고 있다. 이러한 행보는 게임 산업에서의 경쟁과 협력의 미묘한 국면을 반영하며, M&A가 게임 회사의 성공적인 전략 중 하나로 부상하고 있음을 보여준다.[14]

한편 최근 주요 게임사들은 북미 시장을 겨냥한 PC 및 콘솔 게임 출시를 통해 게임 업계 분위기를 변화시키고자 한다. 다양한 장르의 게임이 PC와 콘솔에서 멀티 플랫폼으로 출시될 예정이며, 이를 통해 복수 미(美) 유저층을 확보하려는 노력이 진행되고 있다. 이러한 시도를 통해 국내 게임 기업들은 국내 및 대만 MMORPG(대규모 다중 사용자 온라인 롤플레잉 게임) 시장에서 벗어나 글로벌 시장에서 성과를 낼 새로운 성장 동력을 모색하고 있다.

K-POP과 뮤직 비즈니스

디지털 시대의 발전은 한류 콘텐츠의 생산과 홍보에 큰 도움을 주었고, 특히 K-Pop은 다양한 디지털 플랫폼에서 성공적으로 세계로 확산되었다. 블랙핑크는 전 세계 아티스트 최초로 유튜브 구독자 7,000만 명을 돌파했으며, BTS 또한 한국 최초로 아메리칸 뮤직 어워드에서 올해의 아티스트상을 수상했다. 한국의 아이돌 그룹은 이미 세계의 한가운데에 서 있으며, 최근 수출 규모를 살펴보더라도 음악 분야는 2018년 5.6억 달러, 2019년 7.6억 달러로 수출 규모 2위를 차지한 바 있다.

2012년에는 싸이의 <강남스타일>이 K-Pop의 세계적인 성장

---

14) 고태우, "게임산업의 주요 이슈와 발전방향." KDB미래전략연구소, (2021): 4-17, 22-24.

가능성을 보여주었으며, 2018년에서 2019년 사이에는 BTS 노래가 연속 빌보드 1위를 달성하며 글로벌 흥행에 성공했다. K-Pop의 글로벌 흥행은 많은 경제적 수익과 문화적 파급력을 가져오고 있으며, 이는 K-콘텐츠가 디지털 시대의 콘텐츠 제작과 배급을 촉진시키고, 글로벌 대중문화의 한 부분으로 자리 잡게 만들었음을 보여준다.

세계적인 흥행을 이끌어낸 K-Pop 음악의 특징을 파악하기 위해서는 유튜브의 K-Pop MV 조회 수와 같이 글로벌 인기를 반영하는 지표를 살펴볼 필요가 있다. 유튜브컬처앤트랜드에 따르면 2022년 1월 11일 기준, 전 세계 아티스트의 유튜브 구독자 순위는 블랙핑크가 7,120만 명으로 1위, 저스틴 비버는 6,700만 명, BTS는 6,290만 명, 마시멜로는 5,450만 명, 에드 시런은 5,080만 명이다. 또한, K-Pop의 성공에서 단순히 음악 스타일의 유사성을 비판하는 의견도 있지만, 다양한 장르의 융합과 실험적인 음악, 독특한 콘셉트를 통해 경쟁적인 음악 시장에서 새로운 차별점을 만들어내고 있음이 분명하다.

음악의 상품화와 효율적인 제작 방법 적용도 K-Pop의 글로벌 흥행에 큰 역할을 한다. 음악 시장의 글로벌 트렌드를 반영하기 위해 해외 프로듀서와의 협업이 증가하고 있으며, 댄스 음악에서는 작곡가의 역할이 사운드까지 총괄하는 프로듀서의 범위로 넓어지고 있다.

한편, 앞으로도 K-pop을 포함한 공연예술분야는 연출가, 극작가, 작곡가 등 창작자의 수요가 늘어날것으로 예상된다. 이에 대한 우수한 인력 양상 방안 또한 자생력의 토양을 배양하는 주요한 요소가 될 것이다.[15]

그러나 음악시장과 뮤직비즈니스 환경은 이와 동시에 앞으로 큰 변화가 예고된다. 현대인은 지금 어느 때보다도 음악을 많이 듣고 있

---

15) 전병태. "공연예술 분야 창작자 인력양성 방안." 한국문화관광연구원, (2016): 47-48.

으며, 앞으로 음악 생산은 분 단위, 초 단위로 무한에 가까워질 것이기 때문이다. 아티스트는 인공지능이 만든 음악, 슈퍼스타와 프로페셔널, 아마추어의 음악과 경쟁해야 하는 무한 경쟁 시대에 직면하게 된다. 이 상황에서 음악 생산자의 목표는 히트곡을 만드는 것이 아니라 소수의 커뮤니티를 형성하고, 팬들과 의미 있는 관계를 만들어 이를 확장하는 것이다. 이는 전통적으로 인디펜던트 아티스트들이 사용한 방식으로, 주류의 아티스트들도 참고할 가능성이 있다.16)

이런 맥락에서 NFT는 커뮤니티 멤버십과 소속감을 부여하는 디지털 신분증 역할을 할 수 있다. 이는 전 세계 팬들을 연결하고, 인공지능 시대에 인간 간의 관계를 이어주는 기술적 수단이 될 수 있으며, 음악과 아티스트 친화적인 모델로 발전할 가능성이 있다. 특히 올해 국제음반산업협회(IFPI)의 보고서에는 처음으로 인공지능 관련 섹션이 포함되었다. 이 보고서에 의하면 인공지능에 대해 음악 팬 10명 중 약 8명(79%)이 음악 창작에서 인간의 창의성이 중요하다고 생각한다는 답변을 내놓았다.17) 이는 많은 팬들이 음악의 완결성보다는 아티스트 자체에 더 큰 가치를 부여한다는 의미이다. 즉 아티스트의 태도, 즉 음악에 대한 감정, 고민, 실천 방식 등이 중요하다는 것이며, 따라서 아티스트는 음악을 전달하는 데 집중하기보다는 그 음악의 배경과 맥락을 더 자주 전달할 필요가 있을 것이다.

---

16) 차우진의 TMI.FM. "밤양갱의 A.I. 커버 유행과 아티스트의 미래-더 많은 참여를 원하는 사람들." 2024.03. https://maily.so/draft.briefing/posts/f6e8009f
17) IFPI, "Engaging with music 2023" (2023): 4-9.

웹툰 산업의 비즈니스 현황과 시사점

미국 웹툰 시장에서도 K-웹툰은 대세다. 미국 구글 플레이스토어 만화 부분 다운로드 순위를 살펴보면 1위를 네이버 웹툰이 차지하고 있다. 그 뒤인 2위부터 4위까지를 카카오 엔터테인먼트가 인수한 타파스, 리디의 만타, 콘텐츠퍼스트의 태피툰이 잇따르고 있다. 이렇듯 미국 웹툰 시장의 1위부터 4위까지 모두 한국 기업이 차지하고 있다는 점은 이미 한국이 전 세계 웹툰 산업 역시 이끌어가고 있음을 보여준다.

디지털 콘텐츠 IP의 가치가 높아지며 게임, 애니메이션, 영화, 드라마 등 다양한 분야에서 성공 사례가 나오고 있다. 이와 함께 웹툰의 유통 방식도 다변화하고 있으며, 소셜미디어(SNS), 크라우드 펀딩, 소규모 출판사, 오픈 플랫폼 등을 통해 웹툰 콘텐츠가 보다 넓은 매체로 전달되고 있다.

그러나 웹툰의 불법 유통 문제는 여전히 심각한 문제로 남아있다. 웹툰이 유료화되기 시작하면서 존재해온 불법 복제와 유통 문제는 해결이 어렵다는 난점이 있다. 또한 웹툰 산업은 산업적 자료와 통계가 부족한 편이며 대형 플랫폼 기업들이 주도적으로 산업을 형성하는 경향이 있어 이점에 대한 고려가 필요한 상황이다.[18]

한편, 2023년을 기준으로 살펴본 글로벌 웹툰 시장은 전반적으로 성장세를 보이고 있지만, 메가 히트작의 부재로 웹툰 CP(Content Provider, 콘텐츠 공급사)의 주가 수익률은 다소 부진한 양상이다. 이에 대한 대응으로 'OSMU(One Source Multi Use)' 전략이 주목받

---

18) 양지훈·박찬욱·김병수·박석환. "웹툰산업 해외진출 진흥 방안 연구." 한국문화관광연구원, (2021): vi-vii.

고 있으며 이는 원작을 다른 형태로 재가공해 부가가치를 창출하는 전략으로, 앞으로도 더욱 광범위하게 활용될 것으로 예상된다.[19]

또한, 신작이나 기존 작품의 해외 플랫폼 공개 등을 통해 국내 웹툰 CP사의 성장이 지속될 것이며 이러한 전략적인 동향과 협입은 앞으로도 계속될 것이다.

---

19) 최민하. "삼성증권 2023 미디어/엔터테인먼트." 삼성증권, (2022): 15.

제 4 장
유료 콘텐츠 시장과 구독경제

기존 수익모델의 한계

그동안 기업의 전통적인 수익모델은 주로 콘텐츠를 구매하여 소유하는 형태였다. 그러나 디지털 기술이 나날이 발전하면서 현재는 구독 서비스를 통한 매출모델이 더 많이 사용되고 있다. 이에 따라 '구독경제'는 사용자들이 서비스를 이용하기 위해 정기적으로 구독료를 지불하는 모델을 가리킨다.

이러한 모델은 소비자들에게 더 많은 콘텐츠를 저렴하게 이용하게 하면서 동시에 제작사와 플랫폼 사업자들에게는 안정적인 수익을 제공한다. 여기에 구독 서비스는 소비자의 선호도나 소비패턴을 분석하여 맞춤형 콘텐츠를 제공하여 소비자의 만족도를 높인다는 장점도 가지고 있다.

OTT 서비스의 콘텐츠 다양성 확대

OTT(Over-the-top) 서비스는 TV 셋톱박스를 뛰어넘어 인터넷이나 모바일을 통해 다양한 영상 미디어를 시청할 수 있는 서비스를 말한다. 예전에는 TV 셋톱박스를 이용해 지상파, 케이블, 위성 방송을 시청하는 것이 일반적이었다. 그러나 인터넷 기술 발전으로 OTT 서비스가 등장하면서, PC와 스마트폰을 통해 실시간으로 동영상을 시청하는 것이 가능해졌다. 한국의 웨이브, 티빙, U+(유 플러스) 모바일 TV, Seezn, 쿠팡 플레이, 왓챠, 라프텔 등의 서비스와 넷플릭스, 디즈니 플러스, Apple TV 같은 해외 서비스 등 다양한 OTT 서비스를 접할 수 있다.

특히 OTT 서비스는 코로나 시기로 인해 대중의 극장 방문이 어려워지면서 큰 성공을 거두었다. 많은 영화가 극장 개봉이 어려워지면서 OTT 서비스에서 동시 개봉하거나 독점 개봉하는 경우가 늘어났으며, 이러한 개봉 방식은 코로나 시기 이후로도 지속되었다. 기존의 케이블 TV와 달리 OTT 서비스는 사용자가 직접 구독하고, 인터넷을 통해 서비스를 제공받기 때문에 광고업계에도 큰 변화가 발생했다. OTT를 통한 마케팅은 전통적인 미디어 광고보다 타깃 맞춤형 광고 게시와 마케팅 효과 측정에 용이하다. OTT 서비스는 광고 수익이나 프리미엄 서비스 옵션으로도 확장 운영되어 마케터들은 OTT 플랫폼을 다양한 방법으로 활용하여 소비자들에게 접근하고 있다.

음악, 소유가 아닌 스트리밍

음악 시장 역시 음반 판매보다는 음원 스트리밍 관점에서 설명되는 것이 더 지배적이다. 예전에는 음악 시장이라는 용어보다도 음반 시장이라는 표현이 더 많이 사용되었지만, 이제는 음원 시장이라는 용어가 더 적절하다. 음악 소비 측면에서 2020년을 기점으로 음악 스트리밍은 꾸준한 성장세를 보이는 반면, 음악 다운로드 이용자는 이미 2017년부터 성장이 둔화되는 모습을 보였다. 음악 스트리밍에 편중된 이용자의 소비 방식 고착화로 현재의 격차는 점차 확대될 것이다.

이로 인해 기획사가 발매하는 앨범의 형태도 많이 달라졌다. 예전에는 10개 가까운 곡으로 구성된 앨범을 만드는 데 주력했지만, 현재는 디지털 싱글이라는 형태로 1~2개의 곡을 지속적으로 발매하다 이를 모아 기념할 만한 음반으로 발매하는 것이 일반적이다. 이러한 변화는 기획사의 제작비용 측면뿐만 아니라 팬들의 소비 행태와도 밀접하게 연관되어 있다.

더 이상 소비자들은 앨범에 수록된 10개의 음악을 모두 듣는 일을 선호하지 않으며, 음악 감상 패턴도 좋아하는 음악을 저장하지 않고 바로 듣는 패턴으로 바뀐 것이다. 게다가 음악 스트리밍 서비스는 다운로드에 비해 저렴한 가격으로 더 많은 곡을 감상할 수 있다는 장점을 갖추고 있어 시장의 주류로 자리 잡았다.

현재 전체 음악 스트리밍 서비스 중에서는 스웨덴의 스포티파이(Spotify)가 28%로 가장 많은 구독자를 보유하고 있으며, 그 뒤를 미국의 유튜브 뮤직과 아마존 뮤직, 애플 뮤직이 각각 14%, 13%, 8%를 차지하며 소비자들의 사랑을 받고 있다. 스포티파이는 무료 요금제인 광고 기반 구독모델로 잘 알려져 있는데, 2014년에 시간제한 아래 무료로 이용이 가능했던 서비스를 폐지하고 유료 프리미엄 서비스를 제공하면서 전체 수익이 더욱 증가했다. 이 추세는 앞으로도 당분간 지속될 것으로 보인다.

미국과 중국도 디지털 음악 시장에서 두드러진 성과를 보이고 있는데, 이는 디지털 음악 시장을 주도하는 기업이 미국에 위치한 것과 안정적인 인프라 구축 등에서 기인한 것으로 분석된다. 이와 더불어 음악 시장의 음악 스트리밍 광고와 팟캐스트 광고를 통한 수익 증가도 확인되고 있다. 즉, 음악 스트리밍 서비스의 성장과 동반하여 음악 스트리밍 광고와 팟캐스트 광고 이용자 또한 증가할 것으로 보인다.[20]

최근 팟캐스트는 디지털 미디어 시장에서 두각을 나타내며 광고주들의 관심을 끌고 있다. 팟캐스트 광고는 진입 장벽이 낮고, 진행자가 직접 읽어주는 방식으로 청취자에게 친밀감을 전달한다는 점이 특징이다. 주요 기업들은 이를 포착하여 애플과 스포티파이를 중심으로 사업을 펼치고 있는데, 팟캐스트의 성장은 다양한 기기의 보급과 애플 외에도 스포티파이와 같은 스트리밍 플랫폼의 진입, 전통 언론사들의 팟캐스트 서비스 제공, 할리우드 온라인 크리에이터와의 네트워크 구축 등이 그 원인으로 지목된다.

팟캐스트 산업에 대하여 iHeartMedia와 Wondery 등 주요 기업들은 광고 수익 증대, 글로벌 확장, 인공 지능 및 비디오 활용에 주력하고 있으며, 팟캐스트를 다른 언어로 번역하는 데 인공 지능을 활용할 계획이다. Wondery는 TV 적응 가능성을 고려하여 비디오 팟캐스트를 통해 새로운 청취자를 유치하고, 스포티파이는 오디오북과의 새로

---

20) 이수현·오승은. "디지털 음악 시장의 승자, 스트리밍 서비스." 한국저작권위원회 심의산업통계팀, (2023).

운 거래와 파트너십을 추진하고 있다. 기업들은 새로운 사업 기회를 모색하고 성장을 가속화하기 위해 자금을 확보하거나 기존 기업의 인수 및 합병 가능성이 높아질 것으로 예상된다.

대중에서 개인 중심으로

현재의 콘텐츠 생산과 소비문화는 대중에서 개인 중심으로 전환되고 있다. 이는 각 개인의 독특한 특성을 인지하는 관점의 등장과 전환을 나타낸다. 디지털 전환으로 콘텐츠 산업은 '개인'을 중심으로 한 문화를 형성하기 시작했는데, 이는 연결된 소비(이용자 참여 콘텐츠화), 식별된 소비(소비의 데이터화), 맞춤형 소비(추천 알고리즘)의 측면으로 설명될 수 있다.

결과적으로 현재의 콘텐츠의 생산과 소비는 '개인'을 중심으로 하는 문화적 변화를 나타내며, 이러한 변화로 더 이상 매스미디어 시대의 '익명의 대중'이 아닌 '식별되고 연결된 개인들'의 시대로 전향되고 있다. 이러한 흐름에서 콘텐츠의 생산, 유통, 소비의 단위 주체는 더 이상 기업이나 집단이 아닌 개인들로 인정돼 권위를 부여받고 있으며, 소비자들은 참여의 주체로 맞춤형 콘텐츠를 제공받고 있다.

제5부

디지털 예술과 창작, 그리고 플랫폼

디지털 콘텐츠와 플랫폼의 상호작용
온라인 플랫폼에서의 창작과 수익화
크리에이터 이코노미
콘텐츠 IP와 지식재산권

디지털 시대의 기술 발전으로 콘텐츠 제작 방식 또한 변화했다. 저렴한 비용으로 고품질의 '음악, 3D모델링 및 애니메이션, 영상' 등을 제작할 수 있으며, 온라인 플랫폼을 통해 지구상의 모든 이들에게 나의 콘텐츠를 전달할 수 있다. 창작자는 온라인에서 창작활동을 수익화하고, 콘텐츠의 지식재산권(IP)을 효과적으로 관리할 수 있다. 디지털 아티스트들은 자신의 창작물에 독특한 스타일이나 기능을 더하여 콘텐츠를 강조하고 변경하며 정교한 아트워크를 개척해 나가고 있다.

제1장
디지털 콘텐츠와 플랫폼의 상호작용

문화 콘텐츠의 디지털화

예술이 다양한 형태의 디지털 콘텐츠로 전환되면서, 기술과 예술의 융합은 새로운 창의적 창작 영역을 열어가고 있다. 음악, 영화, 게임, 웹툰 등 다양한 예술 형태가 디지털 콘텐츠로 창작되며, 문화 콘텐츠 산업의 범위와 개념을 새롭게 정의하는 중요한 계기가 되고 있다.

사실 문화 콘텐츠 산업은 그 용어상에 포함되어 있는 문화라는 말을 강조해, 문화적 요소를 가진 넓은 영역을 포괄한다.[1] 콘텐츠는 문자, 음악, 소리, 영상, 지식 정보, 캐릭터 등 다양한 형태로 구성되며, 이는 영화, 게임, 비디오, 음악, 공연, 방송, 뉴미디어 등과 같은 다양한 매체로 플랫폼에서 소비자들에게 전달된다.

---

[1] 고정민. 「문화콘텐츠 경영전략」, 커뮤니케이션북스, 2019.2.

디지털 콘텐츠는 이러한 문화 콘텐츠 산업을 디지털화한 것으로 새로운 시장과 소비패턴을 형성해내고 있다. 디지털 형태로 변환된 내용, 콘텐츠들이 인터넷을 통해 다양한 디지털 플랫폼과 서비스로 소비자들에게 제공되고 있는데, 이러한 변화를 계기로 디지털 콘텐츠 산업은 더욱 발전하고 있으며, 디지털 콘텐츠의 생산, 유통, 소비 등이 효율적으로 이루어지면서 시장은 한 단계 더 새로운 차원으로 확대되고 있다. 이러한 변화는 디지털 콘텐츠 산업이 문화 콘텐츠 산업을 주도하는 중요한 역할을 하고 있음을 나타낸다.

세계적으로 증가하는 디지털 콘텐츠와 플랫폼

문화 콘텐츠는 디지털 발전으로 수혜를 입는 대표적인 산업 분야로 부상하고 있다. 책, 필름, 퍼포먼스 등 물리적 형태의 콘텐츠가 데이터화되어 글로벌 플랫폼을 통해 거래되고 전파도 가능해졌다. 이러한 디지털 기술의 발전은 새로운 유형의 디지털 콘텐츠 생산과 거래를 촉진하고 있다.

전 세계 디지털 콘텐츠 시장은 꾸준한 성장세를 보였는데, 2010년대 들어 매년 전년 대비 10% 이상 성장하고 있다는 조사 결과가 있으며 국제정보통신산업진흥원(NIPA)도 전 세계 디지털 콘텐츠 시장이 고성장세를 유지할 것으로 전망하고 있으며 또한, 디지털 콘텐츠가 전 세계 콘텐츠 시장에서 차지하는 비중은 계속해서 늘어날 것으로 예측되고 있다.

국내에서도 디지털 콘텐츠의 거래 규모가 급격하게 늘어나고 있다. 2017년 기준으로 우리나라의 디지털 콘텐츠의 시장 규모는 세계에서 5위를 차지하며, 향후 더 큰 규모 형성이 전망된다. 이러한 디지털 콘텐츠의 성장과 글로벌화는 사실 콘텐츠 생태계 전반의 '플랫폼화'와 직결되어 있다. '플랫폼'이란 용어는 16세기에 생겨났으며 공급자와 수요자 등 복수 그룹이 참여해 각 그룹이 얻고자 하는 가치를 공정한 거래를 통해 교환할 수 있도록 구축된 환경이라 정의할 수 있다.[2] 따라서 플랫폼화는 디지털 기술의 확산에 따라 플랫폼을 중심으로 산업 생태계가 재구성되는 현상을 의미한다.

디지털화된 콘텐츠는 더 쉽게 전 세계 소비자와 거래 가능한 플랫폼으로 몰리게 되며, 플랫폼은 다양한 고객의 수요를 빠르게 만족시킬 수 있는 디지털 콘텐츠를 찾게 된다. 이로써 플랫폼화와 디지털 콘텐츠는 서로 선순환 관계를 형성하는데, 예를 들어 PC 게임과 모바일 앱 분야에서 스팀, 에픽 스토어, 구글의 플레이 스토어, 애플의 앱스토어 등의 플랫폼 사업자들이 콘텐츠 거래의 역할을 수행하고 있다.

콘텐츠 생산 주체의 변화

콘텐츠 생산 주체의 변화는 콘텐츠를 만드는 주체가 과거와는 다르게 변화한 현상을 의미한다. 예전에는 주로 대형 출판사, 미디어 기업, 영화 제작사 등의 기업이 콘텐츠 생산의 주체였지만, 디지털 시대에 들어서면서 개인 창작자, 유튜버, 인플루언서, 블로거, 소셜미디어 사용자 등 다양한 개인들이 콘텐츠 생산에 참여하고 있다.

앞으로 개인화된 소비 경향은 더욱 강화될 것이며, 1인 미디어의

---

2) 노규성. 「플랫폼이란 무엇인가」, 커뮤니케이션북스, 2014, 2-5.

영향력이 증대되면서 새로운 사업 기회와 가능성이 열릴 것이다. 그러나 위에 나열한 레거시 미디어[3]의 영향력 유지와 심의규제, 양극화 문제, 플랫폼 종속성 등에 대한 우려도 제기되므로 이에 대한 관심도 함께 가져가는 것이 좋을 것이다.

오늘날 콘텐츠 산업은 소비자와 생산자 간의 상호작용이 더 활발해지면서 적극적인 이용자들이 주도하는 양상을 보인다. 시청자들과의 실시간 대화, 댓글 참여, 소비자들의 참여가 콘텐츠의 특징을 형성하는 사례가 늘고 있다. 또한 소셜미디어를 활용한 이용자들의 자발적인 생산물이 기업의 자산이 되고 있는데, 이는 기하급수적으로 쌓인 이용자 데이터가 경제적 가치를 획득하는 독특한 현상으로 나타난다. 디지털 전환으로 전통적인 콘텐츠 소비자들이 적극적인 유통자로 변화하고, 특히 젊은 세대가 자신에게 익숙한 스마트 기기를 통해 자발적으로 콘텐츠 생산과 공유에 참여하는 양상이 나타나고 있다. 하지만 이러한 참여 확대의 지속 가능성에 대한 의견은 분분하다.

스마트 디바이스 시대와 ASMD(Adaptive Source Multi Device)

최근에는 스마트 기기 사용이 보편화되며 대중교통에서 짧은 여가 시간에 문화 콘텐츠를 소비하는 현상이 확산되고 있다. 이러한 트렌드를 '스낵컬처'라고 말하는데, 특히 세로 스크롤 웹툰이 기기에 적합한 형태로 급부상하고 있다.

그런 의미에서 ASMD(Adaptive Source Multi Device) 개념은 콘

---

3) 과거 정보화 시대 이전에 지배적이었던 대중매체. 즉, 현재에도 여전히 사용되지만, 과거에 출시되었거나 개발된 미디어로 신문이나 잡지, 라디오 등의 전통 미디어.

텐츠가 재생되는 디바이스에 맞춰 최적화되어야 한다는 원칙을 강조하며 부상하고 있는데, 디바이스의 특징을 고려하여 콘텐츠를 제작하면 사용자 경험을 최적화시키고 더 나은 만족도와 콘텐츠 소비 경험으로 이어진다.

디지털 기술의 발전과 함께 사용자들은 스마트폰, 태블릿, 노트북 등 다양한 디바이스를 통해 콘텐츠를 이용하고 있으므로 사용자들이 어떤 디바이스를 사용하든 일관된 UI(User interface)와 UX(User experience)를 경험할 수 있도록 하는 것이 중요하다.

사실 예술가나 개인 창작자는 현대 미디어 환경에서 고려해야 할 핵심요소에 대하여 간과하는 경향이 있는데, 미디어 환경의 변화를 주시할 필요가 있으며, 특히 이와 더불어, 트랜스미디어 전략은 주요한 주목을 받고 있으므로, 디지털 콘텐츠가 다양한 플랫폼을 통해 소비되고 공유되는 환경에서, 콘텐츠 제작자들은 플랫폼과의 협업과 상호작용을 통해 콘텐츠를 효과적으로 전달하고 홍보하는 전략을 구상해야 한다.

제 2 장
온라인 플랫폼에서의 창작과 수익화

소규모 창작자들의 성장

디지털 기술의 발전으로 웹드라마 같은 콘텐츠 제작이 더 이상 방송사나 대기업의 전유물이 아닌 세상이 되었다. 이제 손쉽게 콘텐츠 제작이 가능하며, 디지털에 기반한 수익모델 변화로 소규모 창작자도 기존보다 훨씬 가벼운 형태로 기업으로 성장할 수 있게 되었다.

창작자들은 디지털 플랫폼과 도구를 적극적으로 활용하고 있다. 작곡가는 디지털 음악 제작 소프트웨어인 Logic Pro, Ableton Live, Pro Tools 등을 활용하여 작곡과 사운드 제작을 한다. 이러한 소프트웨어는 실제 악기를 연주하지 않고도 다양한 악기 소리를 구현하고, 혼자서도 음악을 믹싱하도록 지원한다.

영화 편집인은 Adobe Premiere Pro, Final Cut Pro와 같은 디지

털 편집 도구를 사용하여 영화의 스토리를 완성한다. 이는 창작자들이 더 나은 시각 효과와 스토리텔링을 구현하는 데 도움을 준다. 웹툰 작가들은 Clip Studio Paint, Photoshop과 같은 디지털 드로잉 툴을 활용하여 웹툰을 제작한다. 이러한 프로그램을 활용하면 종이와 필기구로 그림을 그리는 것보다 수정과 보완이 용이하며, 다양한 색상과 효과를 쉽게 적용할 수 있어서 작가들이 다채로운 그래픽으로 웹툰을 표현하도록 돕는다.

또한 예술가들은 디지털 콘텐츠의 특성을 활용하여 수익모델을 다양화하고 있다. 음악가들은 음원 스트리밍 플랫폼을 통해 수익을 창출하고, 웹툰 작가들은 팬들의 후원을 통해 수익을 얻는다. 이러한 새로운 수익모델은 예술가들이 창작활동에 더욱 집중할 수 있는 환경을 조성한다.

사적 콘텐츠의 부상

디지털 시대의 발전으로 소규모 창작자들이 더 많은 기회를 얻고, 인터넷과 소셜 미디어로 자신과 작품을 쉽게 드러내는 가운데 이들은 사적인 내용의 창작과 공유를 통해 자신을 표현하려는 경향 또한 두드러진다. 이러한 성향은 개인적 경험과 감정을 공유함으로써 타인과 연결되고 공감하며 소통하고자 하는, 사람의 근본적인 욕구를 반영한다. 여기서 사적인 내용이라 하면 단순 정보 전달 계정에서 성찰을 담은 에세이나 일기에 이르기까지 개인의 광범위한 서사를 포함하며,[4]

---

4) 박남예. "사적(私的)영화에 나타난 사운드디자인의 특성-대사, 사운드이펙트, 음악 중심으로 -." 문화와 융합, 41(4), (2019): 501-502.

이는 모두 개인적인 경험과 기억의 풍부함으로 자신의 콘텐츠를 풍성하게 만드는 역할을 한다.

이런 '개인화된 표현'은 개인들의 내면세계와 심리 상태를 엿보게 하며, 무엇보다 특징 콘텐츠와 장르를 개척하여 이에 대해 선호도를 가진 고객들의 니즈를 충족시킨다.

예술가들 역시 오랫동안 '자기 성찰'과 '탐구'라는 주제에 집중하면서 한 개인의 서사를 작품에 통합해왔다. 개인적인 의미를 상징적인 창작품으로 제작, 구현함으로써, 진정성, 작가성, 수행성, 정체성 같은 요소를 작품에 표현해온 것이다. 한때 공공주제나 공공의 요구에 맞춘 콘텐츠가 문화의 풍경을 지배한 적도 있으나, 최근에는 독특하고 진정성 있는 개인 콘텐츠의 특성이 독자에게 참신한 가치를 부여하며 신선한 관점을 제공한다.

본질적으로 사적 콘텐츠의 부상과 개인 콘텐츠 제작 현상은 디지털 예술과 미디어에 참여하고 소비하는 방식에 있어서의 개인의 진화를 나타내며, 누구나 자신의 이야기를 소재로 인터넷상에서 무엇이든 쉽게 창작하고 제작할 수 있고, 누구나 예술가가 될 수 있음을 시사한다. 디지털 시대에 창작자와 소비자 모두 사적이며 개인적인 서사와 경험을 수용함으로써 개성과 공감, 진정성 있는 표현을 기록하는 문화적 환경을 만들어가고 있다.

더욱 간편해진 크리에이티브 툴

간편해진 온라인 플랫폼의 크리에이티브 툴은 개인 콘텐츠를 더욱 쉽게 공유 및 확산시킬 수 있는 기회를 제공한다. 콘텐츠 제작 생산성이 향상되며 효율적인 캠페인 운영도 가능해졌다. 사람들은 스마트폰으로 사진, 동영상, 글 등의 다양한 형태로 이야기를 기록하고 온라인상에서 공유할 수 있다.

메타, 구글 및 틱톡은 누구나 간편하고 신속하게 광고 텍스트, 이미지, 스크립트를 생성할 수 있는 크리에이티브 툴을 공개했다. 이제 마케터들은 기존 브랜드의 자산을 AI 생성기에 업로드하여 문구와 배경을 수정하거나 새롭게 창조하여 광고에 최적화된 소재로 만들 수 있다. 이는 전문적인 기술이 요구되던 작업의 난이도를 낮춰 제작 생산성을 향상시키고 광고 노출 및 클릭 등의 성과를 향상시킬 것으로 기대된다. 특히 틱톡은 'Script Generator'라는 서비스로 제품이나 서비스 관련 기본 정보를 입력하고 영상 길이를 선택하면, 장면, 클립 유도 문안, 시각 및 청각 신호 등이 포함된 다양한 샘플 스크립트를 생성해낸다.

디지털 창작과 제작은 창의적이고 독특한 콘텐츠를 개발하는 일에 집중할 수 있게 한다. 이에 예술가와 크리에이터들에게는 새로운 아이디어와 스토리를 바탕으로 콘텐츠를 생산하고 시장에서의 경쟁력을 높이는 일이 중요해졌다.

예술가와 크리에이터들은 자신만의 창작 프로세스를 수립하고, 예술적인 비전을 구체화하여 독창성과 유니크함을 강화해야 한다. 또한, 자신의 작품을 체계적으로 관리하고 포트폴리오를 구축하여 자신을 소개하는 데 활용할 수 있어야 한다. 폭넓은 교류와 네트워킹을 통해 새로운 기회를 발굴하고 지지자들과 소통하는 일 또한 중요해졌다.

다중채널 네트워크(MCN)

인터넷 방송 산업이 확대되며 다중채널 네트워크 사업도 활발하게 이루어지고 있다. 다중채널 네트워크(MCN, Multi-channel Network)란 여러 개의 유튜브 채널과 제휴한 조직으로 제품, 프로그래밍, 자금 지원, 교차 프로모션, 파트너십 관리, 디지털 저작권 관리, 수익 창출, 판매, 잠재 고객 확보와 같은 다양한 분야에서 도움을 제공하는 일을 의미한다.

MCN은 BJ(Broadcasting Jockey)를 위한 기획사의 일종으로 볼 수 있다. BJ를 영입해 방송 제작, 마케팅, 유통 등 방송 관련 활동을 지원하고 수익화한다. 최근에는 이 형태가 라이브 커머스로 확장되며, 방송 기획부터 연출, 스튜디오 섭외, 쇼호스트 섭외와 방송 송출, 마케팅 서비스까지 포함하고 있다.

이들은 판매를 넘어 브랜딩까지 추구하며, 디지털 방식의 CG 기법, 크로마키, IP 및 POP 활동을 통해 소비자들에게 인상적인 방송 경험을 선사한다. 모든 것을 갖춘 스튜디오에서 팬덤을 확보한 다양한 인플루언서들이 활동하고 있는 것이다. 파워블로거는 이제 인플루언서라는 용어로 대체되었고, 인플루언서들은 자체 브랜드를 론칭하고 커머스 사업에 뛰어들면서 그들이 일으키는 매출은 고공 행진 중이다. 이제 인플루언서는 한 개인이 아닌 사업의 핵심이며, 이들의 콘텐츠를 분석해 데이터화하고 마케팅 지표를 만들어나갈 수 있다.

제 3 장
크리에이터 이코노미

디지털 전환의 확대와 콘텐츠의 분화

인터넷 방송인 유튜브나 아프리카 TV를 통해 활동하는 BJ들은 다양한 고정 시청자를 보유하고 있다. 이들이 다루는 콘텐츠나 주제는 광고주나 플랫폼 자체에까지 많은 영향력을 끼치며, 이들은 사업모델, 주제, 콘텐츠 스타일을 실험하고 발전시키며 다양성을 추구해간다. 그렇게 그들은 자신만의 방송을 확장하고 콘텐츠를 특화시킨다. 이들이 시장과 관객층에 맞게 자신의 콘텐츠를 조정하고 발전시킨다는 점에 주목해야 한다.

1인 미디어는 플랫폼에 따라 실시간(Live) 영상 플랫폼을 활용해 콘텐츠를 제공하는 스트리머(Streamer)와 편집이 완료된 일정 분량의 동영상을 주기적으로 올리는 콘텐츠 크리에이터(Content Creator) 등으로 분화하고 있다. 장르 측면에서도 게임, 먹방, 뷰티, 키즈 등 소재와 형식의 다양화가 나타난다.

이러한 분화를 가능하게 하는 것은 크라우드 펀딩, 디지털 마케팅 및 광고, 구독 기반 모델 구축 등을 통한 창작자의 수익화 가능성이다. 포스타입, 패트리온[5] 등 창작자에게 수익을 제공하는 플랫폼의 성장에 따라 1인 미디어의 지속성이 높아지고 있으며, 소셜미디어 기반의 마이크로 셀러브리티에 대한 광고비 집행이 늘어나면서 산업적 영향력 역시 확대되고 있다.[6]

크리에이터를 위한 연대와 옹호

크리에이터 이코노미는 유튜브, 인스타그램, 트위치 등의 플랫폼을 통해 다양한 콘텐츠를 제작하고 공유하는 크리에이터들이 새로운 경제 생태계를 형성하는 모습을 묘사한 것이다. 크리에이터들은 광고 수익, 후원, 상품 판매, 유료 구독 등 다양한 방법으로 수익을 창출하며, 이는 크리에이터들이 더 많은 자유와 창의성을 발휘하는 선순환을 제공한다.

다양한 분야의 크리에이터들이 자신의 창작물을 기반으로 온라인 플랫폼에서 수익을 창출하는 크리에이터 이코노미 생태계는, 빅테크 기업뿐만 아니라 다양한 분야별 플랫폼을 등장시키며 더 많은 크리에이터 육성과 지원이 가능한 시스템을 구축시키고 있다. 이에 따라 크리에이터 이코노미는 플랫폼 업계와 커머스 시장에서 중요한 역할을

5) 포스타입은 대한민국의 콘텐츠 수익화를 위한 가입형 블로그 서비스이며, 패트리온은 미국의 창작자 후원 공식 사이트를 활용하여 운영하는 기업으로, 콘텐츠 창작자들이 정기적이거나 일시적인 후원을 받고 그 값에 할당하는 혜택을 지불하는 일종의 크라우드 펀딩형 시스템을 활용한 사이트다.
6) 이상규·이성민. "콘텐츠 산업 트렌드 2025." 한국문화관광연구원, 2020.

맡게 되었다.

시장조사기관들은 2021년 기준 크리에이터 이코노미 시장 규모가 1,042억 달러로, 2019년 대비 두 배 이상 성장한 것으로 추산했다. 대표 크리에이터 플랫폼인 유튜브에서는 매일 1,500만 명의 크리에이터가 500시간 이상의 동영상 콘텐츠를 제작하며, 1억 2,200만 명의 시청자가 50억 개 이상의 동영상을 시청한다. 이로 인해 유튜브는 2006년 16억 5,000만 달러에 인수되었던 기업에서, 2021년에는 288억 5,000만 달러의 광고 매출을 달성하는 기업으로 성장하였다.

크리에이터 이코노미의 성장에 따라 직장인들이 크리에이터 시장에 진입하기 위해 퇴사하는 움직임도 늘었다. 특히 IT, 금융, 엔지니어링, 제조 분야 사무직 노동자들이 크리에이터로 전환을 고려하는 사례가 늘고 있다. 국내에서도 코로나 팬데믹 이후 크리에이터 수가 급증하였으며, 초등학생들의 희망 직업 조사에서도 크리에이터가 상위권에 오르는 등 직업의 인기가 증가하고 있다.[7]

플랫폼들은 크리에이터를 지원하기 위해 다양한 방식을 제공한다. 유튜브는 유튜브 파트너 프로그램(YPP)을 통해 크리에이터들과 수익을 공유하며, 최근에는 유튜브 쇼츠 펀드를 도입하여 쇼츠 비디오 콘텐츠의 수익화를 지원하고 있다. 페이스북과 인스타그램은 브랜디드 콘텐츠, NFT 등을 활용하여 크리에이터들에게 수익 창출 기회를 제공하며, 틱톡은 파트너 크리에이터 프로그램을 운영하여 성장을 지원한다.

이처럼 크리에이터 이코노미는 성장해왔으나, 수익 배분 구조의 불균형과 치열한 경쟁, 불법 콘텐츠 등의 문제가 존재한다. 유튜브 등

---

7) 감영재. "예술 분야에서의 팬덤 경제." 예술경영. 493호, 2023.08.
   https://www.gokams.or.kr/webzine/wNew/column/column_view.asp?idx=2637&page=1&c_idx=83&searchString=

의 플랫폼에서는 수수료, 가짜 뉴스, 불법 콘텐츠 유통 등의 문제가 제기되고 있다. 그럼에도 불구하고 크리에이터 이코노미는 여전히 높은 성장 가능성을 지니고 있으며, 스타트업 투자 및 크리에이티브 이코노미 분야의 혁신은 계속될 전망이다.

크라우드 펀딩

크라우드 펀딩은 인터넷을 통해 대중으로부터 자금을 모금하는 방식으로, 주로 창작자들이 새로운 프로젝트나 제품을 출시하기 위해 자금을 조달하는 데 사용된다. 즉, 창작자(메이커)가 온라인에서 다수의 대중(서포터)을 대상으로 자금을 모으고, 그에 대한 대가로 리워드를 제공하는 '선주문 후생산'의 제작 방법이다. 크라우드 펀딩에서는 이 특이한 생산 구조 때문에 어쩔 수 없이 리스크가 발생하기도 한다. 그럼에도 불구하고 크라우드 펀딩 시장이 빠르게 성장한 이유는 해당 분야가 팬덤에 의해 움직이는 시장이기 때문이다.

팬덤은 가치에 기준을 두며, 팬들은 얼리어답터의 특징을 보인다. 메이커에 대한 충성도도 굉장히 높다. 메이커들이 기존에는 찾아볼 수 없던, 팬덤의 니즈를 충족시키는 콘텐츠를 만들면, 대중은 단순히 제품을 사는 것이 아니라 희소가치를 소장하기 위해 펀딩에 참여한다. 특이한 점은 서포터가 그저 리워드(보상)가 아닌 메이커에 대한 응원과 지지를 통해 함께 성장해가는 특별한 '경험'을 원한다는 것이다.

또한 크라우드 펀딩을 하면 생산하고자 하는 콘텐츠의 시장 테스트를 미리 해볼 수 있으며, 팬덤과의 커뮤니케이션을 통해 차기작에 대한 아이디어를 얻고, 스토리텔링을 곁들여 나만의 브랜딩을 할 수 있다는 장점이 있다.

도전이 필요한 온라인 콘텐츠 제작의 경우 이러한 크라우드 펀딩 플랫폼을 이용하면 실패 리스크를 낮추고 조금 더 지속 가능한 운영과 홍보 계획을 세울 수 있다. 이러한 장점을 잘 이용한다면 기존의 방식을 답습하는 광고나 다른 홍보물보다 훨씬 더 효과적으로 브랜드를 알리고 콘텐츠의 가치를 알아보는 진정한 팬과 연결될 수 있다.

팬덤 경제와 팬덤 미학

팬은 상품 구매뿐 아니라 팬 컨벤션 참석, 크라우드 펀딩 참여 등 다양한 경제활동을 한다. 뿐만 아니라 독점 콘텐츠를 제공하는 팬클럽이나 온라인 플랫폼을 구독하며 팬덤 경제를 완성시킨다. 이 과정에서 팬들의 충성심을 수익으로 전환시키는 팬덤 비즈니스가 만들어지고, 이들을 효과적으로 연결해 충성도를 높이는 마케팅 전략도 생겨났다. 팬덤 경제는 관심 대상에 대한 고객의 충성심이 재화로 전환되는 경제 구조다.

소수의 진성 팬이 중요하다는 주장은 전통적인 콘텐츠 비즈니스 모델이 한계에 부딪히면서 주목받게 되었다. 콘텐츠가 수익을 창출하기 위해서는 콘텐츠의 가치를 고객에게 전달하고 이것이 수익으로 전환되어야 하는데, 소비자들이 자신만의 까다로운 취향으로 세분화되면서 팬덤이 유지되게 되었다.

이러한 콘텐츠 전반과 소수의 팬에 대하여 하버드대의 버랏 아난드 교수는 좋은 콘텐츠를 만드는 일도 중요하지만 핵심 고객들을 연결시켜 사업의 기회로 삼으라고 조언하였다. 여기서 핵심 고객은 팬을 의미하기도 하는데, 아난드 교수는 문화산업이 살아남기 위해서는 대중이 아니라 핵심 고객에 집중하고, 팬들과 연결을 강화함으로써 관련 상품과 서비스를 함께 제공해야 한다고 말했다. 결국 디지털 시대의 문화산업이 팬덤 경제, 그리고 네트워크를 중심으로 작동된다는 의미이다.

그러나 팬덤 미학을 바라보는 부정적인 견해도 존재한다. 과도한 상업화를 부추길 수 있다는 것이다. 기업이 팬의 만족보다 이윤을 우선시하여 팬의 애착을 악용하면 미디어에 저품질 콘텐츠나 착취적 관행이 유입될 수 있다. 또한 팬덤 경제의 또 다른 한계로도 볼 수 있는데, 팬이 만든 콘텐츠가 확산되며 지식재산권에 대한 법적, 윤리적 문제를 야기할 수도 있다. 특히 팬이나 사용자가 만든 작품이 온라인 미디어에서 무료 콘텐츠로 확산되면 유료 콘텐츠의 가치가 저하될 수 있다. 이런 현상은 유료 콘텐츠를 생산하는 창작자나 기업에게 직접적인 손실을 초래하며, 나아가 팬덤 경제의 지속 가능성을 저해할 수 있다.

그러므로 팬덤 경제의 한계를 극복하기 위해서는 팬덤 미학을 이해하고 긍정적인 팬 경험을 유지하는 일이 필요하다. 이를 위해서는 소비자 선호도를 지속적으로 파악하여 팬들의 요구와 시대에 부응하는 비즈니스 모델을 구축하는 것이 중요하다.

제 4 장
콘텐츠 IP와 지식재산권

지식재산권의 정의와 분류

지식재산기본법 제3조에 의하면 지식재산(Intellectual Property)이란, "인간의 창조적 활동 또는 경험 등에 의하여 창출되거나 발견된 지식·정보·기술·사상이나 감정의 표현, 영업이나 물건의 표시, 생물의 품종이나 유전자원, 그 밖의 무형적인 것으로서 재산적 가치가 실현될 수 있는 것"을 의미한다. 본래 '지적재산권'이라는 용어로 사용되었으나, 2011년 국가지식재산위원회 출범에 따라 법률 용어가 '지식재산권'으로 통일되었다. 기본적으로 산업재산권과 저작권으로 구분할 수 있으며, 자세한 내용은 <표 5.1>과 같다.

〈표 5.1〉 지식재산권의 분류8)

분류		내용
산업 재산권	특허권	기술적인 사상의 창작으로서 고도한 발명(invention)에 대한 권리 예: 국내 휴대폰 제조업체인 A사는 핀란드 B사와 4G 무선통신 기술과 관련된 특허 사용협약을 체결
	실용신안권	기술적인 아이디어와 관련된 물품의 형상, 구조, 조합에 관한 실용적인 고안(utility model)에 대한 권리 예: 국내 휴대폰 악세사리 제조업체인 C사는 카드수납공간을 구비한 휴대폰 케이스에 대한 실용신안권 양도계약을 베트남 D사와 체결
	디자인권	디자인(형상, 모양, 색체의 결합 등)에 대한 권리
	프랜차이즈권	제조업자나 판매업자가 소매점과 기술계약 등을 통해 영업·판매 등을 허용할 수 있는 권리
	상표권	상표에 대한 권리
저작권	저작권	사람의 생각이나 감정을 표현한 결과물에 대한 권리 문화예술, 연구개발, 컴퓨터프로그램, 데이터베이스 등
	저작인접권	실연자(배우, 가수 등), 음반제작사 등에 귀속

또한 콘텐츠 지식재산권(이후 '콘텐츠 IP'로 통칭)이란 콘텐츠를 기반으로 다양한 장르 확장과 부가사업을 가능하게 하는 일련의 관련 지식재산권 묶음을 의미한다. 2016년 문화관광연구원의 연구에 따르면, 콘텐츠 IP는 기존의 콘텐츠를 활용하는 방식을 의미하는 'OSMU', '트랜스미디어', '크로스미디어'보다 원천적인 형태의 미래적 가치를 포괄하는 의미에서 사용되는 개념이라고 할 수 있다.

문화예술 콘텐츠의 IP 활용은 다양한 분야에서 이루어지고 있으며, 그 카테고리는 <그림 5.1>과 같다. 드라마, 영화, 애니메이션, 굿즈와 캐릭터, 웹툰, 웹소설, 게임, 메타버스와 NFT, 뮤지컬 연극 등으로, 이를 통해 새로운 수익 기회를 창출하고 콘텐츠 가치를 극대화하고 있다.

---

8) 고태우, 앞의 논문, 5.

〈그림 5.1〉 콘텐츠 IP의 범주

　콘텐츠 시장은 불확실성이 높다. 이런 상황에서 기대 이득이 큰 콘텐츠 IP를 확보하면 해당 사업자는 다른 경쟁자들보다 우위를 가질 수 있고, 일시적으로 독점적인 위치를 확보하여 시장을 선도하는 기회도 얻을 수 있다. 콘텐츠 IP 기반 비즈니스는 이러한 무형의 가치에 부과된 재산권을 다양한 방식으로 활용하여 수익을 창출하는 비즈니스를 의미한다.

IP 기반 비즈니스

　IP를 활용한 초기 비즈니스는 팬덤 사이에서 유명 가수나 연예인의 초상권을 활용한 굿즈 혹은 게임이나 만화 캐릭터를 활용한 상품에 국한되어 있었다. 그러나 최근에는 F&B, 패션, 뷰티, 유통부터 영화, 드라마, 웹툰, 웹소설, 매니지먼트, 게임 등 다양한 분야에서 이용되고 있다. 특히 제조업에서도 IP의 중요성이 부각되어 단순한 제품을 넘어서 '스토리'와 '콘텐츠'를 통해 소비자의 흥미를 유발하는 데 활용되고 있다.

IP는 스토리텔링을 통해 사람들에게 가치를 호소하고 상품을 판매한다. 각 IP가 가진 독특한 이야기와 캐릭터를 통해 팬덤을 형성하고, 이를 토대로 차별화된 비즈니스 전략을 구사한다.

IP 기반 비즈니스의 장점은 세대에 따라 변화하는 소비 트렌드에 부응하는 유연성을 가지고 있다는 점이다. 또한, 강력한 팬덤이라는 자발적이고 충성도 높은 고객층을 확보할 수 있다. 이러한 특성으로 인해 시장 가치를 더 높이고, 다양한 파트너십을 통해 시너지를 창출하여 성공적인 비즈니스를 이끌어낼 수 있다. IP는 라이선싱을 통해 매매가 가능하며, 다양한 산업 및 시장에서의 협업 기회를 모색하게 한다.

그러나 누구나 IP를 성공적으로 확장할 수 있는 것은 아니다. 특히 규모가 작은 기업이나 개인 브랜드는 IP를 보유하더라도 콘텐츠 생산에만 집중하여 IP를 확장하기 어려운 경우가 많다. 이러한 문제를 해결하기 위해 IT 솔루션과 컨설팅을 제공하는 기업이 등장했으며, 브랜드의 무형가치를 확장하는 것을 돕고 협업의 기회를 제공한다.

예를 들어, <송은이·김숙의 비밀보장(VIVO)>은 팟캐스트를 중심으로 자체 제작한 콘텐츠를 통해 팬덤을 형성한 후, IT 솔루션인 비스테이지(B.Stage)를 활용하여 공식 굿즈를 개발하였다. 이를 통해 지식재산권(IP) 보유자는 글로벌 시장에 접근하여 제품의 국제적인 판매 및 배송을 가능하게 하는 시스템을 구축하였다. 이러한 접근은 IP 홀더가 IP 기반 비즈니스의 성공 전략을 명확히 이해하고 있음을 보여준다.

음악 분야에서도 콘텐츠 IP의 활용이 활발하게 이루어지고 있다. 특정 뮤지션의 인기 노래를 바탕으로 음반 출시, 음원 스트리밍, 공연 등 다양한 형태의 콘텐츠를 제작하여 팬들과 대중들의 관심을 모은다. 문학과 웹소설 같은 분야에서도 IP의 활용이 두드러진다. 원작 소설을 웹소설 형태로 발행하거나 다양한 플랫폼에서 웹소설 콘텐츠를 유통함으로써 새로운 독자층을 확보하고 성공적인 콘텐츠 IP로 발전시키고 있다.

뿐만 아니라 예술 작품이나 전통문화를 기반으로 한 콘텐츠 IP도 성공적으로 확대되고 있다. 미술 작품을 활용해 굿즈를 제작하거나, 전통음악이나 춤을 바탕으로 공연이나 이벤트를 개최함으로써 문화예술 콘텐츠의 가치를 높이고 있다. 이러한 다양한 문화예술 콘텐츠 IP의 활용은 새로운 경제적 기회를 제공하며, 작품들이 더 많은 사람들에게 전파되고 소비될 수 있는 환경을 조성하고 있다.

세계관 구축과 스토리텔링 리부트

콘텐츠 산업에서 IP 확장을 위한 주된 전략에는 세계관 구축과 스토리텔링 리부트가 있다. 세계관 구축은 콘텐츠가 속한 세계나 우주를 구축하여 다양한 이야기를 전개하고 연계하는 전략을 의미한다. 이를 통해 일관성 있는 문화와 법칙이 존재하는 세계를 만들어내고, 이를 바탕으로 다양한 이야기를 펼칠 수 있다. 스토리텔링 리부트는 기존 콘텐츠의 이야기를 새롭게 재해석하거나 확장하여 IP를 확장하는 전략이므로 이를 통해 하나의 콘텐츠는 단일한 결말이 아니라 다양한 이야기를 담게 된다. IP 확장 전략을 위해서는 콘텐츠 IP 확장의 유형을 이해하는 일이 중요한데, 콘텐츠 형태와 장르에 따라 다양한 유형의 IP 확장이 가능하기 때문이다. 이는 멀티 장르화, 멀티 플랫폼화, 라이선싱화 등으로 구분할 수 있다. 멀티 장르화는 콘텐츠의 장르를 확장하여 새로운 시장과 관객을 탐색하는 전략을 의미하며, 멀티 플랫폼화는 다양한 플랫폼을 활용하여 콘텐츠를 확산시키는 전략을 말한다. 라이선싱화는 콘텐츠가 보유한 저작권과 상표권 등을 기반으로 캐릭터나 표제를 활용한 다양한 연계 상품 사업을 진행하는 전략이다.

트랜스미디어를 통한 IP 확장

트랜스미디어 스토리텔링은 각종 미디어와 콘텐츠들이 유통하고 범람하는 시대에 생겨난 새로운 스토리텔링 방식이다. 국내에서 대중들에게는 아직까지 OSMU(원 소스 멀티 유즈) 스토리텔링 방식이 더 익숙하다. 이 둘은 여러 미디어를 활용하는 전략을 취한다는 공통점이 있지만, OSMU가 동일한 스토리를 다루는 데 반해, 트랜스미디어는 하나의 콘텐츠를 다양한 채널에 적용하는 개념으로 이미 있는 콘텐츠를 최소한의 비용으로 다양한 매체에 적용해 시너지 효과를 극대화한다.[9]

이러한 트랜스미디어의 사례로 해외의 마블 시네마틱 유니버스(MCU, Marvel cinematic universe)와 <스타워즈>, <스타트랙> 시리즈를 들 수 있으며, 국내에서는 윤태호 원작의 <미생>, 봉준호

---

9) 김숙·장민지. "모두 IP의 시대: 콘텐츠 IP활용 방법과 전략." 한국콘텐츠진흥원, (2017): 3-10, 15-17.

감독의 영화 <설국열차>를 그 예로 들 수 있다. 웹툰에서는 드라마나 영화로의 적극적인 확장이 이루어져 웹툰 콘텐츠가 더 넓은 관객층에 도달하고 있다.

트랜스미디어를 통한 IP의 확장은 콘텐츠의 생명력과 활용도를 높이는 중요한 전략이다. 다양한 IP 형태를 통해 콘텐츠 IP의 가치를 최대한으로 발휘하면서, 글로벌 시장에서 한국의 콘텐츠 산업은 높은 인지도와 경제적 가치를 창출하고 있다.

트랜스미디어와 관련된 이러한 전략들은 콘텐츠 산업에 긍정적인 효과를 가져오며, 향후 더 많은 창의적인 활용이 기대된다. 특히 글로벌 시장에서 한국의 콘텐츠 산업이 높은 인지도와 경제적 가치를 창출할 수 있도록 이러한 트렌드를 적극적으로 적용해나갈 필요가 있다.[10]

디지털 저작권과 보호 문제

디지털 시대의 발전과 함께 콘텐츠 산업은 새로운 차원으로 확장되고 있다. 특히 콘텐츠의 지식재산권(IP)은 그 가치가 더욱 부각되고 있으며, 이는 게임 업계부터 영상물 분야까지 다양한 분야에서 중요한 역할을 하고 있다.

게임 산업에서는 각 게임의 IP를 보유한 업체가 무단 사용을 제한하여 게임 캐릭터의 활용도를 조절하고 있다. 이에 따라 정부와 기업 간의 협력이 필요하며, 특히 중소 게임사들의 저작권 등록과 보호에 대한 정확한 이해가 필요하다.

---

10) Jenkins, H. Convergence culture: Where old and new media collide. NYU press. 2006, 93-130.

웹툰 산업에서는 IP 사업이 성공적으로 진행되고 있다. 네이버 프렌즈의 캐릭터들은 웹툰을 기반으로 한 게임 캐릭터들과의 협업을 통해 다양한 상품에 등장하고 있으며, 이는 웹툰과 게임 간의 상호작용을 촉진하고 있다.

영상물 분야에서는 콘텐츠 IP의 파급효과가 나타나고 있다. 영화나 드라마를 기반으로 한 IP는 새로운 작품을 제작함으로써 인지도가 확대되고 있으며, 이를 통해 콘텐츠 산업의 발전과 확장이 이루어지고 있다.

이러한 발전과 함께 콘텐츠 산업의 IP 보호와 지원체계에 대한 노력이 필요하다. 예를 들어 게임의 경우, 해외에서의 IP 침해에 대응하기 위해 국내 게임사들이 가이드라인과 사례집을 제공해야 하며, 상담 창구를 구축하는 등의 조치가 필요하다. 특히 중소 게임사들의 저작권과 상표 등록에 대한 올바른 이해가 필요하다. IP 보호를 위한 국내 저작권 위원회의 가이드라인이 중요하며, 게임 자체 개발 특허권 보호 역시 필요하다. 물론 게임이 종합예술인 것을 감안하여 그래픽 디자인이나 사운드, 음악에 대해서도 지적재산 보호를 강화하여 새로운 콘텐츠를 개발하고 확장할 수 있도록 많은 지원과 보호가 필요한 상황이다.

제6부
문화예술과 기술의 융합

디지털 아카이브와 데이터 분석
디지털 예술 시장의 거래방식
실감형 콘텐츠와 가상현실
AI 기반 예술 창작과 상호작용

예술을 뜻하는 영단어로 잘 알려진 'Art'라는 용어는 기술을 의미하기도 한다. 학습 또는 연습의 결과로서의 기술이라는 의미에서 유래한 것인데, 고대 그리스에서는 건물을 설계하던 예술가가 동시에 엔지니어이기도 했기 때문이다. 이것은 예술과 기술이 실제 서로 창조 과정에서 유사한 면이 있고, 상호보완적인 요소를 갖고 있다는 의미이기도 하다.

예술과 기술은 사회·문화적 맥락 안에서 함께 발전하고 서로의 영향을 받는다. 예술은 사회의 가치를 반영하고, 기술 역시 사회의 필요와 요구에 따라 발전하기 때문이다. 디지털 기술과 문화예술 분야의 결합은 최근 개인화와 맞춤화를 실현하기에 이르렀다. 이 결합은 무엇보다 예술과 관객 간의 상호작용을 촉진하고 있다.

제 1 장
디지털 아카이브와 데이터 분석

예술 자료 아카이브

디지털 아카이브는 예술 작품의 디지털화부터 메타데이터 작성, 저장 및 보관 방식까지를 고려하여 문화유산의 디지털화를 촉진한다. 예술 작품의 디지털화는 사진, 문서, 영상 등을 디지털 형태로 변환하는 과정을 의미하는데, 이렇게 디지털화된 각종 정보와 자료들은 메타데이터 작성을 통해 체계적으로 기록, 관리된다. 메타데이터에는 작품의 제목, 작가, 제작 연도, 장르, 소재지 등의 정보가 포함되어, 작품을 식별하고 검색하는 데 도움을 준다.

또한, 저장 및 보관 방식에 대한 고려는 디지털 자료의 안전한 보존을 위해 중요하며, 이러한 온라인 플랫폼을 통해 사진, 문서, 영상 등이 보다 다양한 관람자들에게 공개된다. 이러한 노력은 문화유산의 보존과 접근성을 향상시키는 데 기여하며, 이에 대응하기 위해 각 문화예술기관, 즉 한국문화예술위원회의 예술기록원을 비롯한 많은 기관들이 노력하고 있다.

경제적 가치와 국제적 화두

앞서 살펴본 2021년 G20 문화장관회의 로마선언에서도 문화예술의 아카이브에 대한 디지털화의 중요성이 강조되며, 이를 위한 새로운 방법과 기준, 표준화가 필요하다는 점이 언급되었다. 여기에 최근 한국의 문화예술에 대한 인식이 세계적으로 높아지고 있으며, 이러한 영광의 배경에는 수많은 문화예술인들의 피와 땀의 노력이 배어 있으므로 예술품들을 기록으로 남기는 것이 중요하다.

한국 문화예술의 과거와 뿌리에 대한 외국의 관심이 커지는 상황에서 문화예술 기록의 보존과 활용을 위한 법적 근거 조항이 필요하며, 큐레이션 작업 등을 위한 행정체계 강화도 필요하다. 즉, 예술 자료의 기증과 이관, 메타데이터 포맷 표준화 등이 연구되어야 하며, 국가예술기록원의 역할과 운영관리체계에 대한 연구도 필요하다.

기록학 분야에서도 아카이브에 대한 관심과 논의가 진행되고 있다. 한국기록학회와 한국기록관리학회에서도 예술 기록과 관련된 논문이 발간되고 있으며, 최근 관련 논문은 공연예술, 시각예술, 문화유산 등의 다양한 분야를 다루고 있다. 국내의 나라장터에서는 문화예술기관이 발주한 아카이브 사업들을 확인할 수 있다. 이 사업들은 '중장기 발전 방안', '아카이브 기반 마련', '3차', '고도화', '3단계' 등의 명칭을 포함해 이것이 오랜 기간에 걸쳐 꾸준하게 진행되는 아카이브 프로젝트임을 시사한다. 최근에는 공공 및 민간 기관들이 자체 역사를 기록하기 위해 아카이브를 구축하는 경향이 높아졌으며, 아티스트 팬클럽이나 개인도 자신의 삶을 기록하는 아카이브를 만들기 시작했다.

그러나 아카이브의 주요 가치는 활용에 있다. 수집 단계에서의 물권적 소유권이나 사용권 획득은 유형물의 동산 소유권을 취득하는 것에 불과하므로, 디지털화나 복제 등의 활용 단계에서는 저작권이 중요하게 작용해 주의가 필요하다. 저작권자를 보호하는 일은 문화예술 국가로 나아가기 위한 중요한 가치 중의 하나이다.

디지털 아카이브의 저작권

저작물 활용에 있어서는 저작권자의 허락이 필요하며, 공정한 이용을 위해 저작권 문제가 발생하지 않아야 한다. 또한, 아카이빙 작업에서 저작권법적인 문제와 주인이 없는 고아 저작물 같이 저작자를 찾기 어려운 자료들의 문제도 생긴다. 따라서 특별법이나 규정이 필요하므로, 보관 단계에서 복제 작업이 필요하다. 이는 원저작물의 변형 행위를 수반하는 것이므로 저작권법에서 설정한 권리를 고려해야 한다.

한편, 영상 콘텐츠나 다른 예술 작품에 사용되는 여러 소재들의 저작권 처리 또한 필요하다. 즉, 영화에 사용된 음악이나 다른 작가의 작품 등은 해당 작가들의 허락을 받지 않으면 영상 콘텐츠로 상영할 수 없다. 따라서 저작권 침해와 공정 이용에 관한 판단은 전문가들조차도 판별하기 어려운 영역이며, 아카이빙에 속하는 자료들에서도 저작권법적인 문제가 생길 수 있으므로 많은 주의가 필요하다.

현행법에서는 아카이빙과 같은 공익적 목적으로의 저작물 활용이

제한되어 있어 문화예술 아카이브의 체계화를 위한 제도가 필요하나. 우선, 모든 지원사업에 대해 자동수집 방식을 규정하고 작동 방식을 강화하는 일이 필요하며, 공연 및 전시 자료의 정기적인 이관 및 수집을 위한 법 제도도 검토되어야 한다. 이를 위해 문화예술진흥법 같은 법 제도에서 문화예술 아카이브 및 수집을 위한 근거 조항을 마련해야 한다.

빅 데이터와 데이터 분석

문화예술의 다양한 측면을 보존하고 분석하는 데 있어 '아카이브'가 예술적 창작물을 기록하는 것이라면, '빅 데이터'는 대량의 정보를 분석하여 패턴을 도출하는 것이다. 이 두 요소를 연결하면 예술 작품의 역사, 양식, 시대적 변화를 파악하고 인문학과 기술의 융합으로 새로운 인사이트를 발견할 수 있다.

빅 데이터 정의의 시초는 글로벌 컨설팅 기업 맥킨지(McKinsey & Company)에서 나왔다. 2011년 맥킨지는 빅 데이터를 "전통적인 데이터베이스 소프트웨어를 통해 저장, 관리, 분석할 수 있는 규모를 초과하는 데이터"라고 정의했다. 이후 2013년 인터넷 데이터 센터(IDC, Internet Data Center)가 추가적으로 "대규모의 다양한 데이터로부터 수집, 검색, 분석을 신속하게 처리하여 경제적인 가치 발굴을 수행하도록 설계된 차세대 기술 및 아키텍처"라고 정의했다.

빅 데이터의 사회적 열풍은 마이크로소프트, 구글, 아마존, 페이스북, IBM 등 IT 글로벌 기업들이 빅 데이터 분석에 투자하고 이를 이용하여 매출을 극대화하는 데서 기인한다. 소비자의 구매 패턴 예측,

맞춤형 상품 제공, 객관적 의사결정 등 다양한 분야에서 빅 데이터의 활용도가 증가하고 있다. 이러한 빅 데이터의 적용은 문화예술뿐만 아니라 다른 많은 분야에서도 혁신과 발전을 이끌어내는 중요한 역할을 하고 있다.

자신의 주위를 구성한 환경이 빠르고 복잡하게 변화하는데, 정작 이에 대한 정보가 부족할 때 사람들은 불안감을 느낀다. 그러나 디지털에 의한 데이터들은 어느 정도 방향성을 제시하므로 예측이 가능하다. 예술가로서 작품에 트렌드를 반영하고 싶다면 빅 데이터를 활용하여 특정 시장의 동향과 관객 행태를 파악하는 것이 좋다.

문화예술 빅 데이터 사례

빅 데이터는 잠재 활용 가치가 크며 예술 작품의 수요와 선호도, 관객의 행동 패턴 등을 분석할 수 있어 예술기관이나 예술가는 시장의 요구에 부응하는 작품을 개발하고, 타깃 관객들의 관심을 끌 전략을 수립할 수 있다.

무엇보다 예술 작품의 디지털 마케팅 및 홍보에 유용하므로 빅 데이터를 통해 예술 작품의 홍보 전략을 개발할 수 있다. 예술기관은 빅 데이터로 예술 작품의 타깃 시장을 정확히 파악하고, 해당 시장에 맞는 마케팅을 전개할 수 있다. 이는 예술 작품의 가시성과 인지도를 높이고, 예술기관의 목표에 부합하는 관객들을 유치하도록 해준다.

또 빅 데이터를 활용하면 예술 경험을 각 개인에 맞춤화할 수 있다. 개인의 관심, 취향, 이전 활동 기록 등을 분석하여 적합한 예술 작품이나 문화행사를 추천하는 것이다. 이는 관객들이 보다 개인화된 예술 경험을 하거나 해당 예술기관과 관객과의 연결을 강화시켜 충성도를 높일 수 있다.

또한 예술 작품의 공연 일정, 티켓 판매, 예매율 등의 데이터를 분석해 운영 및 예신 계획을 수립할 수도 있다. 예술 작품의 생산 및 관리에 있어서도 빅 데이터를 활용하면 효율적인 자원 할당 및 운영 프로세스 최적화가 가능하다.

특히 빅 데이터 활용은 음악 분야에서 빛을 발한다. 음악 데이터를 분석하고 활용하는 과정에서 음악 제작, 배포, 마케팅에 도움을 받을 수 있다. 음악 스트리밍 서비스들은 사용자의 음악 청취 기록, 검색 기록, 평가 등을 분석하여 개인 맞춤형 음악을 추천해 사용자들의 음악 청취 경험을 개선할 수도 있다.

음악 레이블과 아티스트들은 빅 데이터를 통해 대중의 반응을 파악하고 음악의 인기와 트렌드를 분석할 수 있다. 이를 토대로 적절한 타깃층에게 음악 및 콘서트를 홍보하는 등 마케팅 전략을 수립할 수 있다. 지역, 시간, 아티스트, 공연장 등과 관련된 다양한 데이터를 분석하여 인기 있는 공연과 이벤트를 기획할 수 있다.

제 2 장
디지털 예술 시장의 거래방식

블록체인 기술과 온라인 거래방식

　그동안 미술 시장의 대부분은 오프라인 전시를 통해 실제 작품을 구매하는 것이었다. 그러나 기술과 인터넷의 발전으로 디지털 예술 시장이 생기면서 많은 변화가 일어났다. 디지털 플랫폼이 예술 작품에 대한 접근을 편하게 만들어 예술가들이 갤러리나 중개인이 없어도 자신의 작품을 전 세계 관객에게 선보일 수 있게 된 것이다. 이는 온라인 마켓 플레이스와 디지털 아트 갤러리와 같은 디지털 아트 판매 플랫폼의 확산으로 이어졌다.

　또한 4차 산업혁명 시대인 만큼 예술 시장에서는 블록체인과 비트코인을 통한 거래가 늘어나는 추세이다. 블록체인 기술을 활용한 디지털 아트 갤러리는 예술가들이 자신의 작품을 전시하고 판매할 수 있는 플랫폼을 제공하며, 블록체인을 통해 작품의 소유권과 거래를 추적하고 있다. 블록체인 기술은 이러한 거래를 보다 안전하고 투명하게 만들어, 예술가와 구매자들 간의 신뢰를 증진시킨다.

이렇듯 디지털 갤러리는 예술가와 수집가 사이의 중간 거래업체를 없애고, 작품을 더 많은 사람들과 공유할 수 있는 기회를 제공한다. 이에 엔진 민트샵의 디지털 이미지 암호화폐 제작 서비스, 케빈 아보쉬의 작품 <포에버 로즈>를 암호화폐로 분할하여 판매하는 등 블록체인의 활용 범위는 점점 확대되고 있다. 블록체인 기술을 활용한 디지털 이미지 거래는 새로운 시장 구조를 형성하고 있으며, 앞으로도 다양한 거래방식이 늘어날 것으로 기대된다.[1]

이와 연결해 NFT에 대해서도 함께 살펴볼 필요가 있다. NFT는 블록체인 기술을 사용한 고유하고 복제할 수 없는 디지털 자산을 나타내는 토큰이다. NFT의 등장으로 예술가들은 자신의 디지털 작품을 소유하고 거래할 새로운 방법을 확보하였으며, 디지털 예술 작품의 거래는 작품의 소유권과 거래 내역을 블록체인상에 기록함으로써 보다 투명하고 안전한 거래 환경을 제공하게 되었다.

예술가들은 자신의 작품을 NFT로 발행하여 소유자에게 전송하고, 작품이 거래될 때마다 일정한 로열티를 받을 수 있다. 이러한 방식은 예술가들이 예술 작품을 디지털 시장에 직접 출시하고, 작품 거래로부터 지속적인 수익을 얻도록 돕는다.

그러나 온라인 환경에서는 위변조 문제가 빈번하게 발생한다. 또한 디지털 시대에도 사람들은 여전히 진품의 감동을 만나기를 원한다. 디지털 시대에도 복제할 수 없는 진품의 가치는 여전히 간절한 바

---

1) 장동현·주종우. "블록체인과 디지털 이미지 예술시장의 변화." 디지털콘텐츠학회논문지, (2020): 209-211.

람의 대상이 될 수 있으므로 블록체인 기술을 활용해 예술작품의 저작권을 보호하고 가치를 높이는 일 또한 필요하다.

벤야민의 아우라와 기술 복제의 진품성

독일 철학자 발터 벤야민은 '아우라(Aura)'라는 개념을 통해 예술 작품의 진품성에 대해 논의하였다. 1935년에 발표한 논문 「기술복제 시대의 예술 작품」에서 기술적 복제 가능성의 시대에서 위축되고 있는 진품성에 대해 논한 것이다. 이 논문에서는 예술 작품의 진품성을 "물질적 지속성과 역사적 증언가치를 포함하여 원천으로부터 전승될 수 있는 모든 것의 개념"으로 설명하였다. 90년 전 철학자가 간파했던 기술적 복제시대의 진품의 아우라에 대한 갈망은 디지털 시대에도 여전히 존재한다.

하지만 현대 기술복제 시대에는 기술 발전으로 예술 작품을 대량 생산하고 현재화함으로써 예술 작품에 대한 전통이 흔들리고 있는 것이 사실이다. 구글아트앤컬처(Google Arts & Culture)와 같은 온라인 전시, 실시간 온라인 공연 등을 통해 집에서도 고해상도로 복제된 예술 작품을 감상할 수 있게 되면서부터다. 그러나 여전히 현장에서 직접 예술 작품을 감상하거나 라이브 공연을 체험하는 일에 대한 갈망은 사라지지 않으며, "지금 여기 존재한다"라는 예술 작품의 진품성에 대한 아우라는 강력한 갈망의 대상으로 남아 있다.[2]

---

2) 윤종수·표시영. "디지털 저작물의 NFT가 갖는 함의와 법적 보호." 법조, 70(6), (2021): 222.

NFT와 개인적인 가치

디지털 시대에도 사람들은 과거와 같이 진품의 감동을 찾아가고, CD에 받은 뮤지션의 사인을 소중히 여기며, 라이브 공연과 굿즈 구매를 통해 진품을 소비하고, 뮤지션에게 큰 수익을 제공한다. 진품의 고유한 아우라와 가치는 여전히 사람들의 깊은 관심과 동경을 불러 일으킨다.

이와 연결하여 앞에서 살펴본 NFT는 복제할 수 없는 디지털 자산을 나타내므로 디지털 콘텐츠에 아우라를 부여한다. 즉, 디지털 저작물에 진품성을 부여함으로써 예술 작품의 희소성을 디지털 세계에서 구현할 수 있도록 해준다.

하지만 NFT 역시도 기술적인 복제 가능성을 가지기 때문에 벤야민이 주장한 예술 작품의 아우라에 대한 위축과 비슷한 문제를 지닌다. NFT가 희소성을 부여한다고 해도 데이터 자체는 완벽한 복제가 가능하기 때문에 아직까지는 디지털 세계에서 진정한 예술적인 아우라를 보장하기 어려운 면이 있다.

또한 NFT에 대한 이해는 기술적이면서도 비유적인 개념으로 어려운 면이 있다. NFT를 암호자산으로서, 권리증명서로서, 가상경제의 재화로서 세 가지 속성으로 접근하여 이해할 수 있지만, 아직까지는 NFT의 법적 성격, 한계, 잠재성도 함께 고려하여 이해하는 것이 필요하다.

NFT를 온전히 이해하기 위해서는 '디지털 시대의 진품과 물건으로서의 데이터'라는 새로운 관점에서 이를 바라보는 것이 필요하며, 따라서 NFT를 통해 디지털 저작물에 진품성을 부여하고 예술 작품의 가치를 구현하는 방법에 대해서는 더욱 많은 논의와 연구가 필요하다.

마켓 플레이스의 역동성

디지털 예술 마켓플레이스는 온라인 플랫폼을 통해 다양한 디지털 예술 작품을 전시하고 거래하는 공간으로, 현대 예술의 유통과 소비 방식에 변화를 가져오고 있다. 이 마켓플레이스는 경매, 2차 판매, 사용자 지정이 가능한 라이선스 옵션 등을 통해 예술가에게 로열티를 제공하는 기능을 포함하며, 상당히 역동적인 생태계를 형성하고 있다.

디지털 아트의 가치는 복잡하고 주관적이며, 이는 디지털 환경에서 이미지를 거래하는 과정에서 특히 두드러진다. 스마트폰을 통한 전자거래가 이미 정착된 현재, 블록체인 기술을 활용한 디지털 아트 시장의 성장에는 일부 제약이 있다. 블록체인 기술이 시장 구조를 변화시키는 데에는 한계가 있으며, 이로 인해 디지털 아트의 가치를 평가하고 거래하는 과정에서 새로운 도전과제가 등장한다.

무엇보다도 디지털 예술 거래에서 창작자와 소비자 간의 상호작용을 이해하기 위해서는 미적 경험과 디지털 매체 특성 간의 관계를 탐구할 필요가 있다. 더불어, 디지털 예술 시장에서는 도덕적 책임과 윤리적 고려가 중요한 문제로 부각된다. 예술가, 창작자, 소비자 및 시장 참여자들은 디지털 예술과 블록체인 기술의 윤리적 측면을 충분히 고려해야 하며, 이에 대한 철학적 논의가 필요하다.

디지털 아트 시장은 기술 혁신, 소비자 행동 변화, 규제 환경 변화에 의해 형성된 역동적이고 진화하는 생태계다. 이 복잡성을 이해하기 위해서는 경제학, 법학, 사회학, 문화 연구 등의 통찰력을 포함하는 다학제적 접근이 필요하다. 이를 통해 디지털 예술 마켓플레이스의 발전 방향을 보다 심도 있게 분석하고, 미래의 가능성을 예측할 수 있을 것이다.

제 3 장
실감형 콘텐츠와 가상현실

실감형 예술 콘텐츠

실감형 콘텐츠는 일반적인 디지털 콘텐츠에 실감기술을 적용, 인간의 오감 자극을 통해 정보를 제공, 실제와 유사한 체험(현실감)을 가능하게 하는 콘텐츠를 말한다.[3] 몰입감, 상호작용, 지능화의 이른바 '3I(Immersive, Interactive, Intelligent)' 특징을 통해 높은 현실감을 제공하고, 경험의 영역을 확장하는 것이 특징이다. 가상현실(VR), 증강현실(AR), 혼합현실(MR), 홀로그램(Hologram) 등이 대표적인 실감형 콘텐츠의 종류로 꼽히며, 이들을 한꺼번에 묶어 XR(eXtended Reality, 확장현실)이라고 부르기도 한다.[4]

---

3) 관계부처합동. "5G시대 선도를 위한 실감콘텐츠산업활성화 전략('19~'23)." 2019.
4) 이상규·이성민. 앞의 연구. 41.

〈표 6.1〉 실감형 콘텐츠의 세부 분야별 특징[5]

구분	가상현실(VR)	증강현실(AR)	혼합현실(MR)
특징	• 입체감 있는 영상 구현 • 가상공간에서의 뛰어난 몰입감 • 현실공간과의 단절로 인한 상호작용성 약화	• 현실과 가상 간의 상호작용성 • VR 대비 낮은 몰입감 • 실시간 정보 및 콘텐츠 제공에 따른 기술적 어려움 존재	• VR의 몰입감과 AR의 상호작용성을 결합하여 사실감 극대화 • 실시간 데이터 처리량이 많아 5G 환경 응용에 적합
주요 기술	몰입가시화, 실감 상호작용, 가상현실 환경생성·시뮬레이션	센싱 및 트래킹, 영상합성, 실시간 증강현실 상호작용	디지털 홀로그램, 실감 상호작용, 현실세계 인지 및 모델링

그러나 실감형 콘텐츠와 가상현실이라는 용어의 경계가 모호한 면이 있으며, 특히 이 두 가지가 혼용되어 사용되고 있다. 실감형 콘텐츠가 다양한 감각을 사용하여 실제와 유사한 경험을 하는 것이라면, 가상현실(VR)은 사용자를 가상의 환경으로 이동시켜 현실에서는 쉽게 못 하는 경험을 하도록 한다. 이는 기술적, 내용적, 경험적 측면 중 어디에 초점을 맞추느냐에 따라 다양하게 정의될 수 있다.[6]

예술경영적 시각에서 이들 실감형 콘텐츠가 중요한 이유는 예술을 가상현실로 체험하게 할 수 있는 무한한 가능성 때문이다. 그러나 사용자들은 단순히 현실과 가상이라는 구분보다 콘텐츠가 어떤 종류의 경험을 제공하는지에 더 관심이 많다.

실감형 콘텐츠 경험에서 가장 중요하게 여겨지는 감각은 '몰입(Immersion)'이다. 이 몰입 정도에 따라 '몰입형 가상현실'과 '비몰입형 가상현실'로 구분할 수 있다. 몰입형 가상현실은 헬멧형 가상현실

---

5) 정보통신기획평가원. "VR/AR확산 가속화를 위한 주요국의 전략." 2019.
6) 이현지. "가상현실을 통한 예술 작품 감상과 미적 경험." 석사학위논문, 홍익대학교 대학원, (2020): 12-13.

기기인 HMD(Head Mounted Display), 조이스틱, 위치 감지기 등의 하드웨어를 이용하여 외부 자극을 최대한 차단함으로써 가상현실에 최대한 몰입하게 한다. 비몰입형 가상현실은 컴퓨터의 데스크톱, 휴대폰 또는 프로젝터 등을 통해 출력된 영상을 보면서 마우스, 조이스틱 등의 하드웨어로 상호작용하는 가상현실로, 몰입형 가상현실에 비해 몰입도가 떨어진다.

현재 가장 활발하게 개발하고 있는 몰입형 가상현실은 HMD이며, 사용자는 가상현실 하드웨어인 HMD를 머리에 써서 외부 환경으로부터 오는 시청각적 자극을 차단히며 가상세계에 더욱 몰입할 수 있다. 특히 가상현실의 시각적인 요소뿐만 아니라 사운드(음향)를 사용자 관점(1인칭 시점)에서 재생하는 관련 연구가 이루어지고 있다. VR 사운드는 주파수별 지향 특성이 모두 다르므로 고도의 음향처리 기술이 요구된다.

가상현실과 문화예술 대중화

실감형 콘텐츠 중에서도 VR(Virtual Reality) 산업은 특히 게임 산업에 가장 먼저 큰 영향을 미쳐왔다. 콘솔, 온라인, 모바일로 분류되는 게임 분야에 VR이라는 새로운 플랫폼이 추가되었으며, VR 산업의 선도업체인 오큘러스는 MS와의 제휴를 통해 XBOX 게임용 헤드셋과 컨트롤러를 개발하고 있고, 소니는 모피어스 프로젝트를 통해 플레이스테이션4용 VR 게임과 헤드셋, 컨트롤러를 선보였다.

엔터테인먼트와 공연 분야는 관련한 문화예술 분야에서 가장 많이 발전되고 있는 콘텐츠 영역 중 하나인데, 관련 인프라가 매우 빠르게 개선되고 있다. 콘텐츠 소비층이 주로 젊은 층이어서 VR 활용도 역시 높다. 콘서트 전체 라이브 중계도 가능하고, 소비자가 좋아하는 가수를 선별하여 5분 이내로 VR을 즐길 수 있다. 공연 VR 콘텐츠 제작 시 공간감에 알맞은 입체적인 오디오 제작이 관건이긴 하지만, 앞으로 현장감을 가장 잘 표현하는 장르가 될 것이다. 또한 뮤직비디오가 VR 콘텐츠로 빠르게 제작되고 있는데, VR 콘텐츠의 특성상 3−5분이 지나면 시청자들에게 급격한 피로감과 어지럼증을 줄 수 있지만, 뮤직비디오는 3−5분 안에 소비가 가능하다는 장르적 특성이 이것과 잘 맞물린다.[7)]

그러나 가상현실 콘텐츠에는 제약과 한계가 있다. 현재 VR 미디어를 취득하기 위해서 주로 특수한 장비를 사용하며, 이러한 방법은 제한된 사용자만이 VR 콘텐츠를 제작할 수 있다는 한계를 갖는다. 또한 현재 일반인들이 경험하는 대다수의 가상현실 콘텐츠는 촬영 지점만을 중심으로 360도 회전하여 시청자의 시점이 제한되는 한계가 존재한다. 이 한계를 극복하기 위해 최근 시청자 자유시점형 360VR[8)] 콘텐츠에 대한 연구가 활발히 진행 중이다.

아울러 가상현실 콘텐츠 시장의 잠재력은 높은 수준이지만, 소비자의 실질적인 구매를 끌어낼, 킬러 콘텐츠가 필요한 상황이다. 마음에 드는 콘텐츠가 출시될 때 구매 의향이 있는 잠재적 소비자의 비율을 고려할 때, 현재의 콘텐츠 부족은 분명 가상현실 산업의 주요한 문제점이라고 할 수 있다.

예를 들면 VR 영화는 일반적인 극장형 영화와 달리 보편적으로

---

7) 강창훈. "차세대 방송영상 흐름, VR 콘텐츠의 현황과 전망." 한국콘텐츠학회, 14(2), (2016): 16-17.
8) 360VR: 사용자가 모든 방향으로 움직일 수 있는 가상현실 경험을 제공하는 기술

보급되어 있지 않아 접근성이 떨어진다. 따라서 소비자는 불확실성을 회피하기 위해 더 많은 시간을 투자하여 정보를 수집해야 하는데, 정보 또한 매우 한정적이어서, 합리적 선택을 하는 데 더 큰 노력이 수반되므로 기존의 영화 관람과 비교했을 때보다 명확한 소비 동기가 필요하다. 이러한 불편함을 감수하고 VR 영화 관람을 선택하게 하려면 보다 높은 차원의 쾌락욕구가 충족되어야 한다.9)

전통 미디어에서 뉴미디어로의 전환

창작자가 실감형 콘텐츠를 기획할 때는 '지금 사람들에게 전해야 하는 메시지'가 무엇인지에 대해 가장 공을 들여야 한다. 뉴미디어는 전통 미디어와 제작 과정이 완전히 다르기 때문에 기획 단계에 사용할 기술에 대한 고려도 포함되어야 한다.

그래픽의 경우 3DOF와 6DOF 중 어떤 제작 기법을 이용할 것인지, HMD는 어떤 종류를 사용할 것인지, 유니티(Unity)나 언리얼(Unreal) 등 어떤 작업 툴을 사용할 것인지 결정해야 콘텐츠를 제작할 수 있다.

또한 연출 부분에서도 전통 미디어와는 다르게 접근해야 한다. 어떤 소재를 VR로 보여줘야 사람들이 매력을 느낄지, HMD를 쓰고 이 경험을 직접 할 사람들이 콘텐츠에서 차지하는 정체성과 역할은 무엇인지를 파악하고 이에 따라 인터페이스를 결정해야 한다.

콘티 작업에서도 기존 미디어에서 활용하는 2D 콘티가 아닌 3D

9) 이준희·강지영. "소비자 중심의 VR 콘텐츠." 만화애니메이션연구, 통권 제57호, (2019): 528.

공간 전체와 그 안에서 일어나는 상호작용을 고려한 디자인이 필요하다. VR의 경우, 수동적인 이야기 전달이 아닌 관객의 행동으로 이야기가 전개되기 때문에 그에 맞는 스토리텔링을 구상해야 몰입감이 살아난다.

메타버스 예술활동

가상현실이 사용자를 몰입감 있는 가상현실로 인도하는 기술이라면, 메타버스는 다양한 상호작용과 활동을 가능케 하는 디지털 세계이다. 메타버스는 가상 혹은 증강현실 기술, 인공지능, 3D 모델링 등의 기술과 결합하여 새로운 예술활동과 문화경험을 창출하는 플랫폼으로서 중요한 역할을 하고 있다.

메타버스 내 예술활동은 이렇듯 확장된 가상세계의 속성과 다양한 기술을 활용하여 이루어진다. 이는 참여자들에게 현실에서는 경험하기 힘든 다양한 예술 작품, 전시회, 공연 등을 디지털 형태로 제공한다. 예를 들어, 가상 세계에서의 전시회나 공연은 관객들이 작품과 상호작용하고 참여하며 소통할 기회를 제공한다. 이러한 참여형 예술 경험이 메타버스의 특징이다.

뿐만 아니라, 메타버스는 문화예술 분야에서 경제적 기회를 창출할 잠재력을 가지고 있다. 가상공간에서의 전시회나 공연은 지리적 제약을 극복하여 더 많은 관객을 대상으로 삼으며, 디지털 아이템 판매 및 가상공간 임대 등을 통해 수익을 창출할 수 있다. 이는 실제 공간을 이용하는 것보다 환경과 경제적인 부담이 적으며, 탄소 배출량의 관점에서도 효율적인 대안이 될 수 있다. 이를 반영하듯, 국내는

물론 미국, 유럽, 영국, 독일, 프랑스, 중국, 일본 등에서 메타버스 산업정책 연구가 활발하다.[10)]

메타버스 공연 중 유명한 것은 미국의 유명 래퍼 트래비스 스콧(Travis Scott)의 콘서트다. 스콧의 3D 아바타가 게임 '포트나이트'에 등장해 공연했는데, 1,200만 명의 유저들이 이 버추얼 라이드 공연장에 참석했다. 그는 공간 제약이 없는 게임 속에서 신곡을 발표하였으며, 현실의 공연장이라면 보여주기 힘들었을 모습으로 물을 헤엄치거나 불을 가로지르는 퍼포먼스를 선보였다. 이후 그는 실제 라이브에서 포트나이트 콘서트와 관련된 각종 굿즈를 판매하여 따로 수익을 창출했다. 이 가상 라이브 관련 매출은 약 2,000만 달러에 달했다고 한다.

국내의 SM엔터테인먼트는 걸그룹 에스파의 실제 인물과 동일하게 네 명의 아바타를 만들었고, 가상세계에서 활동하도록 기획해 팬들과의 소통 공간을 만들었다. YG엔터테인먼트는 '제페토'라는 가상세계 아바타 플랫폼에서 블랙핑크의 팬 사인회를 개최해 전 세계 4,600만 명의 팬과 경계를 허물었다.

넷마블과 방탄소년단의 협업 작품인 'BTS 유니버스 스토리'도 소셜게임 형태로 다양한 이용자끼리 소통하는 방식을 만들어냈다. 또한, 블랙핑크는 '배틀그라운드 모바일'에서 인게임 콘서트 '더 버추얼'을 개최했다. 메타버스를 통해 현실과 가상의 경계를 넘나들며 예술과 문화를 체험하는 새로운 형태의 행사였다.

미술 전시의 경우, 구글아트앤컬처라는 온라인 전시 플랫폼으로 세계 최고 박물관과 미술관의 자료들을 초고화질 서비스를 한다. 증

---

10) 국회도서관 팩트북, 「메타버스 한눈에 보기」, 2021, 75-105.

강현실 앱 서비스로 구현된 현장과 가상의 갤러리는 해당 공간에 있는 듯한 몰입감을 선사한다. 프랑스의 루브르 박물관, 뉴욕 현대 미술관, 독일 구겐하임 미술관 등 갤러리가 지금도 계속 확장되고 있고, 세계 각국에 메타버스 형태로 서비스되고 있다. 메타버스는 그러나 여전히 공급자 중심의 시장이라는 명확한 한계를 가지고 있으며, 실질적인 수요를 창출하기 쉽지 않다. 그러나 현재 AI는 생성형 AI와 결합하여 아바타와 IP에 생명력을 부여하며 제작방식을 진화시키고 있다. 생성형 AI는 메타버스 콘텐츠 제작에 필요한 비용과 시간을 획기적으로 줄이는 동시에 사용자들에게 새로운 공간 경험을 제공할 수 있다. 이러한 점에서 생성형 AI는 앞으로 메타버스 구축의 핵심 기술이 될 가능성이 높다.

제 4 장
AI 기반 예술 창작과 상호작용

AI와 예술의 공존

최근 인공지능의 비약적인 발전이 산업 및 생활 전반에 크고 작은 변화를 초래하고 있다. 인간이 해오던 많은 일을 인공지능이 대신하며 편리함이 증가했다는 긍정적인 의견도 있지만, 인공지능이 인간의 영역을 침범한다는 우려도 제기되고 있다.

그중 AI가 결코 정복할 수 없을 것이라고 추측해온 분야 중의 하나가 바로 예술이다. 예술은 인간만이 지닌 능력이며, 인간과 기계를 구분하는 요소인 감정이 인간을 구성하는 가장 중요한 요소이기 때문이다. 그래서 인공지능이 인간의 예술을 흉내낼 수는 있어도 완전히 대체하기는 어려울 것이라는 의견이 많다. 인공지능이 인간 고유의 영역이라 여겨지는 감정을 어디까지 이해하여 예술 분야를 정복할 수 있을지에 대한 의문이 제기된다.

그럼에도 불구하고 현재 인공지능은 음악, 문학, 영화 등의 예술에서 다양한 형태로 모습을 드러내고 있다. 많은 예술 분야에서 작품의 분석, 평가 및 예술적 영감을 제공하는 데에 활용되고 있다. 또한 사용자의 취향과 관심에 기반하여 맞춤형 문화예술 경험을 제공한다. 예를 들어, 음악 스트리밍 서비스에서는 인공지능이 사용자의 음악 선호도를 분석해 맞춤형 음악을 추천하여 보다 개인화된 문화예술 경험을 할 수 있다.

인공지능은 디지털 이미징 기술과 영상 분석을 통해 작품의 디지털 복원, 분류, 메타데이터 생성 등을 수행하며, 이러한 인공지능을 사용자들은 예술 작품의 디지털화와 보존에도 적용할 수 있다. 예술 작품의 판매와 거래를 추적하고 예측하는 데 인공지능을 활용하면, 시장 동향을 분석하고 예측할 수 있다.

인공지능은 분석뿐만 아니라 관객과의 상호작용에도 활용될 수 있다. 대화형 챗봇이나 음성 인식 기술을 활용하여 관객이 예술 작품에 대한 정보를 얻거나, 작품에 대한 질문에 답변하도록 할 수 있다. 이를 통해 예술 작품에 대한 이해도를 높이고, 관객과 예술 작품 간의 상호작용을 활성화할 수 있다.

이러한 인공지능의 잠재력을 일찍이 파악한 도쿄는 문화 전략으로 첨단 산업을 활용한 산업 혁신을 추진하고 있다. 특히 로봇기술 분야에서 최고의 제품을 만들기 위해 심혈을 기울이는 모노즈쿠리(ものづくり) 정신을 유지하며 세계적인 기술 혁신을 선도하고 있다. 미디어 예술 분야에서 애니메이션, 게임, 디자인, 패션, 영상 등의 콘텐츠 산업을 AI와 선두적으로 연결 짓는 모습이다.

AI가 음악을 만든다

AI의 기술 발선은 창작 분야에서도 한창이다. 2016년 소니 산하 컴퓨터 사이언스 연구소에서는 인공지능 소프트웨어인 플로우 머신즈를 이용해 세계 최초로 2개의 팝송을 작곡해 유튜브에 공개했다. 인공지능이 작곡한 팝송의 제목은 <대디스 카(Daddy's Car)>와 <미스터 섀도(Mr Shadow)>다. 특히 <대디스 카>는 비틀즈풍으로 만들어져 많은 관심을 끌었다. 소프트웨어 개발자는 AI가 방대한 양의 음악 데이터베이스를 학습하고 스타일과 기술을 자신만의 방식으로 조합했다고 밝혔다.

국내에서도 드라마 배경음악으로 인공지능이 작곡한 음악이 사용된 사례가 있다. <닥터로이어> 최종화의 배경곡인 <인 크라이시스(In Crisis)>인데, 극에 몰입하도록 기능적 역할을 더했다. AI 음원 창작 스타트업인 포자랩스가 진행을 도왔으며, 드라마 OST 전문 제작사 레온코리아가 드라마 줄거리와 대본을 분석하고 키워드 및 코드를 추출한 뒤 이를 포자랩스와 협업하는 방식으로 제작했다. 포자랩스는 누구나 쉽게 음악을 창작할 수 있는 세상을 만들겠다는 생각으로 2018년에 설립된 스타트업이며, 이들은 AI 학회인 뉴립스(NeurIPS)에서 해당 기술을 공식적으로 발표하였다.

인공지능 기술이 발전하면서 지휘 영역에서도 새로운 도전에 나서고 있다. 로봇과 인공지능 기술이 발전하며 인간을 대체하는 여러 도전이 계속되고 있는 것이다. 2008년에는 일본 혼다사가 만든 '아시모(Asimo)'가, 2017년에는 스위스의 협동로봇 '유미(Yumi)'가, 2018년에는 일본의 2세대 인공지능 휴머노이드 로봇 '알터2'와 2020년에는 '알터3' 등이 로봇 지휘자로 무대에 올랐다.

국내에서는 2023년 '로봇 에버6'가 국립극장 해오름 극장에서 지휘로 데뷔하였다. 이 무대는 성공적으로 끝났지만, 이 공연의 제목은 '부재'로 존재의 가치를 역설한다는 의미를 담았다. 즉, 인간 지휘자의 부재를 통해 그 가치를 더 크게 깨닫는 무대가 되겠다는 의미를 전했다.

음악 공연에 활용되는 인공지능은 인간의 연주를 듣고 분석해 음악 정보를 인식하고, 인간과 함께 연주를 할 수 있다. 그러나 AI의 가능성과 한계는 분명 있다. 자동연주 피아노는 보기에는 신기할 수 있지만, 연주자의 시각적 부재가 아쉬울 수 있고, 연주 종료 후 박수 타이밍을 파악하지 못할 경우가 생긴다. 관객들에게 어느 정도 AI의 동작 원리나 프로그램에 대한 설명을 곁들이는 것이 때로 필요할 수도 있다. 또한 카메라 뷰로 관객들에게 연주의 섬세함을 효과적으로 전달할 필요도 있다. 이 외에도 기술적인 부분에서, 전문가 수준의 연주 데이터를 대량으로 수집하기 어렵거나, 실시간으로 다양한 음향 환경에 적용하기 어려울 수 있으며 호흡과 제스처, 시선 파악 등 인간의 시청각 지각 인지 연구가 병행될 필요도 있다. 그러나 2023 INNOVATE Korea의 AI 피아노의 의도적인 연주 실수와 트럼펫 연주자의 멋진 대응이 관객의 웃음을 유도하는 등 이와 같은 실수가 AI 연주를 더욱 인간답게 만드는 부분도 있다.[11]

---

11) 남주한. "음악공연을 위한 인공지능." KAIST 문화기술대학원, 한국문화경제학회 춘계학술대회 발표자료, (2024): 18-25.

문화예술에 접목한 생성형 AI

최근에는 Chat GPT를 중심으로 한 생성형 AI의 활용이 대중과 기업 사이에서 적극적으로 이루어지고 있다. 2022년 11월부터 2023년 5월까지 Chat GPT 출시 이후의 기록을 살펴보면, 인공지능 Chat GPT의 등장은 전 세계적인 충격을 일으켰다. 생성형 AI는 이전의 AI와는 다르게 단순한 업무 반복이 아닌 작문, 요약, 코딩, 드로잉 등 인간의 지적, 창조적 영역을 자연스럽고 능숙하게 수행하는 특징을 갖춰 사용자들에게 대체 불안과 보조 가능성에 대한 호기심을 자극했다. 이로 인해 출시 2개월 만에 1억 명 이상의 이용자, 6개월 만에 월 최대 18억 명의 방문자 수를 기록했다. 이로써 Chat GPT는 생성형 AI를 누구나 이용할 수 있는 도구로 인식하게 만들었다.

현재 생성형 AI는 문화와 예술 분야에서 활발하게 활용되고 있다. 커머셜부터 콘텐츠 영상 제작, 디지털 캠페인까지 그 영향력이 미치지 않는 곳이 없다. 생성형 AI라는 최신 기술이 브랜드 이미지 형성에 매우 효과적이기 때문에 많은 기업에서 활용하고 있다. 이를테면 삼성생명은 광고 영상을 제작할 때 필요한 이미지, 배경음악, 효과음 등을 100% AI로 제작했고, GS25는 Chat GPT가 제시한 답변을 기반으로 쇼츠 콘텐츠를 구성했다.

GS25의 '편GPT－편쪽이'는 AI 캐릭터인 '편쪽이'가 질문에 답하는 콘텐츠로, 실제 콘텐츠 또한 Chat GPT의 답변을 활용하여 GS25 제품과 서비스를 홍보하는 내용으로 제작되었다. 또한 현대자동차는 사용자의 선택에 따라 이미지가 맞춤 설정되는 마이크로사이트를 개설하여 고객과의 인터랙션(Interaction)을 보다 폭넓고 생동감 넘치게 만들었다.

생성형 AI는 업무 프로세스를 효율적으로 변화시킴으로써 문화예술 마케팅 분야에까지 큰 영향력을 발휘하고 있다. 마케터의 70%가 "생성형 AI가 업무 생산성과 창의성을 향상시킨다"고 언급한바 있다. 단순 반복 업무를 줄여주고, 아이디어를 신속한 결과물로 형성하여 고객의 만족도를 높이고 있다. 이러한 점들이 문화예술 마케팅 및 광고 분야에서 AI 도입의 중요성을 부각시키며 누구나 크리에이터로서 역량을 발휘할 기회가 되고 있다.

음악계에서는 음악 커버곡을 AI가 생성하며 음악 창작과정을 변화시키고 있다. 예를 들어 장기하가 작사작곡한 비비의 '밤양갱'은 다양한 가수의 AI버전으로 AI커버의 대표적인 사례가 되고 있다. AI서비스는 자신의 목소리로 노래를 불러 업로드하면 AI가 해당곡을 학습하여 자신의 목소리로 커버하는 곡을 생산한다. AI는 콘텐츠 제작과정을 자동화하고 사용자들에게 창작의 기회를 제공함으로서 활용 범위를 넓혀가고 있다.

이것은 영화 산업에도 동일하게 적용된다. 부천국제판타스틱영화제(BIFAN)와 부산국제인공지능영화제는 AI 기술이 예술 산업에 미치는 혁신을 모색하는 중요한 행사로 자리잡고 있다. BIFAN은 '부천 초이스: AI영화' 부문을 통해 AI 기술이 적용된 작품들을 평가하며, AI의 예술적 창의성과 메시지 전달 능력을 분석한다.[12] 이 행사는 전 세계적으로 AI 기술이 예술 콘텐츠의 새로운 형태를 만들어내는 가능성을 논의하고, 기존의 영화 산업에 접근을 제시하였다. 이에 대하여 'BIFAN+ AI 필름 메이킹 워크숍'은 참가자들에게 세계적인 AI 영상 제작 전문가의 멘토링과 AI 유료 툴 패키지를 제공하여, AI 기술을 활

---

12) http://www.bifan.kr

용해 영화를 제작하고 작품을 완성하는 실질적인 프로그램을 선보인 바 있다.

그러나 말했듯 예술은 인간만이 지닌 능력으로, 예술 분야는 아직도 인공지능이 정복하기 어려운 영역 중 하나로 거론된다. 인공지능이 인간의 예술을 모방할 수는 있지만, 완전히 대체하기는 어려울 것으로 보는 견해가 아직은 많다. 인공지능이 감정을 완벽하게 이해해 예술 분야마저 정복할 수 있을지에 대한 논의는 계속 진행 중이며, AI가 만든 음악이나 그림을 예술로 인정할 수 있을지에 대한 문제 또한 한 번쯤 생각해보아아 할 시기다.

인간은 AI와 달리 예술과 문화를 통해 자신의 감정, 생각, 경험을 표현하고 공유한다. 예술은 인간의 내면세계를 탐구하고 표현하는 수단이며, 인간의 예술활동은 단순히 생존이 아닌 인간의 정체성과 의미를 형성하는 데 기여한다. 따라서 인공지능과 로봇기술의 발전에도 불구하고 인간은 예술과 문화를 통해 정체성을 탐구하고 표현하는 소중한 존재라는 것을 잊지 말아야 한다. 동시에 인공지능이 인간의 역할을 대신하는 지금, 인공지능이 대체할 수 없는 인간 고유의 능력에 대한 관심도 키워야 할 것이다.

제7부
문화예술과 스타트업

문화창업의 필요성과 창업 생태계
투자 유치를 위한 IR 피치덱
예술 기업가 정신과 리좀적 사고
스타트업으로 만나는 현대 문화예술

문화예술 창업 파트는 기존의 공공성 중심인 비영리 섹터가 아닌, 수익 추구를 목표로 하는 예술활동이다. 이에 대하여 예술활동의 산업적 가능성을 파악하면서 동시에 산업적 지원의 범위, 규모를 이해하는 일이 필요하다. 또한 새로운 예술 분야의 비즈니스 모델에 대한 사례 조사를 통해 창작, 유통, 소비를 아우르는 비즈니스 모델을 분석하고 주요 유형을 도출해보아야 한다.

　　한편, 예술 스타트업 지원사업은 전문성이 필요한 복합적인 사업이다. 예술과 기업경영에 대한 다각도의 이해가 필요하며, 이를 위해 전문인력이 필수적이다. 전담기관과 부서를 지정함으로써 이러한 전문성을 확보하고, 이를 통한 정부와 예술 산업 간의 연결이 필요하다.

제1장
문화창업의 필요성과 창업 생태계

예술가의 상상력과 비즈니스 모델

예술가들은 예술 경영자로서 오랜 기간 활동해왔다. 사실, 예술 경영자라는 용어가 등장하기 훨씬 전에도, 이 분야의 교육이 별도의 분야로 발전하기 전에도 그들은 이미 이 분야에서 활약하고 있었다. 윌리엄 셰익스피어는 연극 작가로만 활동한 것이 아니라 리허설에 관여하고, 작품을 홍보하기 위해 플레이빌에 글을 쓰고 광고를 작성하여 런던 전역에 배포하기도 했다. 셰익스피어는 단순한 연극의 극작가가 아니었으며, 거의 모든 면에서 자신의 연극과 극단의 존재에 관여했다. 마찬가지로, 미켈란젤로는 기업가적 능력으로 학계의 주목을 받았으며, 그는 위대한 예술가가 동시에 위대한 관리자가 될 수 있다는 것을 보여주었다.

18세기 시인 윌리엄 블레이크는 자신의 인쇄소를 소유하고 운영

했다. 그는 인쇄판을 제작하고 자신의 원고를 인쇄하여 결과물을 판매했다. 블레이크의 경영적 활동은 창작적인 글쓰기보다 더 많은 시간을 차지했다. 20세기에 들어 찰리 채플린은 런던 워크하우스의 빈곤에서 벗어나 보드빌 무대에서 시작하여 매우 빠르게 할리우드로 이동하여 연기 경력을 쌓았다. 그는 수익금으로 자신의 영화 스튜디오를 구매하고 30세 때 많은 돈을 벌었다. 채플린은 자신의 쇼를 운영하고 싶었다는 것으로 알려져 있다.[1]

셰익스피어, 미켈란젤로, 블레이크, 채플린은 모두 자신의 예술 작품의 생산과 유통, 또는 판매를 하고 그 과정을 감독하는 데 공통된 관심을 가졌다. 그들은 스스로를 매니저라고 부르지는 않았지만, 실제로는 매니저이자 비즈니스 경영자였다.

예술가들은 독특한 관점과 경험을 가진 인재로서, 자유로운 상상력과 창의력을 발휘한다. 새로운 아이디어를 발굴하고 창의적인 표현을 통해 기존의 틀을 깨는 혁신적인 접근을 시도한다. 이러한 예술가들의 창의성은 현대에 와서는, 더욱 새로워진 창업 환경에서 혁신적인 제품과 서비스를 만들어내는 데 중요한 역할을 한다. 문화와 창업을 융합한 공간에서 그들의 독창적인 아이디어는 새로운 비즈니스 모델과 시장을 개척하는 데 있어 핵심적인 요소로 작용한다.

과거에는 문화예술 분야의 시장 규모가 제한적이어서 성장이 어려웠지만, 최근에는 문화예술창업을 장려하는 기관들이 늘어나고 있다. 또한 현재는 K-콘텐츠의 글로벌 인기와 함께 다양한 분야의 스타트업이 등장하며 이 분야의 산업 성장세가 가속화되고 있다. 문화체육관광부는 예술 분야의 산업화가 예술 현장의 자생력을 키우는 데 매우 중요

---

1) Meg Brindle, Constance DeVereaux. The Arts Management Handbook: New Directions for Students and Practitioners. Routledge. 2011, 3.

하다고 보고한다. 첨단기술과 예술의 협업, 다른 분야와의 융합을 통해 국내외 예술 시장을 확대하는 선순환 구조를 조성할 필요가 있다.

문체부의 스타트업 생태계 조성과 지원

문화체육관광부(문체부)는 그동안 창조경제의 핵심 축을 이루는 문화산업 성장을 도모하기 위해 첨단기술 융·복합 기반의 문화 분야 스타트업 창업을 지원해왔다. 2014년에는 창작·창업 지원의 중심 역할을 하는 '콘텐츠코리아랩' 사업을 시작하였으며, 2015년에는 창업 기획부터 사업화, 유통, 소비, 해외 진출까지의 전 과정을 아우르는 '문화창조융합벨트'를 구성했다.

그러나 이 시기에는 예술 분야 스타트업에 대한 지원이 제한적이었고, 단기적인 교육 및 컨설팅, 워크숍 등이 비체계적으로 진행되었다. 당시 보고서와 연구들에 '콘텐츠코리아랩' 및 '문화창조융합벨트'의 지원 대상에 예술 스타트업이 상당수 포함되어 있었던 점을 보면, 예술 스타트업 지원에 대한 잠재적인 수요가 있음을 알 수 있다.

최근에는 예술 분야 선순환 산업 생태계 조성에 필요한 다양한 정책을 지원하기 위해 문체부와 예술경영지원센터가 공동으로 운영하는 '아트컬처랩'을 조성했다. 이는 예술을 기반으로 다른 분야와의 교류를 촉진하고, 기술 융합을 통해 다양한 실험을 진행하는 공간이다. 여기에는 예술 기업과 사회적 경제 단체들을 성장단계별로 지원하는 프로그램, 한국 예술의 한류 확장과 세계 예술 시장의 판로 개척을 지원하는 해외 진출을 위한 프로그램이 마련되어 있다. 또한 여기서 예술 분야 실무 역량 강화와 미래 인재 양성을 위해 '예술경영아카데미'

를 개설하고, '아트모아(AR+More)'라는 취업 일자리 정보 제공, 일자리 추천 등의 지능형 정보 서비스를 개선하며 고도화하고 있다.

경기문화창조 '허브'도 문화 콘텐츠 산업 창업 활성화를 위해 매진 중이다. 사무 공간 확보가 열악한 초기 단계 창업(예비)자를 대상으로 창업공간 및 우편함 지원, 비상주 사업자 등록 주소지 지원 등 가상 오피스를 지원하고 있다. 뿐만 아니라 초기 스타트업에 밀착하여 스타트업의 성장을 돕는 "문화창업 플래너"를 양성하고 지원하며 스타트업의 성장을 촉진하고 있다. 문화창업 플래너는 벤처캐피탈리스트 특화교육과 실습, 네트워킹 참여 등을 통해 창업 지원 전문가로 활동하고 있다. 이들은 창업 플래닝 단계에서 초기 사업 아이디어를 실현하고, 창업자들과 함께 비즈니스 모델을 고민해 성장 방향을 제시한다.

한편, 지역에서도 문화예술 창업 권장을 위해 다양한 프로젝트와 지원 정책을 마련하여 청년 창업가들에게 효과적인 지원을 제공한다. 한 예로, 2022년 서울 서초구에서는 초기 창업 사업비를 지원하며 임차료 지원, 문화예술 청년 지원자들을 위한 역량강화교육을 지원했다. 경영, 마케팅 전문가를 매칭해주는 '1:1 컨설팅', 사회적 경제 기업 설립과 인증 취득 강좌, 투자 유치 사업제안서 발표 스킬을 습득할 수 있는 '역량강화 아카데미' 운영, 선배 청년 창업자가 노하우를 들려주는 '네트워킹 데이' 등을 통해 청년 창업가를 위한 정책을 마련, 지원하고 있다.

문화 스타트업 지원기관

예술경영지원센터는 예술의 산업화를 촉진하고자 예술 산업 전문

인력 양성, 예술 기업 육성, 예술 분야 투자 환경 조성에 주력하고 있다. 주요 목표는 현장 맞춤형 인재 양성, 전문예술법인 및 단체의 경영 활성화, 예술 기업의 성장과 확장을 지원하며, 자원 연계를 통한 예술 분야 사업모델 발굴과 지속 가능한 경영을 위한 교육 및 컨설팅을 제공하는 것이다.

특히, 예술경영컨설팅은 예술단체 및 기업을 대상으로 상시 운영되는 온라인 경영자문을 통해 경영환경 개선을 지원하고, 사회적 경제 조직 및 단체 설립, 세무, 회계, 인사, 노무, 기부금 운용, 법률(계약, 저작권), 문화예술정책, 제도 등 경영 현안에 대한 전임 컨설턴트 자문을 제공한다. 예술기업성장지원은 초기창업지원으로 예술 분야 사업 아이디어 개발 및 시장 검증을 통한 안정적인 사업 구축을, 창업도약지원은 성장과 확장을 위한 사업 자금, 개별 맞춤형 컨설팅, 투자, 기업 협력 등 외부 자원 연계 지원을 진행한다.

뿐만 아니라, 2008년 10월에 창간된 예술경영 웹진 「예술경영」은 예술경영 전문매체로, 예술 시장 및 예술 산업 관련 최신 동향 등의 다양한 정보와 콘텐츠를 제공한다. 이 웹진은 예술 현장의 문제점과 이슈를 객관적인 시각으로 다루며, 해결책 모색과 예술 현장, 학계, 정책기관 간의 소통과 네트워크 형성을 촉진하기 위해 발행되고 있다.

콘텐츠코리아랩 기업지원센터(Content Korea Lab Business Center, 이하 CKL)[2]는 한국콘텐츠진흥원이 운영하는 대한민국 콘텐츠 스타트업 인큐베이터이다. 기술과 아이디어에 초점을 맞추기보다 상상력과 이를 통한 창작을 가능하게 하는 창업이라는 관점에서 출발한다. 즉, 창작자(Creator)가 지속 가능한 작업을 영위하고 창작회사

---

2) https://venture.ckl.or.kr/venture/vision.do

역시 그럴 수 있도록 지원하는 것이 CKL 기업지원센터의 역할이다.

지난 2014년 서울 대학로에서 처음 문을 연 CKL은 2015년 콘텐츠 벤처 창업지원을 위해 출범한 문화창조벤처단지와 더불어 콘텐츠 산업 지원정책 개편 방안에 따라 통합돼, 2016년 CKL 기업지원센터로 재편되었다. 콘텐츠 분야 창작 아이디어의 사업화 지원, 기업 성장단계별 맞춤형 지원·육성, 콘텐츠 스타트업 해외 진출을 위한 맞춤형 지원·육성, 콘텐츠 기업 입주·보육 지원을 서비스한다.

특히 예비·초기·성장·도약 등 기업 성장단계별 맞춤형 지원을 하며, 2016-2022년 사이에 총 138개 기업보육을 담당했다. 문화와 관련돼 있다는 점에서 영화·드라마·비디오·음악·게임·출판·인쇄·정기간행물·문화재·만화·공연·디자인·미술·공예·멀티미디어·디지털 등의 분야가 모두 포함되고, 이와 관련해 콘텐츠를 수집·가공·개발·제작·생산·저장·검색·유통하는 서비스 기업이 이에 해당된다.

향후 예술 스타트업 지원정책

한때 문화예술과 창업은 상반된 개념으로 여겨졌다. 문화예술은 예술가들의 창작과 예술적 표현을 중심으로 한 비즈니스였고, 반면에 창업은 이익과 경제적인 성과를 추구하는 비즈니스였다. 그러나 이제 두 분야를 융합시킴으로써 새로운 혁신의 가능성을 탐색할 필요가 있다. 왜냐하면 문화예술과 창업의 융합은 새로운 예술경영 분야의 한 모티브를 제시하기 때문이다.

이에 대하여 향후 예술 스타트업 지원정책이 추구해야 할 방향성과 핵심적인 정책 비전은 다음과 같다. 우선, 예술 스타트업 지원체계 정비로 예술 스타트업 육성 전담기관 운영, 광역 문화재단 예술 스타트업 프로그램 도입, 예술/콘텐츠 스타트업 DB 구축 및 네트워크 운영 지원이 필요하다.

또한 예술 스타트업 활성화 기반 구축으로는 예술 산업 진흥을 위한 법, 제도 정비, 예술 스타트업 현장 밀착형 데모데이(Demoday) 정기 개최, 예술 스타트업 관련 정책 연구 활성화가 필요하다. 예술 스타트업 성장 동력을 확보하기 위한 상징적 허브공간을 운영하고, 예술 대학 커리큘럼을 개편하며, 예술 산업 투자 재원을 조성해야 한다. 단계별·유형별·맞춤형 진흥 프로그램 도입도 필요하다. 창업 단계별 멘토링 시스템 마련, 기획부터 제작, 유통까지 소비 단계별 지원 프로그램 도입, 예술창업 멘토단 상설 운영 등이 마련되어야 할 것이다.[3]

---

3) 정종은. "예술 분야 비즈니스 모델 분석을 통한 스타트업 지원 방안연구." 한국문화관광연구원, (2016): 181-182.

제 2 장
투자 유치를 위한 IR 피치덱

예술가의 사업 성공을 위한 사업계획서

문화예술 분야 스타트업은 예술가의 열정과 창의성을 기반으로 하는 경우가 많으며, 새로운 문화적 경험과 가치를 창출하려는 욕구가 주요 동력이다. 예술가는 자신만의 독특한 시각과 예술적인 스타일을 토대로 창작물을 만들며, 이러한 창작물은 종종 개인적인 경험과 감정을 반영하기에 객관화된 기획과 자료는 더욱 필수적이다. 문화예술은 자유로운 상상력과 불확실성을 토대로 실험적인 작업이 이루어지므로 이때 새로운 예술 언어와 형식을 담은 사업계획서가 체계적으로 준비되어야 한다.

사업계획서에는 무엇보다도 목표와 비전을 명확하게 제시해야 하는데, 프로젝트의 핵심 아이디어와 예술적 목표를 설명할 수 있어야 한다. 해당 프로젝트가 어떻게 문화예술 분야에서 유니크하고 혁신적인 가치를 제공하는지를 명시해야 한다. 물론 비즈니스 모델과 재정 계획도 포함해야 하는데, 사업 수익모델, 비용 구조, 자금 조달 방안 등을 논리적으로 설명하는 것이 중요하다. 더불어 수익 예측, 자금 필요성, 수익 분배 계획 등을 상세히 기술하여 프로젝트의 경제적인 측면을 설명할 수 있어야 한다.

사업계획서는 용도에 따라 내부 운영을 위한 사업계획서와 투자 유치를 위한 사업계획서로 구분된다. 또한 사업계획서가 시장조사 보고서, 개발계획서, 마케팅 기획서와 차별화되는 부분은 시장성, 기술성, 수익성, 사업성에 중점을 둔다는 점이므로 이 점에 유의한다.

일반적으로 초기 창업기업 성장을 위해서는 전문가의 기업 진단, 컨설팅, 워크숍, 세미나, IR 자료 교정, 성과 발표 등이 필요하다. 이를 위해 문화 콘텐츠 분야 창업 및 사업화 관련 전문가 연계 멘토링이 필요하며, 타깃 고객 정의, 아이디어 정립, 비즈니스 시장 정립, 프로덕트의 정의, 비즈니스 모델 구체화 등을 단계별로 설명할 수 있어야 한다.

IR과 피치덱(Pitch Deck)

문화예술 분야 역시 다른 사업과 마찬가지로 투자자들의 지원이 필요하다. 사업 아이디어가 있다면 논리적인 설명을 통해 프로젝트의 가치와 성공 가능성을 제시할 수 있어야 한다. 앞서 살펴본 대로 예술 분야는 주관적 경험과 해석에 의존하는 경향이 있고, 특유의 추상성을 포함하므로 브리핑 자리에서는 시각적인 자료나 프로토타입 등을 활용하여 상대방에게 실체감을 주고, 경제적 가치와 사회적 영향력을 일목요연하게 전달할 필요가 있다. 또한 IR 피칭을 듣는 대상은 투자자이므로, 일방적으로 전달하고 싶은 사업 내용이 아니라 투자자들이 듣고 싶어 하는 부분을 짧은 시간 안에 전달하는 것이 중요한데, 이를 위해서는 구체적인 근거와 숫자 활용이 효과적이다.

IR(Investor Relation)이란 투자자와 관계를 맺는 것을 뜻한다. 기업이 외부 자금 조달을 위해서 엔젤투자자, 액셀러레이터 및 기관투자자들(VC, Venture Capital)을 대상으로 기업 설명 및 홍보 등의 투자 유치를 원활하게 돕는 활동을 의미한다. 이들은 자신의 비즈니스를 투자자들에게 발표하는 데모데이(Demoday)나 IR 피칭 세션에 참가해서 적극적인 활동을 펼쳐나간다. 이를 위해 슬라이드 형식의 IR 피치덱(IR Pitch Deck, 프레젠테이션 자료)을 준비해 투자 유치, 협력 기회를 모색한다.

실전에서는 짧지만 임팩트 있는 IR 피치덱이 필요하고 스토리텔링 프로세스와 방법론, IR 피칭 스킬과 전략 등이 필요하다. 스타트업의 성장단계에 따라 기관투자자, 엔젤투자자, 협력 파트너 등 투자 유치 전략에 맞춰 IR 피치덱을 구성하는 전략 또한 필요하다. 각 단계마다 투자자 유형과 규모가 다르기 때문이다.

다음은 IR 피치덱 스토리보드의 구성 단계다. 우선 비즈니스 모델을 한 문장으로 정의하는 것이 중요하다. 그다음 문제와 솔루션을 정의한다. 반복적이고 심각한 불편을 주는 문제인지, 솔루션은 모방하기 어려운 독창적인 해결 방법인지를 생각해본다. 또, 목표 시장을 정의하는 것이 좋다. 왜 지금이 시장 진입에 적당한 시기인지, 목표 시장의 크기와 성장 가능성은 어느 정도인지, 초기 거점시장 진입 가능성은 어떤지 따져보는 것이 좋다. 8개의 각 핵심모듈에 관한 주요 내용 예시는 <그림 7.1>과 같다.

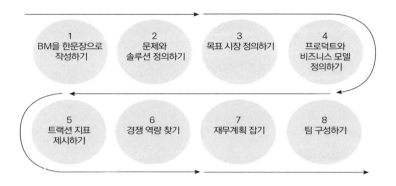

〈그림 7.1〉 피치덱 스토리보드 예시[4]

목표 시장 정의가 끝나면 프로덕트와 비즈니스 모델을 정의한다. 제품과 서비스는 문제 해결에 적합한지, 비즈니스 모델은 어떻게 정의할 것인지다. 이후에 트랙션 지표 제시를 통해 비즈니스 모델에 대한 시장 검증 결과나, 시장 내 사업 성장을 견인하는 핵심 지표를 나타내도록 한다. 이후에 경쟁 역량 찾기, 재무 계획, 팀 구성에 관한 내용을 넣는다. 경쟁 역량을 찾을 때는 사업의 내·외적 경쟁 환경을 잘 분석하는 일이 필요하다. 재무 계획도 자금의 조달과 수익 구조가 예측 가능한 수준인지 살펴보고 투자 자금의 운용 계획 역시 적절한지 확인이 필요하다. 마지막으로 팀 역량을 어떻게 어필할 것인지도 잘 살펴보는 것이 좋다.

피치덱을 준비할 때는 정량적 데이터가 강조되는 것이 가장 좋으며, 이로 인해 어떤 팀은 자신의 제품을 소개하기도 전에 먼저 수익

4) 백상훈·김유진. 「스타트업 투자 유치를 위한 코어 IR 피치덱 스토리텔링 워크북」, 메더스 파트너스, (2019): 19-20.

및 성과 수치를 공개하기도 한다. 이 수치에는 주로 전월 대비 성장률, 거래량 같은 지표가 들어간다. B2B 비즈니스의 경우에는 이름이 알려진 파트너 고객을 강조하며, 스타트업은 발표 마무리에 자사의 수익과 성과를 여러 번 강조하는 것이 좋다.

문화예술 스타트업의 투자와 유치

스다트업의 생태계에는 기업의 초기 단계부터 성장과 발전을 돕는 다양한 형태의 지원기관들이 존재한다. 이러한 기관들은 스타트업들의 성공적인 출발과 성장을 지원하는 역할을 수행하며, 필요에 따라 다양한 종류와 수준의 지원을 제공한다. 그중 가장 대표적인 세 가지 기관은 창업 인큐베이터, 액셀러레이터, 엔젤투자자이다.

문화예술 창업은 예술적 가치를 포함하는 비즈니스 모델의 독특성으로 다른 스타트업들과 지원받는 방식이 조금 다를 수는 있지만, 전반적으로는 이들의 필요에 따라 다양한 종류와 수준의 지원을 제공받는다.

■ 창업 인큐베이터

초기에 발판을 마련하고자 하는 스타트업을 위한 중요한 지원기관이다. 주로 지역사회, 대학, 정부 등이 주최하며, 무료 또는 저렴한 임대료로 사무실 공간을 제공하고, 필요한 설비와 인프라를 지원한다. 이뿐만 아니라 회계, 법률 등의 행정적인 지원을 통해 사업 운영을 돕는 역할도 한다. 문화예술 인큐베이터는 신생 예술가나 예술 창작자들에게 사무실 공간뿐만 아니라 창작공간을 제공하여 창작활동을 지원한다. 또한, 예술적인 아이디어를 사업으로 발전시키는 데 필요한 행정적인 지원과 전문적인 컨설팅을 제공하여 예술가들의 아이디어가 현실성 있는 비즈니스로 이어지도록 돕는다.

■ 엔젤투자자

스타트업의 초기 단계에 자금을 투자하며, 이를 통해 스타트업이 초기 장벽을 넘어서 성장할 수 있도록 돕는다. 문화예술 엔젤투자자는 예술가나 예술 창작자들이 가지고 있는 창의적인 아이디어와 예술적 가치에 투자한다. 이들은 예술가들의 예술 작품이나 문화예술 프로젝트에 자금을 제공하여 초기 단계의 어려움을 극복하도록 돕는다. 엔젤투자자는 자신의 예술 관련 네트워크와 경험을 통해 예술가들에게 멘토링을 제공하며, 예술적인 가치를 중시하면서도 사업적인 성공을 지원한다.

■ 액셀러레이터

성장 가능성이 높은 스타트업들을 발굴하고, 그들을 빠르게 성장시키기 위한 종합적인 지원을 제공한다. 액셀러레이터는 자금 투자와 함께 비즈니스 모델 개선, 제품 개발, 시장 진입 전략 등을 지원하여 스타트업의 발전을 촉진한다. 또한, 데모데이와 같은 이벤트를 통해 스타트업이 투자자와 연결되는 기회를 제공한다. 문화예술 액셀러레이터는 스타트업 예술가들을 선발하여 집중적인 교육과 멘토링을 제공하여 예술적인 아이디어를 비즈니스로 발전시키도록 돕는다. 예술가들의 창작활동이 사업적인 성과로 이어질 수 있도록 마케팅, 홍보, 비즈니스 모델 개발 등 다양한 측면에서 지원을 한다.

이러한 기관들은 역할과 목표가 개별적으로 구분되어 있지만, 현실에서는 하이브리드 형태로 운영되는 경우가 많다. 예를 들어, 인큐베이터가 액셀러레이터나 엔젤투자자와 협력하여 사무실 공간과 함께 멘토링을 제공하거나, 엔젤투자자가 자금 투자뿐만 아니라 스타트업의 성장을 위해 인큐베이터나 액셀러레이터와 같은 지원을 제공하는 경우다.

제 3 장
예술 기업가 정신과 리좀적 사고

예술가의 지속 가능성과 정체성 유지

예술가들은 섬세한 감각과 자유로운 창의력을 지니고 있으며, 독특한 관점과 경험을 통해 새로운 아이디어를 발굴하고 표현하는 무궁무진한 잠재력을 지녔다. 그러나 이들이 받아온 교육 환경은 예술 창작, 예술적 표현 기르기에만 집중해온 경향이 있다. 실제로 예술가들은 감성과 감정을 표현하는 데 뛰어난 능력을 가지고 있으며, 예술 과정에서 터득해온 문제 해결 능력 또한 가지고 있다. 따라서 이들이 다양한 분야에서 성공할 수 있도록 다각적인 교육과 지원이 필요하다.[5] 한편, 전통적인 예술인들은 종종 예술과 비즈니스를 분리하려고 했지만, 최근 이러한 구분이 더 이상 유효하지 않음을 많은 예술인들이 동

---

5) Alison Bain, Constructing an artistic identity, Work, Employment and Society Volume 19(1), 2005, 39-42.

의하고 있다. 예술은 혼자 감상하기 위하여 만들어지는 것이 아니며, 사람들 간의 소통과 공유를 통해 그 가치를 최대화할 수 있다는 사실을 깊이 인식하고 있다.

예술가가 비즈니스 사고를 갖추기 위해서는 우선 자신의 작품이 속하는 시장을 이해해야 한다. 시장 동향과 경쟁 상황을 파악하고, 작품의 제작과 판매 여부를 고민해야 한다. 본인의 예술을 하나의 브랜드로 가꾸고 작품의 정체성을 살리기 위해서는 명확한 메시지로 시장에 소개해야 하며, 그러기 위해 재정 관리와 재원 확보에 힘써야 한다. 여기에서의 재원이란 자신의 작품을 창작하고 선보이기 위한 예산, 장비, 공간 등을 의미한다. 이로써 예술가들은 더 좋은 작품을 지속적으로 창작할 수 있다.

예술가의 비즈니스적 사고는 결국 시장 조사, 타깃 관객 분석, 효과적인 마케팅 전략 등을 통해 자신의 작품을 더 많은 사람에게 알리고 홍보함으로써 완성된다. 이는 경제적 지속성과도 연결되는데, 비즈니스 마인드를 가진 예술가가 예술 작품을 상업적으로 운용하고 이익을 창출하는 방법을 탐구하면, 이를 통해 자신의 예술 경력을 장기적으로 유지할 수 있다.

예술 기업가 정신

최근 예술가들의 자생 역량 함양을 위한, 기업가 정신에 대한 관심이 대두되고 있다. 예술 기업가 정신(Arts Entrepreneurship)은 예술가들의 창작방식을 새로운 기술과 연결하거나 사회과학 차원으로 확장하는 사고방식이자 접근 방법이다. 그동안 기존의 예술가 혹은 예술 노동자들의 수익 구조는 시장 구조와는 별개로 가격 산정 기준과 표준 없이 주먹구구식으로 적용되어 왔는데, 이 구조를 개선하기 위해서라도 기업가 정신의 도입은 필요하다.

예술 기업가 정신은 사실 일반적인 기업가 정신에서 파생된 개념이다. 그동안 우리나라에서는 다소 생소한 개념이었지만, 2000년도 초반 영미권 국가에서 문화산업이 경제적 부가가치와 고용을 창출하는 원천으로 부각되고 문화예술 창작가의 활동과정에서 기업가적 사고와 행동이 발현되는 것이 발견되면서 이 개념이 본격적으로 논의되기 시작하였다.[6]

특히 비영리성이 강한 문화예술계에서 영리적 기회를 개발하고 새로운 시장을 개척하는 역량을 강화한다는 점에서 예술에서 기업가 정신의 필요성이 설득력 있게 받아들여지게 되었다. 최근 4차 산업혁명으로 인해 산업 구조, 노동 시장, 직무 역량의 변화가 가시화되는 상황에서 예술 대학 전공자들에게 취업 역량 강화 및 전문성 확장을 위한 기업가 정신은 더욱 절실히 요구된다.

미국의 경우, 치열한 문화예술 시장에서 예술 전공자의 커리어 확장 및 실현을 위해 이 교육의 필요성을 인식하고 있다. 이에 대학과 예술기관들이 앞다투어 커리큘럼을 개발하고 있다. 예술 기업가 교육을 통해 예술 전공자들이 기업가적인 능력과 태도를 함양하고 1인 예술 기업 혹은 예술 창업가로서 혁신적인 예술활동을 이어나가도록 자립성 향상 교육을 강화하고 있다.

예술 기업가 정신 전문가이자 교수인 게리 베크만(Gary D. Beckman)은 그가 만든 맥락형 교육과정 모델에서 예술 전공자들이 전형적인

---

6) 신경아. "4차 산업혁명시대, 무용전공자의 전문성 확장을 위한 예술기업가정신의 교육현황 및 적용 방향성 연구." 한국무용학회지, 제21권, (2021): 106.

비즈니스 기반 커리큘럼, 즉 회계, 경제, 재무, 비즈니스 등 일련의 경영적 기술만을 습득하는 차원을 넘어서길 바라고 있다.[7] 그는 예술정책, 예술문화, 예술경영, 그리고 다양한 실무 경험들에 대한 통섭적인 이해를 바탕으로 비즈니스, 커리어, 테크놀로지 활용에 관한 전문 역량 함양이 가능하도록 예술환경에 적용 가능한 프로그램을 운영해 실효성을 제고하고 있다.

이런 예술 기업가 정신 교육은 예술 전공자들의 취업 가능성을 높이고 문화예술 시장 접근성을 높이기 위한 종합적인 지식, 기술 및 경험을 제공하여 주목을 받고 있다. 예술 분야의 전문성을 확장하고 예비 예술 기업가로서 개인의 프로젝트나 아이디어를 성장시키는 데 도움이 되는 적극적인 교육을 제공하고 있는 것이다.

외국 예술 대학의 기업가 정신 사례

많은 예술 대학이 예술을 옹호하고, 끊임없이 변화하는 세상에 적응하는 것을 목표로 21세기 음악가로서의 리더십과 기업가 정신을 강화하는 데 초점을 맞추고 있다. 예술가가 기업가 정신을 발휘하고 창의적인 아이디어를 사업으로 전환할 수 있도록 지원한다. 학생들은 예술 기업가를 이해하고 예술 관련 사업이나 사업적 예술활동을 계획, 수행하며 필요한 기업가적 의사결정 방식과 태도를 배운다. 예술 경제학, 예술의 사회적 역할 등을 통해 학생들은 예술과 산업의 관계, 사회적 맥락에서의 역할을 깊게 배우게 된다.

---

7) 노스캐롤라이나주립대학교, https://performingartstech.dasa.ncsu.edu/people/gary-beckman

노스캐롤라이나 대학은 기업가 정신 연구의 중심 역할을 하며, 창업교육센터 CEI(Carolina Entrepreneurial Initiative)를 운영한다. 기업가 정신 부전공 및 1학년 세미나 운영, 기업가 정신 대학원 자격증 과정, 총장의 교직원 기업가 정신 부트캠프, 캐롤라이니 챌린지 비즈니스 플랜 경진대회, 벤처개발 프로그램 등이 CEI의 주요 과업이다. 이 학교는 카우프만 캠퍼스 사업(Kauffman Campus Initiative)의 지원을 받아 5년간 교직원과 학생들을 위한 기업가 정신 개발과 운영도 진행하고 있다. 예술, 상업, 과학, 사회과학 분야의 네 개의 기업가 정신 트랙을 운영하며 창업을 지속적으로 강화하는 방안으로 BASE(Business Accelerator for Sustainable Entrepreneurship)를 만들어 활용 중이다.[8]

노스캐롤라이나 대학에는 과학기술 기업, 정부기관, 교육기관을 포함한 수백 개의 기업이 입주해 있다. 이 기업들은 신생 기업 및 비영리단체가 많으며, 스타트업과 기업가적 전문지식의 결합을 위해 노력한다. 이 대학의 캠퍼스 형태는 학생에게 지식과 기회의 시각을 넓혀주며, 기업가 정신 부전공은 예술 관련 전공 학생뿐만 아니라 예술에 관심 있는 다른 학과 학생들에게도 열려 있어 다양한 배경을 가진 학생들이 참여할 수 있다.

이스트만 음악대학(Eastman School of Music)은 수많은 졸업생이 나오는 상황에서 모두가 전문 연주자가 되는 것은 어렵다는 점을 이해한다. 클래식 음악의 대중적 인식 변화에 주목하여 음악 연계 산업의 전문 인력을 양성하고자 추진 중이다. 이 대학은 '기업가 정신 교육'을 강조하며, 캐서린 필린 슈즈(Catherine Filene Shouse) 재단이

---

8) 최종인 · 박치관. "대학 창업교육 핵심 성공요인: 미국 대학 사례의 시사점." 벤처창업연구, 8(3), (2013): 88, 91.

지원하고 제공하는 예술 리더십 프로그램을 운영한다. 대상은 지역사회와 세계의 리더이자 변화의 주체가 되기를 희망하는 모든 이스트만 학생들이다.

이 음대의 예술 리더십 성취 인증서(Arts Leadership Certificate of Achievement, ALP)는 학생의 기본 학습 영역을 보완하고 학생의 직업 목표를 지원하기 위한 전문 개발 교육을 제공하도록 고안되었다.[9] 학생들은 강좌 선택, 인턴십 선택, 업계 전문가의 조언을 통해 자신의 경험을 개인화한다. 이 프로그램에 참여하는 사람들은 음악 산업에 대한 지식과 해당 분야의 리더가 되기 위한 기술을 습득한다. 이스트만 음대의 예술 리더십 프로그램은 학생들이 직면하게 될 도전에 대비할 수 있게끔 학생들을 준비시킨다.[10]

커티스 음대(Curtis Institute of Music)는 경력 개발 프로그램을 통하여 기업가 정신을 교육한다. 음악인의 다양한 경력이 그들을 성공으로 이끈다는 생각으로 2007년부터 경력 개발 수업을 제공해왔으며, 전공, 기술, 지역사회, 기업가 등에 대한 다양한 수업을 제공한다. 학생들이 필수로 수강해야 하는 수업은 'The 21st-Century Musician(21세기의 음악인)', 'Foundations of Engagement(관계의 기초)'이다. 또한 전공에 따라 분류한 필수 수업을 수강하도록 한다. 이 외에도 기업가 기술을 터득하도록 음악 기술, 지역사회 연주 프로젝트 등에 관한 수업을 선택해 수강할 수 있다.

뉴욕에 위치한 맨해튼 음악학교의 CME(Center for Music Entrepreneurship)도 음악활동의 안정적인 전개는 물론 강연, 전문가 코칭, 워크숍, 인턴십, 정규 수업, 멘토링 등을 통해 기업가 정신 교육

---

9) 출처: https://iml.esm.rochester.edu/degrees-minors-certificates/alp-certificate/
10) 최종인·박치관. 위의 논문. 90.

을 제공한다. 학생들이 적성과 흥미에 맞는 직업을 선택하도록 도움을 주고, 예술단체나 기업과 연결하는 역할을 한다.[11]

실제로 많은 예술인들이 기업가 정신을 발휘하여 창의적인 아이디어를 사업으로 선환하고 있다. 클래식계에서도 이와 같은 변화가 두드러지는데, 카라얀은 본업인 지휘자의 역할뿐만 아니라, 오페라와 음악 영화 연출, 매니지먼트 사업, 교육과 음악 치료 등의 영역에 이르기까지, 다양한 뮤직 비즈니스 분야에 적극적으로 도전한 것으로 유명하다.

독일 브레멘 카머필히모니 콘트라베이스 연주자인 알베르트 슈미트도 기업가 정신을 적용하여 지속적인 적자에 시달리던 교향악단을 재정적으로 안정화시키고 흑자로 전환하는 데 성공했다. 그는 악단을 브랜드화하고, 회계와 마케팅을 도입했다. 그의 공로 덕에 현재 브레멘 카머필하모니는 세계 10대 오케스트라로 평가받고 있다.

린지 스털링(Lindsey Stirling)은 미국의 세계적 바이올리니스트이자 댄서이며 퍼포먼스 아티스트 및 작곡가이다. 그녀는 대학에서 영화를 전공했다. 음악, 춤, 영상 편집 등 가진 재능을 총동원해 주기적으로 유튜브에 자신의 바이올린 연주 영상을 편집해 올리고 있다. 시장성이 없다는 사람들의 혹평에도 자신의 곡을 홍보하며, 여러 재능을 적극 활용하고 있다. 스털링은 다양한 장르의 음악과 안무의 결합, 화려한 퍼포먼스와 영상 편집을 통해 독창적인 뮤직비디오를 제작해 내며 '바이올린계의 마이클 잭슨', '클래식계의 레이디 가가' 등 자신만의 브랜드를 창조하고 있다.[12]

---

11) 이담소담팀(이화여대 자기설계 해외탐사프로그램). "음악과 취업, 하모니를 찾아서, 새로운 산학협력 프로그램 제안." (2014): 17.
12) 민혜리. "클래식 음악 공연의 활성화를 위한 음악가의 기업가정신에 관한 연구-음악가들의 기업가 정신 발휘 사례분석 중심으로-." 석사학위논문, 상명대학교 대학원, (2016): 63, 96.

리좀적 사고

예술 기업가 정신은 일반 기업가 정신을 예술 분야에 적용한 것으로, 예술가들의 창작 방식을 사회과학적 접근으로 확장하는 사고방식이다. 이 과정에서 예술 기업가 정신은 예술가의 예술적 결과물을 완성하는 데만 목적을 두지 않고, 예술적 결과물을 새로운 차원으로 활용하거나 기술과 결합하는 방식을 통해 시장을 개척하는 전 과정에 목적을 둔다.

이러한 기업가정신을 설명하기 위해서도 리좀적 사유를 살펴볼 필요가 있다. 20세기 말에 철학자 질 들뢰즈(Gilles Deleuze)가 이론화한 이 사유는 새로운 기술과 혁신의 융합으로 사회의 변화를 주도한다는 면에서 예술 기업가 정신과 매우 닮아 있다.

리좀(Rhizome)은 식물학적으로 줄기가 지하로 뻗어나가며 복잡하게 얽힌 뿌리 체계를 가진 지피식물류를 지칭한다. 이 용어는 들뢰즈와 가타리의 저명한 철학서인 『천 개의 고원』 서문에서 사용되었다. 식물학적 리좀의 개념을 재해석하여 중심이나 경계가 없는 다변적인 세계관을 나타내는 철학적 개념을 설명할 때 활용되었다.

들뢰즈의 리좀은 처음과 끝을 정해놓지 않으며, 지속적인 증식과 변화를 통해 새로운 형태와 가능성을 탐구하는 개념이다. 예술가도 자신의 작품을 세상에 내놓는 과정에서 새로운 아이디어와 스타일을 고민하고 탐구한다. 이때의 생성은 단순히 무에서 유를 창조하는 것이 아니라, 변화의 과정을 통해 새로운 형태나 아이디어를 만들어내는 것이다. 이 과정에서 새로운 것이 발생하며, 변화의 흐름이 형성된다.

들뢰즈와 가타리가 제시하는 리좀의 핵심 원리는 다양한 이질적인 것과의 접속이다. 이질적인 전문성 및 다양한 전문성과의 접속이 바로 예술 기업가 정신이 추구하는 지식융합 방식의 핵심 원리라고 볼 수 있다. 어떤 전문성과도 배타적인 입장을 견지하지 않고 새로운 접속 가능성을 열어놓는다는 점, 기업가 정신은 하나의 특징이나 기준으로 포섭되지 않고 그 자체로 치이가 드러나는 다양성을 존중하면서 부단한 접속을 시도한다는 점이 리좀의 핵심 원리와 비슷하다.

특히 이 리좀적 방식은 브리콜라쥬(Bricolage)와 함께 개념축으로 설정되어, 기업가 정신과 예술 산업 구도를 설명하는 데 사용되곤 한다. 예술 기업가 정신의 실행 과정은 개념 단계인 리좀과 브리콜라쥬, 실행 단계인 콜라보레이션, 구현 단계인 플랫폼으로 구분된다. 브리콜라쥬는 예술 내부의 차원에 대한 사고의 전환으로 자원 활용에 접근하는 것이고, 콜라보레이션은 기업과의 협업, 도시 개발자와의 협업, 다양한 시민운동과의 협업을 예로 들 수 있다. 플랫폼은 수요와 공급이 만나도록 하는 생태계를 형성하는 곳으로 텀블벅, 에어비앤비의 사례가 있다.[13]

들뢰즈의 철학은 존재 사이에서 발생하는 변화에 주목하며 탈중심주의를 추구한다. 그에게 있어서 존재는 차이 그 자체이며, 지속적인 탈중심화를 향해 끊임없이 변화한다. 이와 마찬가지로 예술의 기업가 정신 역시 작품의 창작에서 배급과 홍보에 이르기까지, 변화는 구체화되고 있다.

---

13) 박신의. "예술기업가정신, 개념과 실천영역-예술산업 논의와 병행하여." 문화예술경영학연구, 9(1), (2016): 3-27.

제 4 장
스타트업으로 만나는 현대 문화예술

아트테크 스타트업

2019년 후반부터 발생한 코로나 팬데믹으로 문화예술계는 큰 타격을 받았다. 사회적 거리 두기로 각종 공연이나 전시가 취소 및 연기되었지만 암울하기만 했던 문화예술계도 차츰 일상 회복과 함께 위기를 극복하고 있다. 그 중심에 바로 비대면 첨단기술이 있다. IT기술이 시공간의 제약을 넘는 여러 서비스를 제공하면서 문화예술계는 이와의 융합을 통해 회복되고 있다.

예술경영지원센터의 자료에 따르면, 2020년에는 약 3,291억 원, 2021년에는 약 9,223억 원, 2022년에는 1조 원에 육박하는 규모의 회복세를 보이며, 하락세를 보이던 국내 미술 시장 규모도 차차 확장되고 있다. 예술경영지원센터가 운영하는 한국미술시장 정보시스템에 따르면, 미술품 공동구매의 주요 플랫폼인 아트앤가이드, 아트투게더, 테사, 소투 등의 누적 공동구매 금액은 지난 22년 4월까지 3년 간 963억 원에 달했다.

이러한 미술품 시상의 신속한 회복의 원인으로는 예술에 대한 대중적 관심과 아트 테크 스타트업을 들 수 있다. 예를 들어 조각 투자 플랫폼 기업이자 국내 최초 미술품 공동구매 플랫폼인 '아트앤가이드' 운영사인 열매컴퍼니는 2023년 기준 일본 작가 쿠사마 야요이의 호박을 기초 자산으로 하는 국내 1호 투자계약증권을 발행해 650.23%의 높은 청약률을 달성했다.

열매컴퍼니 등의 아트테크 기업은 투자 유치와 금융위원회의 조각 투자 가이드라인 발표로 현재까지 빠르게 성장하고 있다. 디지털 기술은 거래의 신뢰성을 높여 조각 투자를 대중화하고 있으며, 블록체인 기술은 작품의 실시간 소유권과 거래 이력을 투명하게 관리하고 있다. 작품 공동 소유는 디지털 시대 예술품 투자의 핵심으로, 소액 투자자들의 참여를 쉽게 만들고 있다.14)

음악 및 공연예술 스타트업의 성장

한국의 주요 문화금융기업인 '뮤직카우'는 누구나 음악 저작권에 대한 수익을 받을 수 있는 시장을 세계 최초로 개척했다. 음악과 투자라는 완전히 다른 두 영역을 결합해 새로운 시장을 형성했으며, 저작권료 공유 플랫폼을 운영해 가수나 작곡가가 아니더라도 누구나 자신

---

14) 중소벤처기업부, 창업진흥원(K-Startup) 〈K-컬쳐 든든히 떠받치는 문화예술 스타트업 도전기〉 https://me2.do/xQNFjmZ2

의 저작권을 거래하고 저작권료를 받을 수 있게 하고 있다. 음악 저작권을 기초 자산으로 하는 신탁수익증권을 통해 매월 저작권료를 받을 수 있는 권리가 생기는 것이다. '뮤직카우'는 저작권자와 협의해 저작권을 지분으로 쪼개어 사들인 뒤 이를 분할해 경매에 올리는 방식을 채택하고 있다. 초창기 이용자 수는 약 3천명 정도였으나, 2022년 하반기에는 약 100만 명까지 증가하였다. 누적 거래액은 4천억 원에 이르러 설립 7년 만에 국내 음악 생태계 발전에 크게 기여하는 주요 기업으로 성장하였다. 이는 스타트업으로 시작한 뮤직카우가 국내 음악 산업에 미치는 긍정적인 영향을 입증한다.

'사운드리퍼블리카'는 국적, 장르에 상관없이 다양한 아티스트들의 음원을 유통하는 기업이다. 멜론, 벅스, 지니 같은 국내 사이트뿐 아니라 애플 뮤직, 아이튠즈, 스포티파이 등 전 세계 200여 개의 음원 스트리밍 사이트에 음원을 유통한다. 이 기업은 전용 시스템을 사용하여 실시간으로 다양한 통계 결과를 제공하기도 하고, 저작권 투자 등으로 서비스를 확장해가고 있다.

'더핑크퐁컴퍼니'의 <아기 상어> 노래는 244개국에서 25개 언어로 서비스되고 있으며 아기상어체조 영어 영상은 유튜브 최초로 100억 뷰를 달성하기도 했다. 이 동요의 유튜브 채널 구독자 수는 23년 3월 기준 1,110만 명이니 전 세계 어린이들이 시청했다고 해도 과언이 아니다. '더핑크퐁컴퍼니'는 중국 상하이, 홍콩, 싱가포르에 해외 법인을 설립하고 사우디아라비아 투자부와 업무 협약을 체결하는 등 본격적으로 해외 시장을 향해 나아가고 있다. 22년 3-4분기 누적 매출액이 736억 원에 달하고, 이 중 해외 매출액은 577억원으로 79%에 달한다. 국내 키즈 엔터테인먼트로서는 이례적인 규모로, 이들은 더 널리 수용되고 인식되기 위해 캐릭터와 관련된 콘텐츠들을 지속적으로 개발하고 있다.

'잰이펙트'와 '아트라컴퍼니'는 전통 예술을 현대에 맞게 변화시키고자 각각 가야금을 우쿨렐레 크기로 줄이거나 메타버스에 한국무용을 접목하는 사업을 진행하고 있디. '소리마을 따꿍이'도 어린이들이 쉽게 전통음악을 체험하도록 다양한 아동용 영상 콘텐츠를 제작한다. 이들은 전통문화를 뉴노멀(New Normal) 콘텐츠로 제공하며 현대적인 관점으로 재해석했다.

'어메이즈VR'은 가상현실 기술을 활용하여 음악 공연을 제작하고 유통하는 스타트업이다. 이들은 가수들의 공연을 스튜디오에서 촬영하고 VR 기술을 활용해 팬들이 실제 공연장에 있는 듯한 느낌을 받는 서비스를 제공한다. 최근 180억 원 규모의 프리 시리즈B 투자를 유치했으며, 세계에서 가장 혁신적인 라이브 공연 10대 기업 중 하나로 선정되었다. '어메이즈VR'은 이렇게 가상현실 기술 혁신을 통해 공연문화 발전에 기여하고 있다.

'엔터크라우드'의 '아이겟'은 공연 티켓 공동구매 플랫폼인데, 인기 공연의 좌석을 저렴하게 예매할 수 있다. 또한 '스페이스 오디티'의 '케이팝 레이더'는 케이팝 팬들을 위한 앱으로 아티스트의 일정과 소식, 객관적인 팬덤 규모 등의 정보를 제공받을 수 있다. '케이팝 레이더'는 최근의 음원 차트나 음반 판매량 등이 아티스트의 팬덤 규모를 파악하는 지표로써 신뢰를 잃은 상황에서 등장했다. 음원 사재기 등의 논란으로 팬덤의 인기를 측정하는 방식이 변화한 시대적 흐름과 소비패턴을 고려해 SNS 팔로워 및 유튜브 조회 수 등으로 아티스트의 인기와 영향력을 측정하고 있다.

한편, K-콘텐츠의 위상이 전 세계적으로 높아지며 한국 문화에 관심을 갖는 해외 팬들도 크게 늘고 있다. 특히 한국어를 배우려는 수요가 증가하며 한국어 회화 연습 서비스를 제공하는 애플리케이션 '트이다'가 자리를 잡아가고 있다. 20년에 출시한 '트이다'는 미국, 브라질, 베트남 등 190개국에 제공되어 해외 진출에 성공한바 있다. 21년 중소벤처기업부의 민간 투자 주도형 기술창업지원 프로그램 TIPS에 선정되고, 22년 제3회 스마트대한민국포럼 대상에서 벤처기업협회장상을 수상하기도 했다.[15]

K-콘텐츠 스타트업의 선도성과 세계화

지난 몇 년간 K-콘텐츠의 글로벌 인기는 놀라운 규모로 성장했다. 넷플릭스의 <오징어 게임> 같은 콘텐츠는 전 세계적으로 큰 화제를 모으며 주목받았다. 이렇게 각종 K-콘텐츠가 연달아 흥행하고 주목을 받으면서 K-콘텐츠 관련 스타트업들도 호황을 맞이하고 있다.

K-스타트업인 '리디북스'에서 출발한 '리디'는 웹소설을 넘어 웹툰 영역까지 발을 넓히고 있다. 리디가 운영하는 웹툰 서비스 '만타'는 첫 출범한 북미에서 이미 성공을 거두었으며, 최근에는 스페인어를 지원하며 해당 언어권 국가를 공략할 계획이다. 뿐만 아니라 21년에는 싱가포르 투자청 등에서 글로벌 투자를 유치하였고, 이후에도 동남아시아 시장에 적극 진출하며 점점 확장 범위를 넓히고 있다. 다운로드 800만 회 돌파와 구글 앱 만화 카테고리에서 1위에 등극한바 있다.

웹툰 콘텐츠 전문 기업인 '테라핀(구 코핀커뮤니케이션즈)' 또한 세계 시장에 발을 디디고 있다. 웹소설부터 원작 소설의 웹툰화, 웹툰

---

15) 중소벤처기업부, 창업진흥원(K-Startup) 〈K-컬쳐 든든히 떠받치는 문화예술 스타트업 도전기〉 https://me2.do/xQNFjmZ2

캐릭터를 바탕으로 한 이모티콘, 상품화, 애니메이션에 이르기까지 콘텐츠에 대한 모든 사업을 영위한다. 2019년에는 40억 원 규모의 시리즈A 투자를 유치했고, 중국의 콰이칸, 태국의 위코믹스, 프랑스의 델리툰 등 각국의 주요 웹툰 플랫폼과 콘텐츠 공급 계약을 맺었다. 2022년에도 650억 원 규모의 추가 투자 유치에 성공하며 그 역량을 인정받았다. 뿐만 아니라 '코핀커뮤니케이션즈'는 21년에 신용보증기금이 선정한 제6기 혁신 아이콘 기업에 이름을 올리기도 했다.

21년 11월에 100억 규모의 시리즈A 투자 유치에 성공한 웹툰 프로덕션 '콘텐츠랩블루'는 웹툰 제작사인 동시에 배급과 제공까지 도맡고 있다. 국내 웹툰을 해외에 유통하고, 해외 웹툰을 수입하는 등 세계의 콘텐츠를 현지화하는 데 이미 성과를 냈다. 그들은 일본, 태국 등에 현지 법인을 설립하여 해외 시장 진출에 박차를 가하는 중이다.

'밤부네트워크'는 대학생들이 공모전에서 수상한 시나리오로 만든 웹드라마 <대나무숲>으로 시작하여 <네 멋대로 하는 연애>, <어서오세요, 마녀상점> 등 다양한 연령층을 타깃으로 웹드라마를 만들며 탄탄한 콘텐츠를 제작하는 데에 주력하고 있다.

이제 콘텐츠를 소비하는 사람들은 그저 만들어진 콘텐츠를 수동적으로 감상하는 데에 그치지 않고 제작에 투자하는 적극적인 투자자가 되어간다. K-콘텐츠 증권투자 플랫폼 '펀더풀'은 관객들이 원하는 콘텐츠에 직접 소액 투자를 해 영화 흥행에 따른 수익률을 기대할 수 있는 시스템을 만들었다. 이들은 21년에는 167억 원의 펀딩 성과를 냈고, 계속해서 다양한 콘텐츠들을 투자 상품으로 꾸준히 선보이며 콘텐츠 투자가 가능함을 증명하고 있다.[16]

---

16) 중소벤처기업부, 창업진흥원(K-Startup) 〈세계적 팬덤 누리는 K-콘텐츠... 스타트업들도 함께 뛴다!!!〉 https://me2.do/FpZhWevx

예술을 쉽게, 콘텐츠로 재미있게

가까이 다가가기엔 난해할 것 같아 주저하게 만드는 예술에 대한 선입견을 깨고, 예술을 쉽게 이해할 수 있는 다양한 콘텐츠를 제공하는 스타트업들도 주목할 만하다. 문화예술 미디어 스타트업 '널 위한 문화예술'은 각종 문화예술과 관련해 누구나 간단히 즐길 수 있는 콘텐츠를 제작하여 젊은 MZ세대 이용자들의 문화예술 접근 장벽을 낮추었다.

이 스타트업은 2018년 창립 이후 유튜브를 비롯한 소셜미디어를 통해 약 300여 편의 영상을 선보이고 있다. 종합 구독자 수는 65만 명, 누적 조회 수는 3,000만 회를 기록하고 있으며, 한정 수량 티켓을 높은 할인율로 제공하는 '널위한 99티켓'도 오픈되자마자 빠르게 매진되고 있다. '널 위한 문화예술'은 그간 미술 관련 다양한 지식 정보 콘텐츠를 개발하며, 제작 역량과 SNS 매체력을 기반으로 현대카드, 네이버 문화재단, 아우디폭스바겐 등 150여 개 기업 및 기관과 협업을 해오고 있다.

제8부

문화예술의 가치와
마케팅의 상호작용

문화예술과 마케팅의 공통된 목표와 가치
브랜드 아이덴티티 구축
예술적 요소를 활용한 마케팅
디지털 시대의 예술 홍보와 소셜미디어

예술을 활용한 마케팅이 기업에 실제적으로 도움이 되는 분야라는 것은 이미 오래전부터 그 중요성을 인정받아왔다. 그러나 아직도 기업 환경 내에서 기존의 완성된, 유명 예술 작품을 그대로 마케팅에 활용하는 다소 진부한 생각을 전부로 여기는 사람들이 있다. 마케팅 경쟁이 치열해질수록 기존의 방식에서 벗어난 창의적인 아이디어로 소비자에게 새로운 문화예술 활용 전략을 제시해야 한다.

또한, 예술은 이제 단순히 취향만의 문제가 아니라 상품 선택에 있어 중요한 요소로 인식되고 있으며, 이로 인해 예술과 관련된 새로운 마케팅 비즈니스 모델이 등장하고 있다. 이러한 동향은 예술경영에 있어서도 기존의 관행을 뛰어넘어 새로운 시장 수요에 부응할 수 있는 전략과 도전이 필요하다는 신호로 받아들여져야 한다.

제1장
문화예술과 마케팅의 공통된 목표와 가치

마케팅과 예술의 교차점

예술과 마케팅은 관객과 소비자가 중심이라는 공통점을 가지고 있다. 예술과 마케팅 모두 사람들의 인식과 감정에 영향을 미치며, 관심을 불러 모은다. 이는 상품의 효과적인 전달을 위하여 전략을 필요로 한다는 점에서도 공통적이다. 예술가는 자신의 메시지를 잘 전달하기 위해 구성, 표현, 관람 방식 등을 신중하게 고민하고, 마케팅은 서비스의 특징과 가치를 전달하기 위해 기획, 판매 전략을 신중히 고민한다.

예술이 관객에게 감정적인 경험을 제공하고 심리적인 영향을 준다면, 마케팅은 감정적인 반응을 유발하여 제품이나 서비스에 대한 호감을 형성한다. 이러한 특성은 예술과 마케팅이 개인의 인식과 감정에 깊이 관여하고 있음을 나타낸다.

물론 예술은 관객과 예술가 간의 상호작용과 감정적인 연결을 더 중요시하는 반면, 마케팅은 소비자의 실질적인 관심사, 고객이 원하는 것이나 구매 자체를 중시한다는 차이가 있다. 이처럼 두 영역의 궁극적인 목표는 다르지만, 모두 관객 또는 소비자의 관심과 요구에 초점을 맞추고 있다.

예술과 마케팅의 많은 공통점 중에서도 가장 핵심적인 것은 이 두 가지가 창의력과 표현력을 필요로 한다는 점이다. 예술은 언제나 새롭고 섬세한 시각으로 남들이 보지 못하는 관점을 전달하고, 마케팅 역시 경쟁 환경에서 더욱 돋보이는 방식을 선택해 남들이 생각하지 못한 창의적이고 고유한 표현을 통해 경쟁 우위를 확보하려는 전략적 접근을 취한다.

한편, 예술을 한문장으로 정의해보면 "보편성, 특수성과 함께 놀라운 느낌을 전해주는 것"이라 할 수 있다. 이것은 예술이 모순적인 개별적 삶의 특성과 보편성 사이의 괴리를 극복하고자 하는 의사소통 수단임을 의미한다. 경영 또한 보편성과 특수성을 조화시켜 이를 통해 고객, 종업원, 주주 등의 이해 관계자를 감동시켜야 한다는 점에서 종종 예술과의 유사점을 발견할 수 있다.

과거에는 예술과 경영이 별개로 간주되어 왔지만, 현재 경영 분야는 급격히 변화하는 복잡한 환경에서 관료적 시스템이나 보편성만으로는 해결할 수 없는 특수한 접근 방식을 요구한다. 이는 고객들의 세부적인 취향과 다양성에 대응하기 위해 창의적인 접근이 필요함을 시사한다. 따라서 기업은 문제 해결을 위해 예술적 영감을 경영에 접목하고 있다.[1]

---

1) 장대철. "예술과 경영 기초조사 연구: 경영미학과 예술기반경영(summary)." ARCOM, 문화체육관광부, 한국예술종합학교 산학협력단, (2012): 2.

왜 예술에 집중하는가

기업이 추구하는 기술적 비전은 소비자의 가치 욕구에 따라 변화해왔다. 1970~80년대에는 경제적 가치에 기반한 생산기술, 1990년대에는 사용 가치에 따른 첨단기술이 강조되었으며, 2000년대부터는 문화적 가치에 기반한 감성기술의 중요성이 더욱 커졌다. 이로 인해 마케팅의 패러다임 또한 변화하고 있으며 기업은 품질이나 가격 등의 유형 요소보다는 감성적이고 예술적인 무형 요소에 집중하고 있다.

기업은 경영에 예술의 다양한 요소를 접목하여 제품, 고객, 외부 이미지 등에서 실질적 가치를 높이기 위해 노력하고 있고, 소비자들이 추구하는 예술의 가치를 더해 체계적인 브랜드로 상징화하는 작업에 주력하고 있다. 또한 메세나적인 측면에서 예술가를 후원함으로써, 대외적인 명분을 갖추고 예술적 감수성도 보여주면서 기업과 상품의 이미지를 장기적으로 높이고자 하는 경우도 많다.

이를 기업의 사회적 책임(CSR, Corporate Social Responsibility)으로도 설명할 수 있는데, 사회적 책임에 대한 국제표준안인 ISO 26000[2]이 도입되면서 CSR을 통한 문화예술활동은 기업경영평가에 중요한 요소가 되었다. 여기에 강제성은 없지만 소비자들은 인류의 웰빙과 환경 보호에 무신경한 기업을 지지하지 않는 경향이 있으므로, 기업은 예술로 인해 고객의 감성욕구를 충족시키면서 기업의 성과는 물론, 사회적인 책임감을 갖게 된다.

---

2) ISO 26000은 국제표준화기구에서 개발한 기업의 사회적 책임의 세계적인 표준이자 국제 권장사항이다.

커뮤니케이션의 도구

예술은 복잡한 개념이나 감정을 효과적으로 전달하는 커뮤니케이션 도구로서의 역할을 한다. 예술을 활용한 마케팅은 고객에게 복잡한 메시지를 간결하게 전달하고, 광고를 통해 전달되는 이야기는 곧 브랜드의 메시지와 직결된다. 혁신적인 메시지를 주는 기업광고나 사람 사이의 정을 느끼게 해주는 공익광고 등 다양한 광고들은 생활 깊숙이 자리잡는 이념들을 생산해낸다.

우리가 일상에서 많이 접하는 광고는 이렇듯 단순히 상품을 구매하라는 메시지 이상을 전달한다. 기호학의 대가인 롤랑 바르트는 이러한 과정을 '신화'라고 표현했다. 그는 광고에 등장하는 상품이나 브랜드가 특정 사회적 가치나 이념을 상징하는 기호로 사용되는 경우가 많다고 주장했다. 광고에 등장하는 상품이 단순히 브랜드가 제품이나 서비스를 판매한다는 것 이상으로 사회적인 의미와 가치를 내포하고 있음을 뜻한다.

광고 속 상징들은 사회적인 관념에 대한 신화를 형성하고 이를 홍보하며 강화하는 역할을 한다. 따라서 광고는 단순히 제품을 홍보하는 것 이상으로 사회적으로 만들어놓은 신화를 전달하고 유지하는 데 기여한다는 것이 바르트의 주장이다.

예를 들어 이동통신사 KTF에서 제작한 "나이는 숫자에 불과하다"라는 광고문구는 뒤에 이어지는 "KTF적인 생각이 대한민국을 바꿉니다"라는 문구에 새로운 의미를 부여하였다. 그리고 KTF를 이용하면 우리나라를 바꾸는 새로운 가치에 동참하게 된다는 의미, 신화를 만들어냈다. 이렇듯 광고의 수용자는 광고에 표상된 상품과 기업의 가치를 자연스럽게 설득당하고 받아들이게 된다.

광고 속 상징은 단순히 시각적 요소나 텍스트의 효과를 넘어, 청각적 요소인 사운드와 음악을 통해서도 효과적으로 전달될 수 있다. 동부센트레빌 아파트 영상광고에 사용된 음악적 기호들은 개인의 자아를 실현하는 이상적인 삶이 동부센트레빌에 거주함으로써 완성된다는 메시지를 전달한다. 현악기의 역동적인 시퀀스로 시작되는 광고음악은 "남다른 생각이 남다른 프리미엄을 만든다"라는 광고카피와 함께 신화를 만들어낸다. 자연친화적인 장면에서는 새소리와 비슷한 음역대의 악기를, 혁신적인 아파트의 이미지에서는 드럼과 퍼커션을 조합해 웅장함을 표현하며, 남들과 다른 삶이라는 프리미엄적 가치를 사운드로 전달한다. 이 음악은 자연친화적인 현악기와 일렉트로닉 사운드를 조화롭게 믹싱함으로써 자연과 혁신의 이미지를 모두 담으며, 남다른 프리미엄의 가치를 상기시켜 고급스러움을 만들어냈다.

제 2 장
브랜드 아이덴티티 구축

브랜드의 이미지

　이미지는 여러 요소들에 영향을 미치는데 브랜드 이미지란 '기업이 생산해낸 상표나 브랜드에 대해서 소비자가 주관적으로 느낀 심상'으로 제품이나 서비스에 대한 추상적인 느낌과 물리적인 성질을 모두 포함하여 오랜 시간을 통해 형성된 소비자의 정서적 감정을 일컫는다. 브랜드 이미지는 마케팅과 관련되어 있어 소비자가 느끼는 브랜드 이미지가 호의적일수록 구매로 연결될 확률도 크다.[3]

　광고에는 세상을 해석하는 방법이 담겨 있다. 짧은 15초의 영상이 미학적으로 평가될 수 있는 이유는 형식과 내용이 요약되고 집중된

---

3) 탁재성. "문화마케팅이 브랜드 이미지와 기업 이미지에 미치는 영향에 관한 연구." 석사학위논문, 경희대학교 관광대학원, (2016): 29-30.

내용을 통해 한 편의 영화보다 더 깊게 소통한다는 새로운 즐거움을 소비자들에게 제공하기 때문이다. 결국, 이러한 즐거움은 소비자의 마음 속에 기업과 제품에 대한 아름다운 정체성을 형성하게 된다. 따라서 기업은 제품보다는 고객과 공감하며 소통할 수 있는 컬처브랜딩 (Culture Branding)을 구상하고 계획해야 한다.

정신적 풍요를 찾아서

그간의 급속한 경제 발전으로 기본적인 의식주 문제가 해결되면서부터 물질적 풍요보다 정신적 풍요를 중요시하는 시대가 열렸다. 여기에 따라 사람들의 소비형태도 많이 바뀌었고, 전통적인 획일화, 대량화 생산에서 개인화, 개성화, 다양화, 고급화 추세로 생산 스타일도 바뀌어가고 있다. 이에 더해 문화예술의 중요성이 증대되며 마케팅의 주요 요소인 소비자 측면에서도 감성기술, 문화적 가치, 감성체험 등이 중요시되는 분위기다.

현대카드 슈퍼콘서트는 2007년부터 '유명한 해외 스타의 내한 공연'으로 성공적인 입지를 굳히며 브랜드 이미지를 구축해왔다. 빌리 조엘, 비욘세, 스티비 원더, 마룬5, 퀸, 레이디 가가, 폴 매카트니, 에미넴, 콜드 플레이 등 최정상급 글로벌 스타가 현대카드 슈퍼콘서트를 통해 내한했다. 소비자는 현대카드에 '파격', '고급', '문화예술', '즐거움'의 이미지를 가지게 되었고, 결국 이는 긍정적인 브랜드 이미지와 브랜드 선호로 이어졌다. 게다가 현대카드는 콘서트라는 문화 이미지를 오프라인 공간 '현대카드 라이브러리'로 확장 및 연결시켜 더욱 입체적이고 지속적인 브랜딩을 이어나가고 있다.

그러나 현대카드는 계약 및 공연 기획 전반과 홍보에만 개입하고 있다. 공연으로 발생한 수익은 주관사가 가져간다. 이는 현대카드가 슈퍼콘서트의 매출을 바라고 하는 일이 아닌 합리적인 가격에 좋은 문화경험을 제공하고자 하는 측면으로 보인다. 즉, 수익만 추구하는 것이 아니라 슈퍼콘서트의 팬이 곧 현대카드의 팬이 된다는 문화적 가치를 낳는다.

프랑스 럭셔리 패션 브랜드 루이비통은 예술적 가치를 고객에게 전달한다. 건축가 프랭크 게리가 외관을 설계한 루이비통 메종 서울은 매장 4층을 루이비통 재단 미술관의 소장품을 전시하는 전시공간으로 마련해 브랜드가 추구하는 예술적 가치를 보여주는 공간으로 활용하고 있다.

구찌는 MZ세대를 공략하고 노후한 이미지를 혁신하기 위해 예술화 전략에 주력하고 있다. 예를 들어, 구찌의 전시회인 구찌가든 아키타이프 '절대적 전형'은 13개의 멀티미디어 공간으로 구성되어 있어, 구찌의 6년간의 캠페인을 감성적인 놀이터로 연출하였다. 이 곳에서 고가의 컬렉션은 뒤로하고 브랜드의 가치와 미학적인 요소를 스토리텔링하는 전략을 펼쳤다. 고객들은 백화점에서 제품을 볼 때 놀라는 것이 아니라 문화와 예술의 공간에서 브랜드를 체험하며 가치를 인지하게 된다. 이러한 전략을 통해 구찌는 상품보다는 고객과의 공감과 교감을 중시하는 컬처 브랜딩을 선보이고 있다.

일본 기업 혼다는 2008년 특별 연주회에서 인간형 로봇 '아시모'가 오케스트라가 연주하는 곡을 지휘하도록 함으로써 기술과 예술이 통합된 브랜드 이미지를 전달했다. 혼다는 회사의 고객이나 기술, 제품과 관련된 분야를 감성기술로서 표현하고 있다.

감성 속에 숨어 있는 자본 논리

이제 마케팅 환경의 근본적인 변화로 제공되는 서비스 간의 차이가 줄어들며 편익에 치중한 마케팅 전략으로는 차별 우위를 확보하기 어려운 상황이 되었다. 이러한 상황으로 차별화 요소에 대한 관심이 고조되는 가운데 기업은 사회적 의무 차원에서의 일방적인 기여가 아니라 기업과 사회가 상호이윤을 추구하면서 공유할 수 있는 가치를 함께 만들어나가고 있다.

이는 CSR의 개념을 전략적으로 발전시킨 CSV(Creating Shared Value)로 설명할 수 있다. CSV는 CSR에 뿌리를 두고 있다. 기업의 사회적 기여라는 점에서는 CSR과 유사하지만, 기업과 사회 모두에 이익이 되는 공통의 가치를 창출하는 데 초점을 맞춘다는 점에서 CSR과는 차별화되는 새로운 개념이다.[4]

밀러 맥주와 필립 모리스 담배를 제조, 판매하는 알트리아 그룹은 기업의 부정적인 이미지를 극복하고 CSR 활동을 펼치기 위해 장기적 관점에서 문화마케팅을 펼치고 있다. 이 기업은 앤디 워홀을 포함한 50년대 전위미술가 그룹, 조지프 존스, 로셴버그 등 비주얼 아티스트들에 대해서도 과감하며 전폭적인 지원을 하고 있다.

국내의 포스코도 제철회사라는 차가운 기업 이미지를 벗기 위해 클래식이라는 장르를 기업 CF 및 프로모션에 도입하여 효과를 거두었다. 클래식 현악기의 현은 철로 만들어졌다. 하지만 소비자는 클래식을 들으면서 그 사실을 인지하지 못한다. 그렇게 "소리 없이 세상을 움직인다"라는 광고카피는 소비자에게 철의 소중함과 그러한 소중한

---

4) 박제인. "기업 메세나 활동을 통한 CSV(공유가치창출)연구." 한국무용연구, 41(4), (2023): 272.

철을 제련하는 포스코에 대한 긍정적인 이미지를 창출하였고, 포스코의 대외 인지도는 향상되었다.

또한 콘텐츠 기업인 CJ E&M은 세계적인 한류 컨벤션 KCON과 음악축제이자 시상식인 MAMA[5]를 통해 K-Pop을 확산시키고 있다. 2012년 미국 어바인을 시작으로 전 세계 각 지역에서 개최해온 KCON은 음악 콘텐츠를 중심으로 한국 문화에 대한 긍정적인 이미지를 전달함과 동시에 자사 한국 제품의 소비를 촉진시키고 있다.

문화마케팅은 기업활동을 용이하게 만들며, 투자 유치 가능성을 증내시킨다. 기업인지도를 제고하는 한편 매출을 증대시키고 가격 프리미엄을 확보하는 데도 도움이 된다. 이 외에도 문화 마케팅은 인력 채용 과정에서 중요한 역할을 한다. 새로운 직원을 확보하거나 기존 직원들의 창의성을 증진시키기 위해 다양한 혜택이 제공된다. 이러한 문화적인 혜택은 조직 내부의 상호작용과 창의성을 촉진하며, 결과적으로 우수한 직원을 확보하는 데 도움이 된다. 이는 생산성 향상과 조직문화 고양으로 자연스럽게 연결된다.

브랜드의 스토리텔링: 내러티브를 갖춘 브랜드

예술과 관련된 브랜딩을 잘 해나가기 위해서는 일회성 행사에 그치는 것이 아닌 장기적인 시스템을 마련하는 일이 중요하다. 소비자들의 기업의 사회적 책임에 대한 기대가 높아지고 있기 때문에, 문화를 아끼고 사랑함에 진정성이 드러나야 한다. 또한 기업이 음악인이

---

5) MAMA: Mnet Asian Music Awards.

나 연주단체를 후원하더라도 그들의 지명도에만 의존하기보다도 해당 예술단체가 대표하는 가치를 잘 스토리텔링해야 할 것이다.

최근 기업들이 화제를 모으는 공연을 유치한다거나 소외계층을 위한 문화행사 개최, 인기 음악이나 미술 작품을 상품 광고에 접목시키는 사례도 많이 보인다. 그러나 문화와 브랜드의 접목을 맹목적으로만 지향하다 보면 자사 브랜드와 어울리는 스토리텔링이 탄생하지 못해 소비자들에게 곧 외면받게 된다.

단순히 눈앞의 트렌드에만 연연해 기업의 아이덴티티를 찾아 부여하지 않는다면 소비자들은 납득하기 어려우므로 수용 가능한 마케팅은 필수이다. 예를 들어 통신사라면 외딴 섬에서도 공연 생중계 영상을 잘 볼 수 있음을 어필하는 등 기업의 특징과 문화예술의 접점을 잘 찾아야 할 것이다.

또한 예술가들 입장에서도 문화예술의 가치를 훼손하는 문화마케팅에 대해서는 자신의 가치를 잃지 않고 잘 유지하는 것이 예술경영의 성공적인 먼 미래를 위해서도 필요하다. 금액의 높고 낮음을 떠나 가치를 훼손하는 일이라면 거절하는 용기도 필요한 것이다.

제 3 장
예술적 요소를 활용한 마케팅

예술을 활용한 심리적 접근

인간은 무의식적으로 예술을 추구하는 본성을 지녔다. 예술은 우리의 사고, 감정, 행동에 큰 영향을 미친다. 예술은 우리에게 다양한 감정들을 불러일으키며, 예술이 우리의 행동을 어떻게 변화시키는지에 대한 많은 연구들이 있다.

특히 음악에는 상상 이상의 힘이 존재한다. 일상의 스트레스와 불안감을 완화하고 긍정적인 마음가짐을 가지게 한다. 음악은 감정 조절과 영감 생산에 도움이 되며, 이 효과는 제품을 판매하는 소매점에서도 관찰된다. 예를 들어 점포 내 BGM은 종종 상품 판매를 촉진하는 역할을 한다. 음악만의 템포와 리듬은 소비자 행동 변화에 영향을 끼치며, 매장에서도 특정 고객층을 대상으로 BGM을 선곡하기도 한다.

1982년 미국 로욜라 대학의 로널드 밀리먼 교수는 슈퍼마켓에서 느린 템포의 BGM과 빠른 템포의 BGM을 틀고 손님이 홀 내의 두 지점 사이를 이동하는 시간을 측정하는 실험을 했다. 결과적으로 느린 템포의 BGM을 틀었을 때는 127.53초였고, 빠른 템포의 BGM을 틀었을 때는 108.93초였다. 즉, 보행 속도가 듣는 음악 템포의 영향을 받은 것이다. 템포가 빠른 음악을 들을 때는 무심코 걷는 속도가 빨라졌고, 느린 음악을 들을 때는 느려졌다. 이렇듯 음악은 사람의 행동에 직접적인 영향을 끼친다.6)

사람은 본능적인 기능을 관장하는 뇌인 대뇌변연계에서 음악을 느낀다. 그렇기 때문에 음악은 사람이 설령 의식하지 못하더라도 감정을 유발하는 데 뚜렷한 영향을 미친다. 사람은 감정의 동물이므로, 어떤 물건을 구입하거나 어디론가 가는 행동도 결국 감정에 이끌린 판단이라 볼 수 있다.

많은 연구에서 배경음악의 볼륨, 장르, 소음은 음식 선택에도 영향을 미치는 것으로 나타났다. 낮고 차분한 음악은 건강한 음식 선택을 촉진하고 긴장을 완화시키는 데 도움이 되며, 반대로 시끄러운 음악은 긴장을 증가시켜 건강에 해로운 음식을 선택하게 만들었다. 이는 감정을 조절하고 행동을 유도하는 음악의 메커니즘을 보여주는 결과이다. 특히 감정적으로 민감한 사람들은 배경음악의 영향을 더 크게 받는 것으로 나타났다. 빠른 비트의 음악은 신체적인 흥분과 긴장을 유발하는 경향이 있어, 공간에 머무르는 시간을 줄이고 대화 속도도 빠르게 만든다. 이러한 음악의 특성을 TV 홈쇼핑에서는 구매 유발에 활용할 수 있다. 또한 카페에서는 음악의 장르와 크기를 조절하여

---

6) 사이토 히로시, 「음악심리학」, 스카이출판사, 2013, 116-164.

고객의 체류 시간을 조절하고 손익분기점을 달성하는 데 활용할 수 있다. 클래식 음악은 럭셔리한 이미지 형성에는 도움을 주지만, 테이블 회전 속도를 낮출 수 있으므로 상황에 따라 적절한 음악을 선택하는 것이 중요하다.

미술 작품을 대할 때도 작품의 색채, 형태, 조형 요소들이 관람자의 감정과 행동에 영향을 미친다. 선명한 색채와 동적인 형태를 가진 작품은 관람자의 흥분을 도모하며, 조용한 작품은 평온함을 유발한다. 이처럼 예술 작품은 감정을 자극하고 행동을 유도하는 메커니즘을 지녔다. 음악처럼 미술 역시 민감한 성향을 가진 사람들이 작품에서 감정적인 영향을 더 크게 받는 것으로 나타났다.

이러한 미술 작품의 특성을 통해 우리의 감정과 행동을 조절하고 변화시킬 수 있다. 앞서 말했듯 빠른 움직임과 화려한 색채의 작품은 흥분과 행동을 유발하는 효과가 있으므로 전시장에서 관람객의 시선과 움직임을 조절하는 데 활용할 수 있다. 전시의 테마와 분위기에 맞는 작품을 선택한다면 전반적인 전시공간의 분위기를 형성하고 관람객들의 감정을 끌어올릴 수 있다. 이처럼 예술은 우리의 감정과 행동에 큰 영향을 미치며, 이를 효과적으로 활용하면 소비자의 행동을 유도하거나 분위기를 형성할 수 있다.

아트 마케팅의 유형

아트 마케팅의 유형은 다음과 같다. 첫 번째는 Branding through Art다. 기업의 메세나 활동처럼 문화예술행사나 프로젝트, 예술가를 후원하는 전통적인 문화마케팅 방식이다. 두 번째는 Art in Brand이다. 기존의 인지도 높은 예술 작품을 브랜드 마케팅의 일부로 삽입하여 예술 작품의 이미지나 가치를 브랜드에 전이시키는 방식이다. 예로는 명화 활용 광고 등이다. 세 번째는 Art for Brand이다. 예술가가 브랜딩 과정에 참여하여 새로운 상품 디자인 또는 광고, 유통매장을 창작하는 경우다. 네 번째는 Brand as Art다. 예술가가 브랜드(상품, 광고, 매장 등)를 하나의 예술 작품으로 보고 작업한 경우로 혁신적이고 앞서가는 브랜드 이미지를 구축하는 효과를 창출한다.[7]

기업들은 'Art for Brand'와 'Brand as Art'를 통해 예술을 적극적으로 활용하여 차별화와 혁신을 이루고 있다. 'Branding through Art'와 'Art in Brand'도 일반적으로 많이 시도되는 방식이지만, 'Art for Brand'와 'Brand as Art'의 증가로 기업은 상품 자체를 예술 작품으로 보고 다양한 장르와 예술가를 결합시키는 경향을 보인다.

아이덴티티 강화를 위한 예술

마케팅에서 예술적 요소를 활용하는 방법 중의 하나는 아이덴티티를 강화하는 것이다. 특히 브랜드의 시각적 요소는 고유한 아이덴티티를 형성해 소비자에게 브랜드를 인식시키는 중요한 역할을 한다. 예를 들면 브랜드의 로고 디자인은 브랜드의 시각적 식별 요소로서 매우 중요한데, 창의적인 로고 디자인을 통해 브랜드의 가치와 개성을 시각적으로 전달할 수 있다. 즉, 예술적인 그래픽 요소나 독특한 색상 선택을 활용하여 로고를 디자인하면 브랜드의 독자성을 드러낼 수 있다.

---

7) 안성아. "예술과 경영 기초조사 연구: 예술활용마케팅(summary)." ARCOM, 문화체육관광부, 한국예술종합학교산학협력단, (2012): 5-10.

또한 패키지 디자인은 제품의 시각적인 매력과 브랜드 메시지 전달에 큰 영향을 미친다. 예술적인 요소를 활용하여 창의적이고 효과적인 패키지 디자인을 구현할 수 있는데 제품의 특성이나 브랜드의 가치를 시각적으로 니타내기 위해 예술 작품, 일러스트레이션, 조각 작품, 혹은 그래픽 디자인 등 다양한 예술적 표현 방법을 활용할 수 있다. 예를 들어 해태제과의 하비스트는 제품 패키지에 명화를 활용함으로써 식품의 퀄리티를 높였다.

브랜드의 시각적 아이덴티티를 지속적으로 발전시키기 위해 꾸준히 예술가와의 협업을 고려할 수도 있다. 예술가와의 협업을 통해 독특하고 창의적인 아트워크를 제작하거나 미술 작품을 활용하여 브랜드의 시각적인 이미지를 업데이트할 수 있다. 예를 들면, 부산은행과 따뜻한 기운의 그림으로 행복을 자아내는 스페인 화가 에바 알머슨의 아트 마케팅 협업 사례가 있다. 이를 통해 부산은행이라는 브랜드는 소비자에게 예술적인 영감과 예술 경험을 제공하였다.

시각적 예술과 브랜딩의 결합을 표방한 SSG의 쓱배송 광고도 살펴볼 필요가 있다. SSG의 쓱배송은 에드워드 호퍼의 미술품을 각색해 보였다. 그의 작품에서 영감을 얻은 광고는 브랜드 이미지를 독특하게 만들었고, 소비자의 마음을 사로잡는 데 큰 역할을 했다. 쓱 광고는 호퍼의 1952년작 <선로 옆 호텔(Hotel by a Railroad)>의 구도를 차용하였으며, 큰 창문으로 들어오는 빛과 그림자를 예술적 연출로 잘 이용하였다.

예술은 새로운 디자인과 개념의 상품, 브랜드를 창조하는 유일한 방법이며, 기업은 이를 통해 희소성과 고급 이미지를 구축할 수 있다. 예술가에게는 대중적인 인지를 얻는 수단이 되고, 소비자들은 차별화된 소비 경험과 더 높은 안목을 얻을 수 있다.

제 4 장
디지털 시대의 예술 홍보와 소셜미디어

예술의 소비와 생산을 위한 마케팅

앞에서 살펴보았듯이, 문화예술 마케팅은 크게 문화예술을 통한 기업의 마케팅과 문화예술단체나 개인의 예술을 위한 마케팅으로 구분할 수 있다. 문화예술을 통한 마케팅이 CSR 마케팅과 아트 콜라보레이션 형태였다면, 후자는 미술관, 박물관, 공연장과 같은 문화예술기관과 오케스트라, 발레단과 같은 문화예술단체, 그리고 개인 아티스트의 마케팅이 해당된다.

그러나 예술을 위한, 예술에 있어서의 마케팅은 항상 경제적인 이익만을 꾀하지는 않는다. 일부 예술 관계자들은 마케팅의 성공 여부가 유료 관객의 비중에 달려 있다는 지론을 펼치지만, 예술의 가치가 반드시 유료 관객 수에 있지는 않다. 아름다움의 가치는 숫자로 매겨

지지 않기 때문이며, 느낌은 주관의 영역이라 우리에게 여겨지는 가치는 모두 다르기 때문이다.

무엇보다 칭송받지 못한다고 하여 예술적 가치가 없는 것 또한 아니다. 아름다운 것은 그 지체로 아름다운 것이지, 찬양이 아름다움의 조건인 것은 아니기 때문이다. 모차르트의 곡, 모네의 그림, 한국무용의 춤사위가 찬양받는다고 더 아름다워지고, 단순히 비난받는다고 가치가 떨어지는 것은 아닌 것처럼 말이다.

한편, 예술가가 본인의 작품을 더 많이 알리고 소통하기를 원한다면 예술의 소비와 지속적 생산을 위하여 마케팅을 준비해야 할 것이다. 최근에는 영리사업, 혹은 기업이나 기관에서 사용하는 마케팅 전략을 개인이 자신의 작품을 위해서도 활용하는 추세이다. 이는 상업적인 기업활동을 예술가 개인이 적극 활용하려는 노력의 일환이라고 볼 수 있다. 예술경영을 꿈꾸는 아티스트라면 다양한 기업의 마케팅 전략을 통해 예술이 지닌 기존의 역할과 기능에 대한 재고 및 재조정을 수반하며 예술 서비스의 효율성과 효과성을 높이는 것이 좋다.

예술가의 브랜딩

20세기를 대표하는 미술가 중 한 명이자 스페인의 화가, 예술가, 조각가였던 파블로 피카소는 단순한 예술 천재가 아니라 본인의 예술을 브랜딩할 줄 아는 사업가였다. 그는 자신이 매혹적인 브랜드 페르소나를 창조한다면 작품의 가치를 높이고 더 많은 예술품을 팔 수 있다는 사실을 잘 알았다.

『The Art of Branding』이라는 책에서는 피카소가 어떻게 브랜딩을 했는지를 잘 다루었는데, 피카소는 생전에도 다양한 작품을 브랜드 상품화하여 출현시켰고, 피카소 사후에는 그의 딸인 팔로모 피카소가 콜라보레이션을 통해 보석, 화장품, 도자기 등으로 사업을 확장시킬 수 있었다. 그가 자신을 위한 브랜드를 구축하는 일에 시대보다 훨씬 앞선 감각을 가지고 있었다는 사실은 예술가들에게 시사하는 바가 크다.

그러나 여기에서 우리가 잊지 말아야 할 것은, 예술의 미학은 단순히 작품 그 자체를 넘어, 예술가의 아우라(Aura)와 수용자 간의 유대감에 기초한다는 것이다. 예술가가 자신의 작품을 더 널리 알리길 원한다면, 단순히 작품의 매력만을 넘어서 작품을 둘러싼 독특한 이야기와 예술가 자신의 존재감을 표현해야 한다. 또한 이때의 예술이란 마치 하나의 브랜드처럼, 제품의 우수성뿐만 아니라 그 이면에 담긴 이야기와 예술가의 정체성에 의해 더욱 가치를 높이게 된다. 소비자들은 단순히 제품을 구매하는 것이 아니라, 예술가의 정체성을 작품과 연결시킴으로서 내면적 만족과 유대감을 느낄 수 있다. 이러한 관계는 예술가와 관객 간의 상호작용을 촉진하며, 예술의 의미를 이해하고 공감하는 통로가 된다.

이에 대하여, 예술가가 자신의 페르소나를 잘 구축하는 것도 중요한 전략이다. 현대의 예술가들은 자신의 작품을 널리 알리고 그들만의 독특한 이미지를 구축하기 위해 온라인 플랫폼을 적극적으로 활용하고 있다. 이를 통해 예술가들은 자신의 페르소나를 세밀하게 계획하고 구축하는 과정을 거친다.

예술가의 페르소나를 구축하기 위해서는 몇 가지 주요한 요소를 고려해야 하는데, 우선 예술가는 작품과 창작 과정을 통해 자신의 독특한 스타일과 철학을 확립해야 한다. 즉, 예술가는 자신의 인격과 가치관을 반영하는 퍼스널 메시지를 스스로 정의할 수 있어야 한다. 예술가의 열정, 가치관, 미학적 선호도 등을 포함하여 이를 통해 예술가는 자신을 둘러싼 세계에 대한 고유한 관점을 제시할 수 있다. 자신의 페르소나를 홍보하는 과정, 퍼스널 브랜딩을 위한 템플릿을 그림으로 예시하면 <그림 8.1>과 같다.

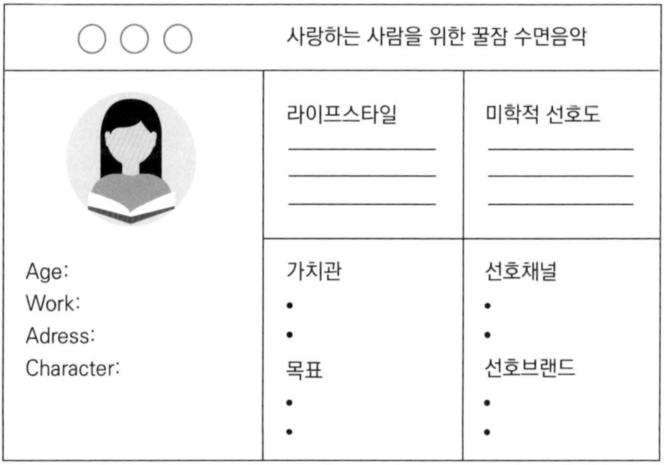

<그림 8.1> 콘텐츠 비즈니스 모델 구축과 페르소나 예시

예술가가 페르소나를 구축할 때는 스스로를 어떻게 보고자 하는지와 사람들에게 어떻게 보이길 희망하는지를 나타내야 하며, 이를 통해 예술가들은 더 많은 관객과 시장에서의 인지도를 얻을 수 있다. 뿐만 아니라 자신의 예술적 비전을 실현하고 관객과 만나는 데 더 큰 성공을 거둘 수 있다.

문화예술기관의 마케팅

공공적이며 비영리적 특성을 갖는 대부분의 문화예술기관에서도 기업과 마찬가지로 대중과 시민으로 지칭되는 소비자, 즉 고객이 존재하고, 기관은 그들을 대상으로 유·무형의 상품과 서비스를 제공한다. 여기에서 이를 제공하는 주체와 제공받으려는 주체 간에 교환이 발생하며, 교환이 이루어지는 시장과 경쟁이 존재하는 등 영리 조직과 유사한 점이 발생한다. 따라서 비영리 조직의 특성을 갖는 문화예술기관에서도 기관과 소비자 사이의 원활한 교환을 창출하기 위해서는 고객 위주로 판단하고 고객 위주로 활동하는 고객 지향적인 마케팅 콘셉트를 도입하고 적용하는 것이 필요하다.[8]

오랜 기간 동안 이에 대하여 덴버 어린이미술관 수입원 다양화 전략, 퐁피두 센터의 21세기 관객 개발 전략, 필하모니 오케스트라의 어린이 관객 개발 전략, 카네기홀의 가족 관객 개발 전략, 프랑스 문화의 집 지역예술 활성화 전략, 씨어터 포 더 뉴 시티의 지역 밀착 전략, 버밍엄 종합극장의 판매 전략, 정동극장의 관객 세분화 전략 등이 좋은 사례로 연구되어 왔다.

최근에는 다양한 마케팅 방법에 힘입어 더 많은 예술기관에서 마케팅이 이루어지고 있다. 한국문화예술위원회는 차별화된 크리에이티브함, 최고의 브랜드 가치를 만들어가기 위하여, 중장기 전략으로 홍보 조직을 강화하고 있다. 이를 위하여 언론, 온라인, 영상, 간행물 등의 사업 홍보 조직, 시스템을 구축하고 있으며, 아르코 홍보대사, 아르코 TV, 아르코 컬처 매거진을 통해 문화예술위원회의 브랜드 가

---

8) 김소영·주영혁·남윤정·박준호. "문화예술기관을 위한 마케팅 전략기획: 국립중앙극장을 중심으로." 한국문화정책개발원. (2002): viii.

치를 만들어가고 있다.9)

예술의전당은 이를 위해 콘텐츠 큐레이션에 힘을 싣고 있다. 다년간 아카이빙된 콘텐츠를 직접 큐레이션하여 웹과 모바일 환경에서 자유롭게 구동시켰다. 방문자의 편의성을 높여 공연예술 영상에 최적화된 전용 플랫폼을 만들었다.

이 외에도 각 문화기관들은 다변화된 콘텐츠 니즈에 따른 미래지향적 소비를 반영하기 위해 노력하고 있다. 예술은 개인에 국한된 경험이자 고차원적인 기호를 다루므로, 어렵고 고급스러울 것이라는 진입장벽을 세워 나가가기 어려워하는 사람들이 아직도 많다. 이때 예술을 위한 마케팅은 관객의 참여활동을 촉진한다. 예술을 방관하는 사람들도 애호가로 성장하게 안내하는 것이 문화예술기관이 마케팅을 펼치는 궁극적인 이유이다.

예술 홍보를 위한 디지털 마케팅과 퍼포먼스 마케팅

디지털 기술의 발전으로 이제 예술가와 예술단체는 소셜미디어 및 온라인 플랫폼을 통해 손쉽게 관객과 상호작용하고 작품을 홍보한다. 디지털 홍보와 마케팅은 지리적 제약을 극복하고 글로벌 관객에게 더욱 쉽게 접근할 수 있는 기회를 만들어낸다.

도쿄의 모리 미술관은 규모는 크지 않지만, 일본에서 가장 많은 관람객을 기록하는 미술관 중 하나이다. 모리 미술관은 인스타그램을 중심으로 SNS를 활용하고 있으며, 전시관 내 사진 촬영 허용 등 관람

---

9) 박은정 · 정미라, ㈜퍼플러스, "한국문화예술위원회 중장기 홍보 마케팅 전략수립 연구용역 결과보고." 한국문화예술위원회 예술정책연구, (2019): 73, 86.

체험을 자유롭게 함으로써 관람 문화를 변화시켰다. 또한 내부 커뮤니케이션 및 SNS 담당 전문가를 고용하여 미술관 계정의 사진 및 게시물을 관리한다.

테이트 갤러리는 페이스북을 중심으로 SNS 마케팅을 전개하며, 일관성 있는 브랜딩과 품질 보증을 통해 신뢰감을 높이는 데 주력한다. 또한 전 세계 관객을 대상으로 하는 질문 이벤트와 동반 성장 전략을 활용하여 페이스북과 테이트 모던 홈페이지를 긴밀하게 연결한다. 이렇게 두 미술관은 SNS를 통해 높은 대중적 인기를 얻었으며, 관람객들이 얻은 좋은 경험을 SNS를 통해 공유하고 확산함으로써 관심이 유발되어 또 다른 사람들이 미술관에 방문하는 선순환을 만들어 낸다.

국내 사비나 미술관은 SNS를 기반으로 한 소통 방식이 예술가들의 창작활동에 어떻게 개입되어 변화하는지, 그리고 예술 또는 예술가와 관객이 어떠한 방식으로 소통할 수 있는지를 살펴보고자 2012년 소셜아트전을 마련했다. 이것으로 사회적 소통 방식의 변화를 주도할 수 있었으며, 온라인 사비나 채널을 통해 홈페이지를 방문한 잠정적인 관람객에게도 서비스를 제공하였다. 세미나 아티스트 토크를 온라인에 생중계하였으며, NFC(근거리 무선통신) 서비스를 통해 음성 해설과 e북 서비스 등을 통해 관람객이 전시 감상에 보다 다양하게 접근할 수 있는 기회를 마련하였다.

이렇게 예술 작품이 온라인 플랫폼을 통해 공개되면, 전 세계 어디서나 관람하고 공유할 수 있으므로 예술가와 작품의 인지도를 빠르게 확대시킬 수 있다. 또한 소셜미디어를 통한 홍보와 마케팅은 예술가와 관객 간의 상호작용을 강화시키기도 한다. 댓글, 공유, 좋아요 같은 커뮤니케이션 기능을 통해 관객들은 예술가와 직접적인 대화를 나누고 작품에 대한 감상과 의견을 공유할 수 있다.

　무엇보다도 디지털 홍보와 마케팅은 개인과 기관 모두에게 데이터 수집과 분석을 통해 예술가와 예술단체가 자신의 온라인 활동을 평가하고 개선하는 데 노움을 준다. 사용지 행동 데이터를 분석하여 어떤 콘텐츠에 사람들이 가장 높은 참여도를 보였는지, 어떤 플랫폼이 가장 효과적이었는지 등을 파악할 수 있다.

제9부
비즈니스와 문화예술

예술을 좋아한 CEO
메세나를 통한 이해와 협력
오픈 이노베이션과 예술
ESG와 사회적 예술

예술적 사고는 새로운 시스템 구축에 필수적인 요소로, 논리적 사고와 함께 혁신을 이끌어낸다. 예술적 사고의 근원은 미의식에 있으며, 이를 개발하는 것은 창의적 상상력과 연결된다. 상상력은 비즈니스 혁신으로 이어져 사회적 경제와 ESG 관점에서도 중요한 영향을 미친다. 예술을 좋아하는 CEO들은 소프트 스킬과 문화예술을 조합하여 새로운 가치 창출과 지속 가능한 경영을 추구한다. 이러한 융합은 기존의 시스템을 넘어선 새로운 비즈니스 모델과 사회적 가치를 만들어낸다.

제1장
예술을 좋아한 CEO

기업이 예술을 대하는 자세

　미국에서는 임원으로 승진하면 미술 감상법이나 미술사 등을 공부하는 경우가 많다. 협상 자리에서 스몰토크로 예술에 관한 화제가 많이 거론되기에 예술적 소양이 필요하고, 예술을 공부하면 경영자로서 새로운 시각과 통찰을 얻을 수 있기 때문이다. 기업경영 실무나 경영학 연구에서 그간 특유의 불확실성 때문에 관심 대상에서 제외되었던 예술 영역에 대한 연구가 최근 활발히 진행되기 시작했다. 예술이 지닌 독특한 본질과 구조가 기업 조직에 가져다주는 풍부한 통찰력을 인정하는 분위기다. 특히 뛰어난 혁신가였던 스티브 잡스는 애플의 모든 제품이 예술과 기술의 만남에서 나온다고 말했다.

　사실 기업경영에서는 지식을 습득하고 보유했느냐보다 지식과 아이디어를 얼마나 창조적으로 재구성하여 창출하느냐가 중요하다. 관찰이나 경험 또는 타인과의 소통을 통해 탐구하고 분석하고 추론하는 고차원적인 사고 능력을 발휘해야 하는 분야이기 때문이다. 이와 같은 창의력은 음악활동, 미술 감상, 다른 사람과의 커뮤니케이션 등의 간접경험을 통해 얻을 수 있다는 결론이다.

간접경험을 통해 얻는 관찰의 능력은 무궁무진하다. 기존의 것을 이해하는 것뿐만 아니라 무언가의 감춰진 매력, 새로운 장점, 가치를 발견하는 데 도움을 준다. 그리고 이러한 관찰의 결과가 대중적으로 얼마나 잘 받아들여질지 또한 관건이다. 이를 판단하는 척도는 공감에 있으며, 예술을 가까이 함으로써 관찰과 공감, 균형과 조화의 원리에 기반한 혁신적 비즈니스를 위한 창의적 사고를 키워나갈 수 있다.

한편, 예술적 사고는 상품 판매에서 큰 힘을 발휘한다. 예를 들면 잘 팔리는 상품은 디자인적으로 특별한데, 이는 평범한 것보다 아름다운 것을 좋아하는 사람들의 습성 때문이다. 예술 작품을 많이 감상하고, 혹은 직접 창작해본다면 이러한 시각적 사고 능력도 키워나갈 수 있을 것이다.

기업은 이러한 예술적 요소를 기업 내 환경에서도 활용한다. 예를 들어, 미국 캘리포니아주 실리콘밸리에 위치한 페이스북(2021년 '메타'로 상호 변경) 본사 건물은 예술적인 요소로 가득하다. 건물 내부 천장 높은 곳에 그려진 그림이나 뉴욕 지하철을 연상시키는 낙서 같은 그림, 만화 속 영웅을 모티브로 한 그림 등이 있다. 이러한 그림들은 유명 화가의 작품이 아니고, 주로 CEO인 마크 저커버그나 사원들이 시도하고 제작한 것들이다. 특히, 페이스북 본사 건물에는 미완성된 그림들이 많은데, 누구나 덧그릴 수 있는 환경을 조성하여 사원들에게 참여와 창의성을 촉진하고 있다. 사원들은 아마추어 예술활동을

공유하고 서로 의견을 나누며 예술적인 분위기를 나눈다.[1]

경계를 넘어서는 조직화 방식

획일화된 상품을 대량생산하고 대량소비해온 20세기 산업사회에서 21세기는 개인의 욕구를 반영하고 창의성을 중요하게 생각하는 사회로 변모하였다. 기존의 조직 형태로는 새로운 상품과 서비스, 기술, 고객 가치 등을 끊임없이 창출하는 이 시대의 요구에 부응하기 어려운 측면이 있다.

여기에 최근에는 직장인들이 특정한 조직에 몰입하며 충성하기보다 조직의 경계를 넘는 것을 선호하는 분위기가 거세졌다. 조직을 넘어서 자신의 경력을 발전시키고, 자신의 전문 분야에 몰입해 다양한 경력을 추구하는 개인이 늘고 있는데, 이러한 독특한 조직의 흐름 역시 예술적 생산 방식에서 비롯했다고 유추해볼 수 있다.

예를 들어 영화 제작 환경이나 아이돌 가수의 소속사들은 이미 유연한 조직문화와 생산 방식을 지니고 있다. 문화예술 분야의 독특한 조직화 방식은 딱딱한 경계를 넘어 개인과 조직 간의 자유로운 협력 패턴을 가져오는데, 몇몇 기업들은 여기에서 힌트를 얻어 최근 변모한 조직화 방식을 수용하여 공감과 호응을 얻고 있다.

---

1) 마스무라 다케시, 이현욱 역, 「예술은 어떻게 비즈니스의 무기가 되는가」, 더 퀘스트, 2021, 19-20.

예술을 좋아한 CEO

기업의 최고경영자에게는 복잡하고 정형화된 비즈니스 환경 속에서 한 템포 쉬어가는 자신만의 고유한 시간이 필요하다. 한 예로 스티브 잡스는 애플 재직 시절과 사업으로 힘든 시기를 겪을 때마다 밥 딜런의 <지금 패자가 훗날 승자가 되리>라는 노래로 마인드 컨트롤을 했다. 이러한 취미활동이 비즈니스의 여러 측면을 통합할 힘을 주었던 것이다.

경영자는 예술에서 창의성, 감정적 연결, 시각적 표현, 문제 해결 능력 등 다양한 측면의 도움을 받으며 조직을 발전시킨다. 그뿐만 아니라 예술을 통해 창의력이 자극되며 독특한 영감을 얻기도 한다. 예술적 영감을 얻어 창조한 제품이 시장에서 큰 호응을 얻거나 전에 없던 새로운 시장을 개척하는 경우가 그것이다. 특히 예술을 좋아한 CEO는 조직 내 구성원들에게도 영향을 미치며 창의성과 협업을 촉진시키고, 조직 내 분위기를 개선한다.

명지의료재단 이왕준 이사장은 일산 명지병원에 설립된 예술치유센터를 통해 환자들에게 음악, 미술, 연극 등을 활용한 예술치료 프로그램을 제공하고 있다. 이왕준 이사장은 로비음악회, 베드 사이드 콘서트, 예술치유페스티벌 등 다양한 공연과 행사를 개최하여 환자들에게 공연 기회를 제공한다. 또한 다른 음악단체들도 후원하며 문화예술 발전에 기여하고 있으며, 전주세계소리축제 조직위원장으로 취임하여 국악의 위상을 높이고 축제의 발전을 이끌기 위해 노력하고 있다.

CJ문화재단의 이재현 회장은 사회공헌 철학을 실현하기 위해 CJ문화재단을 설립하였으며, 어린이, 청소년, 청년 등 다양한 연령층을 대상으로 맞춤형 지원을 제공하고 있다. CJ문화재단은 튠업, 문화제안서, 청소년 문화동아리, 꿈키움 아카데미 등의 프로그램을 운영하며, 유재하 음악경연대회, 충무로영화제, 단편영화 상영회 등 다양한 문화예술행사를 후원하고 있다. CJ문화재단은 세종문화상 문화다양성 부문 대통령표창을 수상하며 젊은이들에게 선한 영향력을 펼치고 있다.

노루홀딩스의 한영재 회장은 국립오페라단, 무악오페라단, 한국페스티발앙상블, 코리안심포니오케스트라 등 다수의 예술단체를 후원하고 있다. 그는 문화 소외 계층이 겪는 불균형의 격차를 줄이기 위해 노력하며, 5.5톤의 트럭을 이용한 이동형 공연장인 'The Wing' 사업을 통해 전국 군부대, 교정시설, 학교 등을 방문하여 공연을 지원하고 있다. 한영재 회장은 문화예술이 소통의 매개체로서 중요함을 강조하며, 기업인으로서 문화예술활동을 후원하는 것이 보람찬 일이라고 말한다. 이와 같은 그의 예술 사랑과 사회 문화 격차 감소를 위한 노력은 많은 기업들에게 영감을 줄 것이다.

현대차 정몽구 재단은 현대자동차그룹의 정몽구 명예회장이 설립한 재단으로, 소외 계층 지원, 인재 육성, 문화예술후원 등의 다양한 사회공헌사업을 진행하고 있다. 정몽구 명예회장은 국민의 사랑에 보답하기 위해 다양한 방안을 고민하였고, 현대차 정몽구 재단을 통해 그 고민이 결실을 맺었다. 재단은 음악 인재 양성을 위해 장학생을 선발하고 지원하며, 클래식 전공 장학생을 대상으로 한 '온드림 앙상블'을 운영하여 대형 무대와 다양한 연주회 참여 기회를 제공하고 있다. 뿐만 아니라 지역 주민을 위한 다양한 행사를 개최하여 문화예술을 즐길 기회를 제공하고 있다.

제 2 장
메세나를 통한 이해와 협력

메세나

메세나(Mecenat)란 기업들이 문화예술에 적극적인 지원을 해 사회공헌과 국가 경쟁력에 이바지하는 활동을 총칭하는 용어이다. 이 용어는 프랑스어로, 기원은 고대 로마제국의 아우구스트 황제 대신이자 정치가, 외교관, 시인으로 활약한 가이우스 마에케나스(Gaius Cilnius Maecenas, BC 67−AD)의 이름에서 유래하였다. 마에케나스는 당대 예술가였던 시인 호러스(Horace), 버질(Virgil) 등과 친교를 맺으면서 그들의 예술 창작활동을 적극적으로 후원하고 보호해온 인물로서, 메세나라는 단어는 이러한 유래에서 출발하였다.

역사적으로 메세나의 대표적인 예로는 르네상스 시대의 미켈란젤로, 레오나르도 다빈치 등의 대(大)예술가들을 지원한 피렌체의 메디치 가(家)를 들 수 있다. 현대에 와서는 기업의 공식적인 예술후원사업이나 사회·인도적 입장의 활동 등이 이에 포함된다. 대표적인 메세나 활동을 보여주는 사례로 미국의 카네기 홀, 록펠러 재단 등이 있다.

한국에서는 1994년에 한국기업메세나협회가 문화부 장관의 허가를 받아 결성되었으며, 현재는 200여 개의 회원사가 문화예술활동을 지원하고 있다. 이를 통해 기업들이 사회적으로도 기여하고, 문화예술 분야의 발전과 국가 경쟁력 강화에 기여하는 것을 목표로 하고 있다.

메세나는 예술과 경제의 상호작용을 강조하는 개념이라 예술경영에서는 주요한 의미를 가진다. 메세나의 개념은 예술의 창작과 생산, 유통 및 소비에 경제적 가치를 부여하는데, 이에 문화예술이 사회적 영향력과 가치 창출의 역할을 수행할 수 있기 때문이다. 뿐만 아니라 문화예술경영은 예술가들과 기업가들, 문화정책 제정자들 등 다양한 이해 관계자들 간의 협업과 상호이해를 요구하게 되는데, 메세나는 이들 사이의 의사소통과 협업을 원활하게 하고, 예술경영의 전문성과 효율성을 향상시킬 수 있는 프레임워크를 제공한다.

메세나가 표방하는 문화예술후원은 기업의 시장 타깃을 확대하고, 기업 경쟁력을 강화한다. 문화예술활동은 많은 사람의 관심을 끌어 대중과의 연결점을 형성할 수 있기 때문이다. 기업이 예술과 문화를 후원함으로써, 다양한 그룹과 연결 및 신뢰 관계 형성이 촉진될 수 있으며, 이로써 새로운 기회 창출과 시장 경쟁력 향상 등의 장점을 얻을 수 있다. 한편, 예술경영 분야에서는 메세나를 거론함으로써 예술과 문화의 사회적 가치와 중요성을 인정하고, 이를 통해 사회적 영향력과 가치 창출을 추구할 수 있다.

기업의 후원 사례

한국메세나협회는 경제와 문화예술의 균형발전에 기여하겠다는 목표로 기업과 예술의 가교 역할을 한다. 최근 이 협회 홈페이지의 '기업 문화예술 지원 현황조사'에 의하면, 2022년 기업 문화예술 지원액은 총 2,073억 원이었으며, 2013－2022년까지의 기업 문화예술 지원 규모는 <그림 9.1>과 같다.

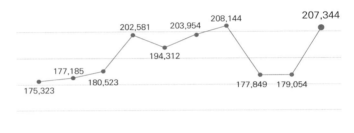

〈그림 9.1〉 2013-2022 기업의 문화예술 지원 규모(단위: 백만 원)[2]

국내 기업의 메세나 규모는 코로나 팬데믹 기간 동안 저조하였으나, 이후 회복되고 있음을 나타낸다. 이는 기업의 메세나 동향을 보여주며 메세나 활동으로 사회공헌을 펼치는 기업의 규모를 수치적으로 보여준다.

기업의 문화예술 지원사업 분야별 지원금액을 살펴보면 다음 <그림 9.2>와 같다. 1,184억 6천만 원으로 인프라 지원금액이 가장

---

2) 한국메세나협회. https://www.mecenat.or.kr/ko

높았고, 이어 미술·전시, 클래식 음악, 문화예술교육 순으로 집계되었다. 비주류·다원예술의 경우는 전년 대비 큰 폭으로 상승했지만, 총 지원 규모에서 차지하는 비중은 1.9%로 매우 낮았다. 문화예술계 균형발전을 위해 지원 분야의 편향을 해소하고 소외 장르에 대한 기업의 관심과 지원을 지속적으로 확대시켜나갈 필요가 있다.

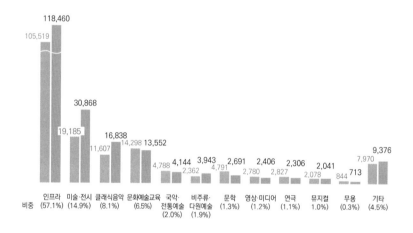

〈그림 9.2〉 2021-2022년도 기업의 문화예술 분야별 지원금액(단위: 백만 원)3)

국내 메세나 활동의 중심은 삼성으로, 주요 계열사와 삼성문화재단 등을 통해 문화예술 분야 지원에 적극적으로 나서고 있다. 특히 삼성문화재단은 삼성그룹에서 문화예술 관련 공익사업을 하는 문화재단으로 호암미술관, 리움미술관 운영과 다양한 문화예술사업을 펼치고 있다. 이 미술관들은 해외 유명 미술관과의 교류 및 협력을 통해

---

3) 한국메세나협회. "2022년도 기업의 문화예술 지원 현황조사".

미술 사업의 전문화와 국제화를 선도하고 있다.

또한 삼성문화재단은 지난해 국외 소재 문화재단과 지원협약을 체결해 해외에 흩어져 있는 우리 문화유산을 복원할 수 있는 기반을 조성한바 있다. 이에 그치지 않고 뛰어난 예술적 재능을 가진 전도유망한 한국계 음악가들을 위한 악기 후원 프로그램 'Samsung Music Fellowship'을 운영하고 있다. 촉망받는 차세대 연주자들에게 세계적인 악기를 무상으로 대여해 훌륭한 음악활동을 펼치도록 지원하고 있는 것이다. 뿐만 아니라 한불 문화 교류 및 한국인 예술가들의 창작활동을 돕기 위해 1996년 파리국제예술공동체(이하 Cité)와 계약을 체결해 15평 규모의 창작공간을 2060년까지 장기 임대해 운영하고 있다.

종근당도 '종근당 오페라 희망 이야기'로 병원을 찾아가 환자들과 보호자, 의료진이나 병원 관계자들에게 특별한 음악 공연을 선사하고 정서적인 치유와 안정을 돕는 프로그램을 운영하고 있다. 코로나 시기에 문화예술을 즐기기 어려웠던 지역 주민들에게도 위로와 희망을 전하기 위해 공연을 진행하였다. 종근당의 '오페라 희망 이야기'는 음악을 통해 마음을 치유하는 힘을 증명하고 있다.

한화는 '청소년 오케스트라'를 통해 악기를 처음 접하는 청소년들에게 클래식 악기의 세계를 경험시켜주고, 앙상블 교육과 오케스트라 활동을 통해 음악의 즐거움을 전해주고 있다. 재능을 발견한 학생들에게는 전공자로 성장할 수 있는 추가 지원까지 제공하고 있다. 한화 청소년 오케스트라는 천안과 청주 지역에서 전문적이고 체계적인 수업을 제공하며 성장하고 있으며, 복지시설에서의 연주회를 통해 음악의 힘을 널리 알리고 있다.

현대 자동차 그룹 '아트드림 콩쿠르'는 음악가의 꿈을 펼치기 어려운 학생들을 위해 실질적인 지원과 기회를 제공하고 있다. 아트드림 콩쿠르를 통해 선발된 장학생들은 레슨비와 장학금을 지원받고 전문적인 음악 교육을 받으며 성장한다. 아트드림 장학생 출신의 음악가들은 국제 콩쿠르에서 입상하고 세계적으로 인정받는 활동을 하고 있다.

KT&G 복지재단은 '아름드리 음악미술교실'을 운영하고 있다. 이는 사회적 배려가 필요한 아동들을 위한 문화복지 예술교육 프로그램이다. 지역 아동센터에 예술 강사를 파견하여 음악과 미술 수업을 제공하며, 아동들은 음악 수업을 통해 소통 능력과 자신감, 공동체 의식을 키워나갈 수 있다.

CJ는 '튠업음악교실'을 통해 문화적으로 소외된 청소년들이 밴드 음악을 경험하며 건강한 사회 구성원으로 자라날 수 있도록 문화 나눔 활동을 시행하고 있다. 청소년들은 악기를 배우고 합주 연습을 하며 인격을 형성하고 자신감과 성취감을 키워나간다. 소외된 청소년들은 음악 프로그램을 통해 함께 성장하고 사회적 선순환을 만들어간다.

삼성SDI는 '재능키움 컴퍼니'를 통해 사회공헌을 실천하고 있다. 하트하트재단과 협력하여 발달장애 청소년을 위한 오케스트라에 장학금을 후원하고 있다. 청소년들은 하트하트오케스트라를 통해 전문적인 합주 교육과 세계적인 공연에 참여할 기회를 얻었다. 몇몇 단원들은 음악 대학교나 대학원에 진학하여 전문 음악가로 성장하였다. 삼성SDI의 후원을 받아 음악을 시작한 발달장애인 이한결 씨는 음악으로 인해 마음이 열리는 경험을 했고, 자신의 잠재력을 발견하고 성취감을 느끼게 되었다고 전한바 있다.

메트라이프생명 사회공헌재단은 역량 있는 문화예술단체를 발굴하고 지원하고 있다. 퓨전국악밴드 'AUX'와 장애·비장애 종합 오케스트라 '코리아 아트빌리지 체임버 오케스트라' 등이 이곳의 지원을 받았다. 코로나로 현장 공연 진행이 어려웠던 시기에는 온라인 라이브 콘서트를 열어 많은 관객이 공연을 즐겼으며, 음반과 스토리북 제작 지원 등을 통해 어려움을 겪고 있는 예술단체에 맞춤형 지원을 진행했다.

크라운해태는 문화 소외 지역 초등학교에 방문하여 원데이 예술 캠프 프로그램을 지원하고 있다. 이 프로그램에서 봉산탈춤, 길놀이, 국악기 체험, 크라운해태 뮤지엄의 과자놀이, 락음국악단과 동락연희단의 전통음악 공연, 역사체험 연극 등 다양한 전통문화 체험 기회를 제공한다. 특히 크라운해태 제과의 지원을 받는 동락연희난과 함께하는 국악 체험을 통해 어린이들은 국악기를 직접 다루며 국악의 즐거움을 느낀다. 이를 통해 국악을 친근하게 여기고, 건강한 마음을 가지며 성장하는 즐거운 추억을 만든다.[4]

그동안 메세나 활동이 증가하면서 많은 민간 기업들이 예술의 사회적 가치를 확산하기 위한 움직임에 동참하고 있다. 그러나 <그림 9.2>의 통계에서 보듯이 메세나 활동은 장르적으로 고전적인 예술 분야에 집중적으로 지원되고 있다. 따라서 이제는 한 분야로 지원이 과도하게 집중되는 것을 방지해야 하며, 영화, 애니메이션, 대중예술 등으로 그 분야가 더욱 확대되는 것이 과제로 남았다.

또한 기존의 일상적이고 예상 가능한 메세나 활동에서 벗어나기 위하여 문화유산 자원을 활용하는 가능성도 고려할 필요가 있다. 예를 들어 경주 양동마을과 같은 소프트 파워는 기업이 활용할 수 있는 자원이며, 보코바 유네스코 사무총장이 한국의 풍부한 문화유산과 문화헌신을 세계적으로 존중받는 이유라고 말한 바 있다.[5] 더불어 메세

---

4) 한국메세나협회. "2021년도 연차보고서." (2022): 33-54.
5) 심상민. "문화유산마케팅 유형과 산업화 전략." 문화경제연구, 19(2), (2016): 68-69.

나 활동은 기업뿐만 아니라 기업과 중앙 정부, 지방자치단체, 대학, 연구소, 문화예술 현장 전문가 등이 협업하는 현장 구조를 요구하며, 이를 위한 폭넓은 설계와 네트워크 조직화가 필요하다.

제 3 장
오픈 이노베이션과 예술

경계없는 모험과 실험

오픈 이노베이션(Open Innovation)은 기업이 내부 자원을 외부에 공개하여 외부 기업, 연구소, 대학 등으로부터 기술과 아이디어를 수용하는 방식이다. 이는 내부 R&D 활동에만 의존하는 폐쇄형 혁신과 달리, 기업 내·외부 경계를 넘나들며 신속한 시장 선점을 위해 외부 자원을 적극 활용하는 전략이다. 이 개념은 2003년 헨리 체스브로(Henry Chesbrough) 교수가 제안했으며, 고객 참여나 외부 기업과의 제휴를 통해 신기술을 도입하는 것을 포함한다.

오픈 이노베이션은 기업 전략, 혁신 관리, 기술 이전, 협력 관계 등 다양한 관점에서 탐구되지만, 예술과 만나면서 조직 내·외부의 상호작용이 어떻게 혁신에 영향을 미칠지에 대해 학계와 산업계가 많은 관심과 연구, 토론을 진행하고 있다. 예술은 특유의 자유로운 속성 때문에, 산업이나 생산적인 측면에서 이 개념을 갖고 공유하기 어려운 측면이 있다. 또한 기업 내에서 예술적인 능력이 있는 사람을 쉽게 찾기 어려운 면도 있어, 이를 위해 대기업에서 자사의 제품에 스타트업의 기술을 더해 초기 모델을 개발하고 있고, 이러한 형태를 오픈 이노베이션이라고 보기도 한다.

하지만 예술계에 대기업이 흥미를 가질 만한 기술력을 가진 예술 스타트업이 많지 않은 것이 또 현실이기도 하다. 최근에는 어울리지 않는 조합의 획기적인 분야들이 협업해 새로운 디자인과 상품이 나오기도 하는데, 이런 협업을 예술에 적용하는 것 또한 쉽지만은 않다.

한편, 기업에서 예술 협업에 관심을 보이는 경우는 자사의 공간을 문화예술적인 콘텐츠로 활용하고자 하는 경우와 기존에 갖고 있는 오래된 브랜드 지식재산권을 예술을 통해 창의적으로 바꾸고 싶은 경우가 있다. 예술계에서 대기업과 협업할 만한 기술력을 가진 곳이 많지 않아 주류 사례는 아직 미미하지만, 인공지능(AI) 마케팅 소재 제작 솔루션 VCAT(브이캣)이, 롯데온에 스마트 배너 서비스를 공급한 그것을 사례로 볼 수 있다. 이 서비스는 제품 URL을 입력하면 광고 영상과 이미지 등 마케팅 소재를 자동 생성하는 서비스로 네이버, 롯데 등 대기업에 AI 기술 기반 서비스를 제공하고 있다. 대기업이 갖지 못한 기술을 갖춘 문화예술 관련 스타트업이 이를 공급해주는 형태인데, 이 외에도 오픈 이노베이션이라는 주제의 정부 공모사업을 통해 협업을 독려 및 지원해주는 사례들이 있으나 현재는 자리를 잡아가는 단계이다.

그러나 오픈 이노베이션이 공동 협업과 성장의 개념인 반면, 오픈 이노베이션의 다양한 사례를 살펴볼 때 대기업만 이득을 취하는 경우가 많다는 것도 큰 문제다. 그렇기 때문에 오픈 이노베이션이 예술 기업에 이득을 제공할 수 있는지도 잘 살펴보아야 한다. 이것은 예술에 있어 기업과의 협업이 어려워질 수 있음을 의미하기도 한다.

기술 기반 혁신에서는, 기술을 보유한 기업에서 예술 기업에 예술과 이렇게 접목하면 좋다"라고 제안했을 때 더 좋은 작품이 나올 수 있다.

예술을 산업 잠재성 관점에서 본다면, 기업화나 사업화가 되기에 충분한 가능성이 있다. 하지만 예술가라고 아이디어만 있어서도 안 되고, 기술력, 적어도 모델에 대한 전문성, 즉 어느 정도 물리적 성질에 대한 지식, 로직은 파악하고 있어야 제대로 된 오픈 이노베이션이 만들어질 것이다.[6]

또한 예술에서 오픈 이노베이션이 빠르게 이루어지지 않는 이유는 눈에 보이지 않는 예술, 이를테면 설치 작업 같은 분야의 예술은 소비자가 명확하지 않아 시장성이 불안하기 때문이라는 점도 있다. 예술계에서 기업과 협업하기 위해 제안하는 형식이 기업에서 추구하는 목표와 다른 경우가 많아 어렵기도 하다. 이러한 예술과 오픈 이노베이션이 함께 나아가기까지는 더 깊은 고찰과 연구가 필요해 보인다. 예술가와 기업 모두가 같은 꿈을 꾸는 것은 아닐 것이기 때문이다.

예술과 기업 협력 프로젝트

문화체육관광부와 (재)예술경영지원센터는 이에 관해 많은 성장

---

6) 조대성. "오픈 이노베이션을 둘러싼 허심탄회한 끝장토론." 웹진 〈예술경영〉, 496호, (2023).
https://www.gokams.or.kr/main/main.aspx

기회를 제공하려고 노력 중이다. 최근 개최한 '예술×기업 협력 오픈 이노베이션' 공모사업은 혁신적인 예술 아이디어를 가진 4개의 선도 기업들에게 기업 경험과 자금 지원을 제공하였다. 문화예술진흥법 제2조에 의하면 예술 기업은 미술, 음악, 무용, 연극, 영화, 연예, 국악, 사진, 건축, 어문, 출판, 만화, 게임, 애니메이션, 뮤지컬 등의 분야에서 창의적이고 혁신적인 사업모델을 보유한 기업으로 정의되어 있다. 이들 기업은 오픈 이노베이션을 통해 외부에서 기술과 아이디어를 조달하고 내부 자원을 외부와 공유하여 새로운 제품이나 서비스를 창출할 수 있다.

공모에 참여한 기업들은 선도기업이 제시한 주제를 기반으로 자체 아이디어나 비즈니스 모델을 제안하였다. 아모레퍼시픽재단은 '융합예술로 바라본 아름다움'이라는 주제로 4차 산업혁명 기술과 뉴미디어를 활용해 아름다움을 재해석한 사업모델을 제안하였고 성과에 따라 후속 지원으로, 작품 연계 세션 진행이나 전시를 제안하였다.

한국공항공사는 '공항과 공항을 잇다'라는 주제로 공항 유휴공간을 활용한 예술 체험과 교육 프로그램을 제안하였다. 한국타이어나눔재단은 '예술과 기술로 성장하는 이야기'를 주제로 기술을 가진 예술 기업이 자립 준비 청년과 취약계층 청소년을 대상으로 한 파일럿 프로그램을 개발하는 협업을 제안하였다. 벽산 엔지니어링은 '다 함께'라는 핵심 가치를 토대로, 아동, 청소년, 취약계층을 위한 참여형 문화예술교육 사업을 ESG 경영 이슈를 고려하여 제안하였다.

또한 예술경영지원센터는 아트코리아랩 '예술·기술 오픈 이노베이션' 사업을 통해 획기적인 기술을 가진 예술 기업을 대상으로 융합 오픈 이노베이션 사업을 진행했다. 이에 롯데월드와 현대리바트가 선도기업으로 참여해 6개 예술 기업과 협업을 진행하였으며, 롯데월드는 아트워크 개발, 글로벌 공연 콘텐츠 기획 등을 협업 주제로 정했고, 현대리바트는 예술 IP를 활용한 증강현실(AR), 미디어 콘텐츠 및 홈퍼니싱 아이템 개발, 모듈러 시스템 가구 AR 컨피규레이터(Configurator) 제작 등을 주제로 삼았다. 사업에 선정된 6개 예술 기업에는 해당 파트너사와의 협업을 통한 IP와 기술 및 인프라 공유 혜택이 주어졌고, 최대 1억 원의 협업 지원금과 아트코리아랩 우선 입주 기회도 제공되었다. 이처럼 예술 기업은 선도기업과의 협업을 통해 각자 독특한 프로젝트를 선보이며 새로운 가치를 창출하고 있다.

제 4 장
ESG와 사회적 예술

다양성 품은 예술로 ESG 경영 실현

'환경, 사회, 지배구조'를 뜻하는 ESG(Environmental, Social, Governance)는 기업의 지속 가능한 경영과 사회적 책임을 중요시하는 최근의 분위기와 맞물려 기업의 핵심 요소로 부상했다. 문화예술산업은 ESG의 세 가지 핵심 영역에서 다양한 측면으로 고려되고 있다. 환경 측면에서는 예술 프로젝트의 친환경적 제작 방식과 재활용 가능한 자원 사용을, 사회 측면에서는 사회적 다양성과 포용성 증진 방안을, 예술기관의 운영과 지배구조에서는 구조 개선을 통해 기업의 투명성과 책임성을 높일 수 있다고 보며 ESG 원칙을 실현하는 데 일조하고 있다.

이에 기후 변화 위기 대응 차원에서 제도적 변화에 대비하는 움직임 또한 늘고 있다. 유럽연합(EU)은 탄소 국경조정제도[7] 도입을 확정하여, EU 역내로 수입되는 제품 가운데 자국 제품보다 탄소 배출을 많이 하는 제품에 대해서는 비용을 부과할 방침이다.

미국의 증권거래위원회(SEC)는 기업 기후 관련 정보 공개 의무화 초안을 발표했다. 2024년부터 단계적으로 의무화를 시행할 계획이며, 기업은 공급망 내 온실가스 배출량과 기후 관련 리스크를 공개해야 한다. 특히 미국에 상장된 국내 기업들은 SEC의 이러한 공시 의무에 따라 대응해야 하는 상황이 되었다.

기후 위기 대응에서 예술의 역할과 예술 기관의 준비는 두 가지 측면에서 고민할 필요가 있다. 첫째는 예술적 접근으로, 예술가들이 기후 위기를 주제로 작품을 창작하고 이를 통해 대중에게 경각심을 일깨우는 것이다. 둘째는 실천적 접근으로, 예술 기관들이 친환경적인 시설과 운영 방식을 도입하여 실제로 환경에 긍정적인 영향을 미치는 노력을 기울이는 것이다. 이 두 가지 접근 방식은 기후 위기 문제를 예술과 접목하여 보다 효과적으로 대응하기 위한 중요한 요소이다.

예를 들어, Broadway Green Alliance는 친환경적인 공연 산업 정착을 위해 교육 매뉴얼, 툴킷, 조명 교체, 재활용 등의 활동을 장려한다. 이는 예술 기관이 실천적 접근을 통해 환경에 긍정적인 영향을 미치는 사례이다. 한편, Pigfoot's Theater는 지구에 해를 끼치지 않는 방식의 기후 관련 공연을 제작하며, Pigfoot Carbon Impact를 측정해 데이터를 매달 공유하고 기후 변화를 주제로 공연을 제작한다. 이는 예술적 접근을 통해 대중에게 기후 위기에 대한 경각심을 일깨우는 예이다.

---

7) CBAM: Carbon Border Adjustment Mechanism.

하지만 기후 변화 대응 차원의 시설 건립이나 운영과 관련한 본격적인 논의는 아직 부족하다. 기후 피해에 대한 준비 및 대응책 마련에 대한 논의도 상대적으로 적어 더 많은 고민이 필요하다. Broadway Green Alliance와 Pigfoot's Theater의 사례는 좋은 출발점이지만, 더 많은 예술 기관들이 이와 같은 접근 방식을 채택하여 기후 위기에 적극 대응할 필요가 있다.[8]

기후 위기에 대응하는 친환경 콘텐츠 행동

콘텐츠 기업들도 기후 변화에 대응하고 친환경 콘텐츠를 만들기 위해 노력하고 있다. 방송 업계는 가상에 현실을 담는 버추얼 프로덕션 활용으로 환경을 보호하는 방안을 구상하고 있고, 음악 업계도 스마트 플랫폼 제작을 통해 동일한 노력을 기울이고 있다. CJ ENM과 스튜디오 드래곤은 작업 시간 단축으로 탄소 배출을 줄이는 버추얼 프로덕션을 진행하고, 세트 설치나 철거 최소화를 통해 폐기물을 줄이고 있다.

SM엔터테인먼트도 그룹 NCT DREAM의 앨범 제작 과정에서 폐기물을 최소화하고자 노력했고, YG엔터테인먼트는 그룹 블랙핑크의 두 번째 정규 앨범 <본 핑크(BORN PINK)>를 친환경 앨범으로 제작하며, FSC 인증 용지, 저탄소 친환경 용지, 콩기름 잉크와 환경 친화적인 코팅을 사용했다.

또한 그들은 스마트폰 이어폰 잭을 사용하여 '키트 플레이어(Kit

---

8) 김혜인. "미래사회에 대한 예술정책적 이슈." 서울문화예술국제포럼 발표지, (2024): 59.

Player)' 앱을 통해 음악, 사진, 비디오를 다운로드하고 즐길 수 있는 '키트 앨범(Kit Album)'을 출시했다. 키트 앨범은 생분해성 플라스틱 (PLA)으로 만들어졌고, 친환경적인 옥수수 전분 기반 비닐 포장을 사용했다.[9] 앞으로도 콘텐츠 산업은 이처럼 글로벌 규제에 대응하기 위한 정책기반 및 콘텐츠 제작 과정에서 탄소 배출량을 고려하는 향후 방향에 대해서 업계에서 의견을 공유하고 합의해야 할 것이다.

문화예술기관의 ESG 경영

문화기관 또한 사회적 책임과 관련하여 ESG 경영을 실천하는 모범을 보이고 있다. 많은 미술관이 재생 가능한 자원을 사용하는 등 친환경적인 운영으로 환경을 보호하고 있으며, 공연예술 홍보 시 포스터 사용을 줄인다든가 공연 장면 구성, 무대 장식물 등에 재활용 가능한 소재를 활용하여 환경 보호에 대한 인식을 높이고 있다. 또한 공연 관객들에게 대중교통을 이용하여 공연장에 오도록 장려하고, 자전거 주차시설을 마련하는 등 친환경적인 이동수단 사용을 유도하고 있다. 물론 환경 보호와 관련된 주제를 다루는 기획물로 메시지를 전달하는 사례도 있다.

안양문화재단은 ESG 경영의 모범 사례를 보여주고 있다. 특히, 친환경 경영에 중점을 두어 다양한 녹색활동을 펼치고 있다. 환경경영 시스템(ISO 14001) 인증을 3년 연속 유지하며 관리 부서를 통해 체계적인 계획을 수립하고 성과를 관리하고 있다. 예를 들면 물품 구매 시

---

9) 정세영. "친환경 음반에 대한 K-Pop 팬덤의 인식도 및 구매행동 연구." 석사학위논문, 경기대학교 한류문화대학원, (2023): 14-15.

녹색제품 구매 지침을 따르며, 구매 대상 품목 중 49%를 녹색제품에 투자하였다.

또한, 에너지 효율을 향상시키고 온실가스 배출을 감소시키기 위해 다양한 노력을 기울이고 있다. 에너지 이용 합리화 계획을 실행하고, 안양아트센터와 평촌아트홀에서는 온실가스 배출량을 감축하였다. 태양광 발전 설비를 도입해 신재생 에너지를 적극적으로 활용하고 있으며, 환경 캠페인도 적극적으로 전개해 녹색제품 우선 구매 정책과 환경 보호 의식을 높이고 있다.[10]

문화예술기관들은 친환경 에너지 이용과 미세먼지 감축을 위한 차량 2부제 시행 등으로 지역사회에 긍정적인 영향을 미치고 있다. 이러한 노력들은 문화예술기관이 ESG 경영을 통해 지속 가능한 발전을 추구하며, 환경에 대한 책임을 다하고 있음을 나타낸다.

사회적 기업과 사회적 예술

최근 문화와 예술 영역은 사회의 아이덴티티 형성, 창의성 촉진, 교육 등의 역할을 담당하며, 경제활동과 결합하여 지속 가능한 발전을 이끌어내고 있다. 이를 '사회적 기업, 사회적 예술, 사회적 경제' 등의 용어로 설명할 수 있다.

우선, 문화예술을 기반으로 하는 사회적 기업은 사회적 문제를 해결하는 데 초점을 둔 기업으로 이들은 사회적 경제 원리를 적용하여 경영 전략을 설계하며, 문화예술의 사회적 관계 네트워크를 구축한

---

10) 안양문화예술재단. "2022 안양문화예술재단 연차보고서." 2023.

다. 사회적 신뢰 증진은 물론 지역사회의 문화자원 개발에 문화예술이 어떻게 기여하는지, 가치 창출 효과는 어느 정도인지를 탐색한다.

사회적 예술은 예술의 힘을 활용하여 사회 변화를 주도하자는 개념이다. 이는 예술활동이나 예술 작품을 통해 사회 문제에 대한 인식을 높이고 사회에 긍정적인 변화를 이끌어내는 데 관심을 갖는다. 예술이 사회적 영향력을 행사하는 유용한 도구라는 것을 증명해내는 것이다. 이러한 사회적 예술을 지향하는 단체로는 영국의 체인지 컬렉티브를 들 수 있다. 사회 변화를 위해 활동하는 이 영국의 예술가 그룹은 주로 소외되거나 위험에 처한 청년들, 난민, 범죄자 등과 작업하며, 연극, 무용, 문학 등의 예술 장르를 경험하게 한다. 예술을 활용해 그들의 태도나 사고를 변화시키는 것이다. 예술 워크숍을 통해 연극을 만들거나 춤을 추고, 창의적인 글쓰기로 재소자, 노숙인 등을 소재로 한 이야기를 관객들과 나누고, 결국 그들이 다시 공동체로 돌아갈 수 있도록 시민들의 의식을 제고하는 방안을 공유한다.

사회적 예술이 시민의식을 높인다면, 사회적 경제는 예술활동을 통해 사회적인 가치 창출과 지역 발전을 추구하는 경제적 활동을 의미한다. 이는 경제적 이익 추구가 주된 활동이지만, 사회적 가치의 실현과 사회적 문제 해결에 깊이 관여한다. 사회적 경제 조직에는 사회적 기업, 협동조합, 마을기업, 소셜벤처 등이 있다.

영국에서는 노숙자 자선단체를 통해 카페아트를 시작해 노숙자들의 예술 작품을 전시하고 지역사회와 소통하고 있다. 스트릿 와이즈 오페라는 노숙자들의 활동을 통해 복지를 증진시키고 사회 참여를 독려하여 그들의 삶에 지속적이고 긍정적인 변화를 만들어내고자 한다. 벨기에의 프리랜서 협동조합 SMart는 예술가의 지위 향상과 사회 보장 개선을 목표로 설립된 조합이다. 단순 계약 관리 서비스를 넘은 사

업 관리 서비스를 제공하며, 기타 서비스 결합을 통해 시너지를 창출하고 있다.[11]

우리나라의 드림위드앙상블은 발달장애인을 전문 연주자로 성장시키고, 동시에 일자리를 제공하는 문화예술활동을 통해 사회 문제를 해결하는 기업으로 잘 알려져 있다. 2015년 성남시 사회적 경제 창업 공모사업 창업팀으로 선정되어 탄생했으며, 2016년 고용노동부 사회적 기업으로 인증받았다. 조직의 비전은 발달장애인을 전문연주자로 성장시켜 사회 참여에 기여하고 지역사회에 행복한 공동체를 만드는 것이다. 이 조직은 성남시를 중심으로 활동하며, 예술경영우수사례 최우수상과 2018년 평창올림픽전야제 초청공연을 성공적으로 개최하며 활발하게 활동하고 있다.

예술의 사회화는 산업화, 세계화의 촉매

예술이 사회 안에서 널리 수용되고 사회의 일부로서 중요한 역할을 하게 되면, 예술은 산업적으로 발전할 수밖에 없다. 기업과의 협업, 지역의 문화자원을 기반으로 문화예술산업의 클러스터가 만들어진다. 정부는 민간 부문과 협력하여 예술 작품의 생산과 유통을 지원하는 정책을 수립할 것이고, 이는 국제적인 문화예술 교류와 협력에 이르는 글로벌 시장과의 연결을 촉진하게 된다.

---

11) 연수현. "문화예술 분야 사회적 경제 조직의 지속 가능성 연구." 한국문화관광연구원 정책연구, (2018): 11.

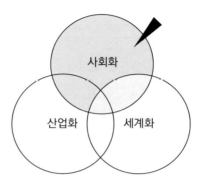

<그림 9.3> 예술의 사회화

　이러한 과정은 해외 예술가와의 교류, 국제 전시회 및 축제 등을
통해 글로벌 차원으로 확대된다. 또한, 예술의 사회화는 기술과 함께
발전해야 하며, 인문학과 기술의 융합을 통해 문화예술은 사회적으
로, 산업적으로, 그리고 세계적으로 확장되며[12] 예술 시장의 활성화
를 이끌어낼 것이다. 예술 공동체와 지역사회, 이를 통한 장르 융합이
새로운 창작을 만들어내고, 창작－배급－향유－투자의 선순환 구조
실현은 결국 예술의 사회화를 이루어내게 될 것이다.

---

12) Geoffrey Crossick, Patrycja Kaszynska, Understanding the value of arts &
　　culture: the AHRC cultural value project AHRC, 2016, 6-10.

나가는 말

새로운 트렌드와 기회, 도전과 불확실성

20세기 산업 사회는 대량생산과 대량소비가 지배적인 사회였습니다. 거의 예측 가능한 트렌드를 읽고 그 정보를 경영에 참고한 후 정확히 짜인 기업경영 방침과 실천 계획에 따라 기업을 운영하는 방식이 그야말로 대세였다고 볼 수 있습니다. 그러나 21세기 산업은 그러한 기존의 기업경영을 고수할 수 없을 만큼 엄청난 변화를 맞이했습니다. 실물경제든 금융경제든 창의성을 바탕으로 신상품과 새로운 서비스, 신기술 등을 끊임없이 창출해야 하는 시대가 도래하였습니다.

예술의 가장 큰 특징은 불확실성에 있습니다. 20세기에는 예술이 기업경영에 어떤 영향을 미치기에 한계가 있었습니다. 주어진 각본대로 움직여야 하는 기업경영과 불확실성을 전제로 한 예술경영이 서로 상충할 수밖에 없었기 때문입니다.

그러나 오늘과 내일의 변화가 하루가 다른 21세기 현대 경영에서, 기업은 변화를 예측하기 힘들다는 점에서 불확실성이 그 특징인 문화예술과 성격의 접점을 발견할 수 있습니다. 즉, 문화예술을 소재로 한 예술경영으로 지금의 급변하는 환경에서 창의적인 소재와 아이디어를 발굴해 기업의 신상품 개발과 실물 경영에 즉각적으로 적용할 수 있는 시대를 맞이했습니다.

물론 기업의 원초적인 특성은 여전히 존재합니다. 알다시피 경영이란 투자비용보다 높은 이익을 산출해야 성공적입니다. 이와 달리 예술은 앞서 밝혔듯 불확실성이 그 주요한 특성이며, 투자에 비해 긍정적인 결과가 금방 현시적으로 드러나지 않습니다. 이 점이 바로 기업이 경영에 문화예술을 접목하는 일을 그간 시급한 일로 받아들이지 않은 이유입니다.

그러나 이제는 더 이상 미룰 수 없는 시기입니다. 현대 경영에서 문화예술은 새로운 창조의 원천이 되며, 예술을 경영에 적용하는 방법을 찾아내지 않으면 안 되는 시점에 와 있습니다. 이러한 현대적 예술경영을 설명하기 위하여 전위적 요소와 변화의 씨앗이 공존하는 미학적 불확정성을 언급하지 않을 수 없습니다. 예술이 특정 장르의 테두리 내에만 존재하지 않고 연계 장르와 다양한 관계를 형성하며 영향을 주고받듯, 기업경영 역시 미래를 감히 내다볼 수 없는 급격한 변화와 환경에 대비하기 위해 예술의 '불확실성'과 '불확정성'을 받아들이고 적용해야 합니다.

이것이야말로 지속 가능하며 더 나은 성공을 꿈꾸는 기업의 대응책이 될 것입니다. 물질문명의 계측 불가능한 엄청난 변화의 속도 속에서도 예술과 문화는 인간 고유의 존중과 가치가 무엇인지 드러내고 이를 영속하게 하는 역할을 담당함은 물론 변화무쌍한 현대사회의 큰 흐름을 선도하고 있습니다.

인간이란 때로 안정적인 상황에서도 삶의 길을 잃어버릴 때가 있습니다. 이럴 때 인간의 존엄성과 생명력을 담은 예술은 우리가 길을 잃지 않도록 도와주며, 설령 길을 잃더라도 다시 찾을 인내와 용기를 주며, 더 나은 미래를 만들어가는 방향이 되어줍니다.

보이지 않는 프리미엄

　예술가는 보편적인 것에서 벗어나 새로움과 독특함을 감지하는 예민함을 지니고 있습니다. 상상력과 미세한 감정을 잘 포착하는 예술가들의 예술적 접근방식은 경영에도 큰 도움이 될 수 있습니다. 불확실과 불확정이 동반되는 기업 경영에서 예술가들의 혜안과 조화의 지향성은 더욱 긴요할 수 있다는 뜻입니다. 예컨대 미술 장르에서는 공간과 형태 그리고 색의 조화, 음악에서는 화음과 선율의 아름다운 균형이 필요합니다.

　기업도 경영목표를 달성하기 위해서는 위험을 돌파하고 조화로운 수익을 발생시켜야 하며, 거시적 경제에서는 미시적 경제들끼리의 조화와 균형도 필요합니다. 또한 나눔과 결합, 정해진 영역의 해체 및 집중, 사업의 경중 분배 등 다양한 상반적 개념들이 서로 영향을 주고받습니다.

　결국 예술도 경영도 균형과 조화를 위한 아이디어들이 끊임없이 필요합니다. 앞서 지적했듯이 예술분야는 경영인들이 갖추기 어려운 매우 섬세한 균형감과 질서 등을 미세한 감각으로 통찰하고, 경영자 역시 예술가 못지 않는 이해와 통찰력을 겸비해야 합니다.

　어쨌든 예술과 기업의 경영은 매우 긴밀하게 연결되어 성장할 수 있으며, 이러한 점은 예술과 경영이 공히 고민해야 할 사항으로서 앞으로는 예술가들도 보다 효과적으로 예술을 발전시키고 예술가가 원하는 경지를 달성하기 위해 경영자들과도 상호 작용해야 할 때입니다. 따라서 예술가들은 경영자들을 위해서도 경영자 이외에 정책 입안자, 문화 경영자와 같은 예술정책 관계자들과 협력하여 경영과 함께 할 수 있는 예술적 환경을 조성해야 합니다. 반대로 예술정책을 입안하는 관계자들이나 일선 경영자들은 예술의 중요성을 인식하고 실제 경영 현장에 예술을 접목하는 방안을 적극 검토해야 합니다.

이처럼 예술과 기업이 서로를 인정하고 각 분야에서 융합하면서 각자의 창의성을 증진시켜야 할 때임을 다시 한번 강조하고자 합니다. 모쪼록 이 책에서 논한 이론과 주장이 기업경영과 산업현장, 예술가들의 예술경영 활동에 조금이나마 도움이 되길 바랍니다.

참고문헌

단행본

고정민. 「문화콘텐츠 경영 전략」. 커뮤니케이션북스, 2019.

국회도서관 팩트북. 「메타버스 한눈에 보기」, 2021.

김민주·윤성식. 「문화정책과 경영」. 박영사, 2016.

김선영. 「예술시장 스케치북」. 책책, 2023.

김은영. 「영화 비즈니스 입문」. 커뮤니케이션북스, 2014.

김진각. 「문화예술지원론」. 박영사, 2021.

김형태. 「작가의 예술과 경제를 움직이는 힘」. 문학동네, 2016.

노규성. 「플랫폼이란 무엇인가」. 커뮤니케이션북스, 2014.

마스무라 다케시, 이현욱 역. 「예술은 어떻게 비즈니스의 무기가 되는가」. 더
퀘스트, 2021.

박신의. 「문화예술경영」. 이음스토리, 2014.

백상훈·김유진. 「스타트업 투자 유치를 위한 코어 IR 피치덱 스토리텔링 워크
북」. 메더스파트너스, 2019.

사이토 히로시. 「음악심리학」. 스카이출판사, 2013.

이승엽. 「극장경영과 공연제작」. 도서출판 역사넷, 2001.

이흥재. 「현대사회와 문화예술」. 푸른길, 2012.

임학순. 「문화예술교육과 파트너십」. 한나래, 2003.

제임스 헤일브런, 이흥재 역. 「문화예술경제학」. 살림출판사, 2000.

논문 및 연구

감영재. "예술 분야에서의 팬덤 경제." 예술경영, 493호, 2023.08.

강창훈. "차세대 방송영상 흐름, VR 콘텐츠의 현황과 전망." 한국콘텐츠학회,
14(2), 2016.

고태우. "게임산업의 주요 이슈와 발전방향." KDB미래전략연구소 산업기술리서치센터, 2021.

구문모. "해외 주요국가의 예술산업 이론·사례 분석과 한국 예술산업 생태계 모형 제안." 국회입법조사처, 2017.

김규현·김소연·변지혜. "대학과 지역문화 연계 방향 연구." 한국문화관광연구원, 2022.

김기범·최연경·이효정(삼정KPMG 경제 연구원), "게임산업을 둘러싼 10대 변화 트렌드." 제89호, 2018.

김면. "지역문화자원을 활용한 브랜드의 전략적 관리 방안." 한국문화관광연구원, 2016.

김소영·주영혁·남윤정·박준호. "문화예술기관을 위한 마케팅 전략기획: 국립중앙극장을 중심으로." 한국문화정책개발원, 2002.

김숙·장민지, "모두 IP의 시대: 콘텐츠 IP활용 방법과 전략." 한국콘텐츠진흥원, 2017.

김시범. "예술인권리보장법의 역사 – 더 나은 예술인권리보장을 꿈꾸며.", 웹진 A SQUARE, VOL10, 2024.

김연진. "도시재생사업에서의 문화예술 도입방안 연구." 한국문화관광연구원, 2015.

김재중. "문화예술단체의 재원조성 연구 – 공공지원과 민간기부의 관계를 중심으로." 박사학위 논문, 중앙대학교 대학원, 2020.

김주연·이미림·권양숙. "도시 공간에서의 인간과 공공미술의 유기적 관계 연구 – 시카고 공공미술 작품 사례 중심으로 –." 한국공간디자인학회논문집, 2010.

김혜인. "미래사회에 대한 예술정책적 이슈." 서울문화예술국제포럼 발표지, 2024.

남주한. "음악공연을 위한 인공지능." 한국문화경제학회, 2024 춘계학술대회 발표, 2024.

류정아. "축제와 인문학적 제논의분석." 한국문화관광연구원, 2021.

문화관광부. "지역축제의 효율적 조직과 운영을 위한 매뉴얼." 2006.

문화체육관광부. "숫자로 돌아보는 2021 인포그래픽 문화체육관광." 문화체육관광부/한국문화관광연구원, 2022.

문화체육관광부. "예술인 범위·기준 및 한국예술인복지재단 설립 연구." 2012.

민혜리. "클래식 음악 공연의 활성화를 위한 음악가의 기업가정신에 관한 연구 – 음악가들의 기업가 정신 발휘 사례분석 중심으로." 석사학위논문, 상명대학교 대학원, 2016.

박남예. "사적(私的)영화에 나타난 사운드디자인의 특성 – 대사, 사운드이펙트, 음악 중심으로-." 문화와 융합, 41(4), 2019.

박신의. "예술기업가정신, 개념과 실천영역 – 예술산업 논의와 병행하여." 문화예술경영학연구. 9(1), 2016.

박은정·정미라, ㈜퍼플러스, "한국문화예술위원회 중장기 홍보 마케팅 전략수립 연구용역 결과보고." 한국문화예술위원회 예술정책연구, 2019.

박제인. "기업 메세나 활동을 통한 CSV(공유가치창출) 연구." 한국무용연구, 41(4), 2023.

박태환. "스토리텔링을 활용한 지역 음악축제 활성화 연구: 한국과 러시아의 축제 운영사례를 중심으로." 박사학위논문, 상명대학교, 2023.

박태환·장민호. "음악과 스토리텔링을 활용한 지역 축제 활성화 및 문화산업 활성화 연구: 한국, 러시아의 축제 운영사례를 중심으로." 문화산업연구, 22(1), 2022.

손신욱·김성윤·박창환. "문화관광축제의 산업화 촉진을 위한 정책지원방안." 한국문화관광연구원, 2023.

신경아. "4차 산업혁명시대, 무용전공자의 전문성 확장을 위한 예술기업가정신의 교육현황 및 적용 방향성 연구." 한국무용학회지, 제21권, 2021.

신혜경. "사운드 스케이프 개념을 도입한 공공공간 디자인에 관한 연구." 석사학위논문, 홍익대학교 대학원, 2009.

심상민. "문화유산마케팅 유형과 산업화 전략." 문화경제연구, 19(2), 2016.

심상민. "문화콘텐츠 정책평가와 개선방안에 관한 연구." 문화경제연구, 17(2), 2014.

안성아. "예술과 경영 기초조사 연구: 예술활용마케팅." ARCOM, 문화체육관광부, 한국예술종합학교산학협력단, 2012.

안양문화예술재단. "2022 안양문화예술재단 연차보고서." 2023.

양지훈·박찬욱·김병수·박석환. "웹툰산업 해외진출 진흥 방안 연구." 한국문화관광연구원, 2021.

연수현. "문화예술 분야 사회적 경제 조직의 지속 가능성 연구." 한국문화관광 연구원 정책연구, (2018): 11.

예술경영지원센터. "아비뇽 페스티빌 오프 A to Z." 문화체육관광부, 2011.

윤종수·표시영. "디지털 저작물의 NFT가 갖는 함의와 법적 보호." 법조, 70(6), 2021.

이담소담팀(이화여대 자기설계 해외탐사프로그램). "음악과 취업, 하모니를 찾 아서, 새로운 산학협력 프로그램 제안." 2014.

이상규·이성민, "콘텐츠 산업 트렌드 2025." 한국문화관광연구원, 2020.

이상규·이성민. "콘텐츠 산업 제작 및 유통구조 변화와 과제: 게임 및 뉴미디 어 콘텐츠를 중심으로." 한국문화관광연구원, 2019.

이상은. "젠트리피케이션과 관련한 뉴욕시의 예술지원 정책에 대한 분석." 홍 익대학교, 2018.

이성민·이윤경. "콘텐츠 지식재산 활용산업 활성화 방안 연구." 한국문화관광 연구원, 2016.

이수현·오승은. "디지털 음악 시장의 승자, 스트리밍 서비스." 한국저작권위원 회 심의산업통계팀, 2023.

이원덕·박남예·김수진, "해외 수출 활성화를 위한 방송영상 프로그램 재제작 매뉴얼." 한국방송영상산업진흥원, 2007.

이유선·성유진·손경호·손보람. "온라인미디어 예술활동 비즈니스 모델 탐색 을 위한 기초연구." 한국문화예술위원회, 2021.

이은숙. "대중문화예술산업 실태조사." 한국콘텐츠진흥원, 한국기업데이터(주), 2021.

이은정 · 김주호. "도시경쟁력 제고를 위한 사운드 디자인 활용 방안 서울과 인천의 지하철 사운드 스케이프 비교를 중심으로." 비즈니스융복합연구, 2023.

이정희. "문화예술기관 성과평가에 관한 연구: 국립중앙극장 신규 평가지표개 발을 중심으로." 한국행정연구, 27(1), 2018.

이준희·강지영. "소비자 중심의 VR 콘텐츠." 만화애니메이션연구, 통권 제57 호, 2019.

이현지. "가상현실을 통한 예술 작품 감상과 미적 경험." 석사학위논문, 홍익대학교 대학원, 2020.

장대철. "예술과 경영 기초조사 연구: 경영미학과 예술기반경영(summary)." ARCOM, 문화체육관광부, 한국예술종합학교 산학협력단. 2012.

장동현·주종우. "블록체인과 디지털 이미지 예술시장의 변화." 디지털콘텐츠학회논문지, 2020.

전병태. "공연예술 분야 창작자 인력양성 방안." 한국문화관광연구원, 2016.

전병태. "예술지원의 원칙과 기준에 관한 연구." 한국문화관광정책연구원, 2005.

정세영. "친환경 음반에 대한 K－Pop 팬덤의 인식도 및 구매행동 연구." 석사학위논문, 경기대학교 한류문화대학원, 2023.

정종은. "예술 분야 비즈니스 모델 분석을 통한 스타트업 지원 방안연구." 한국문화관광연구원, 2016.

조수진. "오스트리아 문화정책과 예술경영 현황－공공예술기관의 운영형태 및 재원조성을 중심으로." 한국독일어문학, 24(1), 2016.

차민경. "공연예술분야 공공－민간 상생방안 연구: 지역문화예술회관을 중심으로." 한국문화관광연구원, 2019.

채지영·양지훈·오하영·홍무궁·윤유경·정가영. "대중문화콘텐츠가 국가브랜드 증진에 미친 영향 연구." 한국문화관광연구원, 2022.

채지영·유지연·김지나·이장원. "대중음악페스티벌의 전략적 육성방안." 한국문화관광연구원, 2008.

최민하. "삼성증권 2023 미디어/엔터테인먼트 시장전망." 2022.

최보연. "주요국 문화예술정책 최근 동향과 행정체계 분석연구." 한국문화관광연구원, 2016.

최유진. "사운드 스케이프를 적용한 도시의 소음 및 공간관리." 서울연구원 안전환경연구실, 세계와 도시 3호, 2011.

최종인·박치관, "대학 창업교육 핵심 성공요인: 미국 대학 사례의 시사점." 벤처창업연구, 8(3), 2013.

탁재성. "문화마케팅이 브랜드 이미지와 기업 이미지에 미치는 영향에 관한 연구." 석사학위논문, 경희대학교 관광대학원, 2016.

한국메세나협회. "2021년도 연차보고서." 2022.

한국콘텐츠진흥원. "2019년 상반기 콘텐츠 산업 동향분석 보고서." 2019.

한현숙. "대중음악축제의 참여제약, 협상전략 및 참여의도간 영향연구." 관광
　　경영연구, 20(6), 2016.

허은영. "공연물 해외진출 지원 방안 연구: 뮤지컬을 중심으로." 2013, 한국문
　　화관광연구원.

허은영. "공연예술단체 주요사업 성과지표 개발연구." 한국문화관광연구원, 2020.

국외문헌

Alison Bain, Constructing an artistic identity, Work, Employment and
　　Society Volume 19(1), 2005.

Anya Peterson Royce, *Anthropology of the Performing Arts: Artistry,*
　　Virtuosity, and Interpretation in Cross－Cultural Perspective, 2004,
　　AltaMira Press.

Dominic Power, *Culture, Creativity and Experience in Nordic and*
　　Scandinavian Cultural Policy, International Journal of Cultural Policy,
　　2009.

Donald S. Passman, All You Need to Know About the Music Business,
　　Simon & Schuster, 2019.

Elenora Belfiore, Oliver Bennett, *Rethinking the Social Impacts of the Arts*,
　　International Journal of Cultural Policy, 2007.

Franco Bianchini, Michael Parkinson, *Cultural Policy and Urban*
　　Regeneration: The West European Experience, Manchester,
　　Manchester Univ. Press, 1993.

Frank Hodsoll, *Public Funding for the Arts－－Past, Present and Future*,
　　The J. of Arts Management and Society, Summer 1996.

Gary E. McPherson, Graham F. Welch, *Creativities, Technologies,*
　　and Media in Music Learning and Teaching: An Oxford Handbook
　　of Music Education, 2018, Oxford University Press.

Geoffrey Crossick, Patrycja Kaszynska, Understanding the value of arts &
　　culture: the AHRC cultural value project AHRC, 2016. 6－10.

Giep Hagoort, *Art Management Entrepreneurial Style*, 2003, Eburon

Academic Publishers.

IFPI, "Engaging with music 2023" 2023.

J. Paquette, E. Redaelli, *Arts Management and Cultural Policy Research*, 2015, Palgrave Macmillan.

Jenkins, H. Convergence culture: Where old and new media collide. NYU press. 2006.

Jim Volz, *Introduction to Arts Management*, 2017, Bloomsbury Publishing.

Mayes, Troy Kristoffer Aaron, A New Storytelling Era: Digital Work and Professional Identity in the North American Comic Book Industry, University of Adelaide, School of Humanities, 2016.

Meg Brindle, Constance DeVereaux, *The Arts Management Handbook: New Directions for Students and Practitioners*, 2011, Routledge.

Schafer, R. M. The Soundscape: Our Sonic Environment and the Tuning of the World, Simon and Schuster, 1993.

Sonnenschein, David. <Sound Design: The Expressive Power of Music, Voice, and Sound Effects in Cinema> 영국, Michael Wiese Productions, 2001.

Sonnenschein, David. *Sound Design: The Expressive Power of Music, Voice, and Sound Effects in Cinema*. Michael Wiese Productions, 2001.

Tobie S. Stein, Jessica Rae Bathurst, *Performing Arts Management A Handbook of Professional Practices*, 2022, Allworth

William J. Baumol, William G. Bowen, Performing Arts, the Economic Dilemma: a Study of Problems Common to Theater, Opera, Music, and Dance. Twentieth Century Fund. 1966.

William J. Byrnes, *Management and the Arts*, 2017, Routledge.

기관 공식 웹사이트
노스캐롤라이나주립대학교 https://performingartstech.dasa.ncsu.edu/peo‒ ple/gary‒beckman

민와일 스페이스 https://www.meanwhilespace.com/

부천국제판타스틱영화제 https://www.bifan.kr

아트 카운슬 도쿄 https://www.artscouncil-tokyo.jp/ko

예술경영지원센터 https://www.gokams.or.kr/main/main.aspx

이스트만음대 https://iml.esm.rochester.edu/degrees-minors-certificates/alp
-certificate

콘텐츠코리아랩(CKL) 기업지원센터 https://venture.ckl.or.kr/venture/vision.do

한국만화영상진흥원 홈페이지 https://www.komacon.kr/komacon/

한국메세나협회 https://www.mecenat.or.kr/ko

한국문화예술위원회 https://www.arko.or.kr/

한국예술인복지재단 www.kawf.kr

온라인 자료(Online Sources)

김시범, "예술인권리보장법의 역사-더 나은 예술인권리보장을 꿈꾸며" 웹진
A SQUARE, VOL10, 2024.,05.

조대성, "오픈 이노베이션을 둘러싼 허심탄회한 끝장토론.", 예술경영 496호
https://www.gokams.or.kr/main/main.aspx

중소벤처기업부, 창업진흥원(K-Startup) <K-컬쳐 든든히 떠받치는 문화예
술 스타트업 도전기> https://me2.do/xQNFjmZ2

중소벤처기업부, 창업진흥원(K-Startup) <세계적 팬덤 누리는 K-콘텐츠...
스타트업들도 함께 뛴다!!!> https://me2.do/FpZhWevx

차우진의 TMI.FM "밤양갱의 A.I. 커버 유행과 아티스트의 미래-더 많은 참여를
원하는 사람들", 2024.03. https://maily.so/draft.briefing/posts/f6e8009f

저자 소개

안양대학교 교양대학 교수
안양문화예술재단 이사(비상임)
안양시민축제 춤축제 기획의원
한국문화경제학회 학술이사
한국감성과학회 학술분과 이사

주요 작품
국민카드, 캘로그콘프레이크, Cass 광고음악 작 · 편곡
KBS다큐멘터리 기획전 <독도 Korea>, <모래의 역습> 음악감독
영화 <혜경궁홍씨(DnC Live)>, <참을 수 없는> 음악감독
애니메이션 <눈물바다>, <슈퍼따릉이> 음악 및 사운드디자인

저서
『악기를 배우는 아이는 왜 공부도 잘할까』
『하루 10분 음악의 힘』

학력
추계예술대 작곡과 학사
성신여대 교육대학원 음악교육 석사
이화여대 실용음악대학원 음악공학 석사
동국대 영상대학원 영화영상제작 사운드디자인 수료
추계예술대 대학원 문화예술학 박사

문화예술경영과 행정: 문화예술산업의 이해

초판발행	2024년 8월 28일
지은이	박남예
펴낸이	안종만 · 안상준
편 집	배근하
기획/마케팅	김한유
표지디자인	이영경
제 작	고철민 · 김원표
펴낸곳	(주) **박영사**
	서울특별시 금천구 가산디지털2로 53, 210호(가산동, 한라시그마밸리)
	등록 1959. 3. 11. 제300-1959-1호(倫)
전 화	02)733-6771
f a x	02)736-4818
e-mail	pys@pybook.co.kr
homepage	www.pybook.co.kr
ISBN	979-11-303-2007-6 93680

정 가   22,000원